AF617482

Una nueva *Poética*

DANIEL TUBAU

Una nueva *Poética*

para guionistas, dramaturgos y novelistas

Incluye la *Poética* de Aristóteles en nueva traducción

ALBA

ALBA **FUERA DE CAMPO**

Baixada de Sant Miquel, 1 08002 Barcelona

www.albaeditorial.es

DISEÑO: Pepe Moll de Alba

REALIZACIÓN EDITORIAL: La Letra, S.L.

PRIMERA EDICIÓN: septiembre de 2025

ISBN: 978-84-1178-181-7

DEPÓSITO LEGAL: B 14890-2025

IMPRESIÓN: Liberdúplex, s.l.u.

Ctra. BV 2241, km 7,4 Polígono Torrentfondo 08791 Sant Llorenç d'Hortons (Barcelona)

IMPRESO EN ESPAÑA

Índice

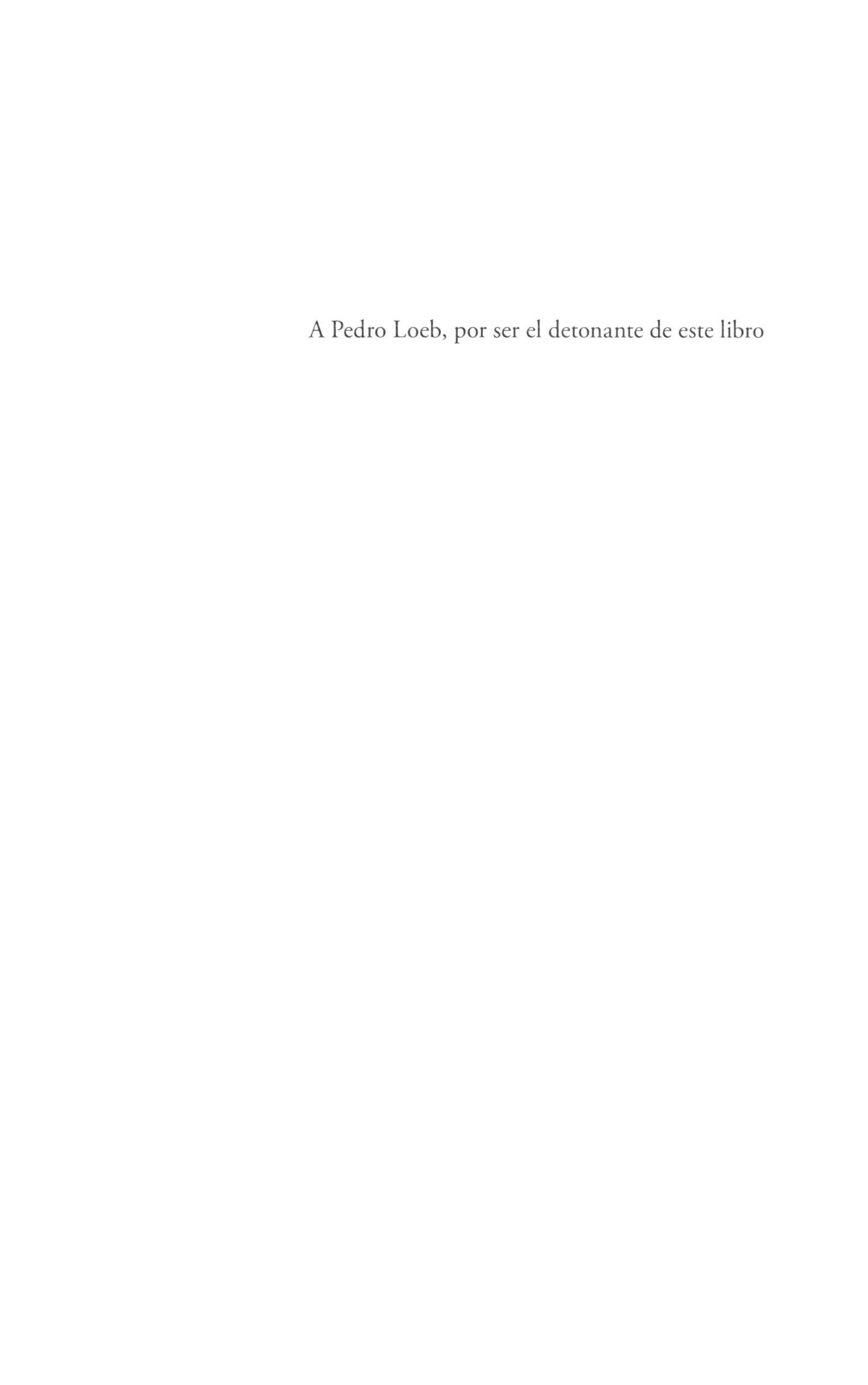

A Pedro Loeb, por ser el detonante de este libro

Una nueva *Poética*

Aristóteles para guionistas, dramaturgos y narradores

¿Por qué la *Poética*?

La *Poética* es el libro de teoría narrativa más estudiado, leído y citado a lo largo de la historia. No solo por personas interesadas en el teatro clásico, dramaturgos, directores de escena y actores, sino también por guionistas, cineastas y teóricos de guión, que la leen para aplicar sus enseñanzas a la narrativa audiovisual.

A pesar de la atención que se le ha prestado, la *Poética* ha sido casi siempre mal interpretada, lo que ha dado origen a teorías que, en algunos casos, han tenido consecuencias afortunadas (del error también se aprende), pero también han derivado en normas dogmáticas que han complicado la vida de los narradores. Durante siglos, los dramaturgos aplicaron la llamada «regla de las tres unidades», y en las últimas décadas los guionistas han seguido la célebre «estructura aristotélica en tres actos». Ni una ni otra están en la *Poética*.

Aunque en la primera parte de este libro examino las malas lecturas de la *Poética,* mi intención no es señalar los errores, sino más bien los aciertos, de una manera que permita a los lectores comprender las ideas de Aristóteles. No conviene seguirlas al pie de la letra, pero todavía tienen mucho que enseñarnos.

Quienes lean primero *Una nueva* Poética, podrán enfrentarse al texto aristotélico con herramientas que les permitirán situar cada idea en su contexto y aportar su propia visión. Quienes prefieran leer directamente la *Poética* tampoco estarán perdidos, pues comento el texto de Aristóteles casi línea a línea, explicando el sentido de cada nuevo concepto. En las notas a pie de página se ofrece un completo sistema de referencias cruzadas entre mi ensayo introductorio y el libro de Aristóteles.

La razón que me llevó a interesarme en una edición de la *Poética* fue lo que escribieron Jordi Balló y Xavier Pérez en *El mundo, un escenario,* al referirse a la estructura narrativa: «Daniel Tubau, que preconiza una nueva poética del guión para el siglo XXI»[1]. Es cierto que mis ideas sobre la narrativa audiovisual, expresadas en los cuatro libros publicados en Alba, se alejan de las tendencias de la narrativa audiovisual actual.[2] Sin embargo, no pretendo en este libro proponer una nueva poética –ya lo he hecho en *El espectador es el protagonista*–, sino una nueva lectura de la *Poética*. Es decir, una lectura de la obra de Aristóteles que mantenga la fidelidad al texto pero que se exprese en un lenguaje accesible a cualquiera, además de corregir errores de interpretación.

El teatro, el cine y la novela actuales son muy diferentes de las artes narrativas que conoció Aristóteles, pero muchas de sus ideas siguen siendo sugerentes y reveladoras, incluso si no compartimos algunos de sus preceptos.

Junto a la mención de Balló y Pérez, el otro estímulo para escribir este libro fueron mis conversaciones con Pedro Loeb, director de la academia de guionistas Factoría del Guión, en torno a uno de los temas más polémicos de la *Poética* y de cualquier teoría narrativa: la estructura. Esa es la razón por la que le dedico, con mucho afecto, este libro.

Aristóteles, el Filósofo

Durante siglos se imaginó a Aristóteles como «el Filósofo», con esa gran «F» que le impusieron durante la Edad Media, como una insignia del más alto rango filosófico. Los cristianos, los judíos y los musulma-

[1] Jordi Balló y Xavier Pérez, *El mundo, un escenario.*

[2] Los libros son: *Las paradojas del guionista, El guión del siglo 21, La musa en el laboratorio* y, de manera especial, *El espectador es el protagonista*, en el que propongo, tal vez no una nueva poética, pero sí una nueva teoría de la escritura del guión audiovisual.

nes lo adoraron como a un Dios de la filosofía, del que se recordaba una y otra vez que había sido preceptor de Alejandro Magno. El mayor filósofo de todos los tiempos junto al más célebre conquistador. Alejandro había extendido su imperio hasta los límites del mundo conocido, hasta la lejanísima India y, del mismo modo, Aristóteles había extendido el imperio de la filosofía hasta las fronteras de lo que podemos conocer. Aristóteles, en definitiva, era la filosofía misma.

Es probable que la vida de Aristóteles haya sido tan mal interpretada como su *Poética,* y que fuera mucho más mundana, agitada e incluso aventurera de lo que suele contarse. Parece claro que intervino en la política de su época, pero su relación con el joven Alejandro quizá no fue tan buena como se dice. Algunos creen que conspiró para acabar con la vida del joven conquistador, que se había convertido en tirano y había adoptado lo que para los griegos era una costumbre detestable: considerarse un dios.

Para conocer la biografía de nuestro pensador tenemos que acudir a la biografía de Diógenes Laercio y a diversas *Vidas de Aristóteles* escritas en griego, siríaco, árabe y latín. En esas vidas se cuentan decenas de anécdotas, a menudo contradictorias y absurdas, algunas exageradas en los ataques, otras en los elogios.[3]

Casi todos están de acuerdo en que nació en el año 384 a. C. en Estagira, ciudad que algunos consideran tracia y otros macedonia, al menos desde que fue conquistada y destruida por el rey Filipo II, padre de Alejandro. Su padre, Nicómaco, fue médico en la corte del rey Amintas de Macedonia, quien fue padre de Filipo II y abuelo de Alejandro Magno. Tanto por parte de padre como de madre, su familia estaba emparentada con el legendario médico Macaón, hijo de Asclepio, el dios de la medicina, conocido en Roma como Esculapio.

La temprana muerte del padre hizo que fuera adoptado por Próxeno. A los diecisiete años ingresó en la Academia de Platón, dicen que

---

[3] En la Bibliografía se pueden encontrar biografías de Aristóteles.

porque lo recomendó el oráculo de Delfos. Permaneció allí veinte años. Cuando murió Platón, todos creyeron que la dirección recaería en él, pero se le concedió el cargo a Espeusipo, por voluntad expresa de Platón. La decisión no gustó mucho a Aristóteles, que decidió trasladarse a Aso, en las costas de Turquía, invitado por el tirano Hermias, que ya en tiempos de Platón había establecido estrechas relaciones con la Academia. Allí fundó junto a Jenócrates una escuela de filosofía, y tiempo después abrió otra en Mitilene, en la isla de Lesbos. Finalmente, viajó a la corte del macedonio Filipo II para convertirse en maestro de su hijo Alejandro.

Cuando murió Espeusipo, parecía que por fin Aristóteles se convertiría en director de la Academia, pero el cargo recayó en Jenócrates. Se atribuye a Aristóteles, tras esta nueva decepción, la decisión de crear su propia escuela en el año 335 a. C., el Liceo, y la frase: «Sería indigno que Jenócrates hablara y yo permaneciera en silencio»[4]. La escuela, el Liceo, estaba cerca del paseo del Peripato, en torno a la Acrópolis de Atenas, que Aristóteles recorría arriba y abajo cuando daba sus lecciones, por lo que sus discípulos reciben el nombre de *peripatéticos*.

En cuanto a la actividad política, parece que fue mucho más intensa que convertirse en preceptor de Alejandro. Se ha llegado a decir que fue casi un agente secreto, implicado en acontecimientos trascendentales, como el apoyo al tirano Hermias, a quien dedicó un poema elegíaco, algo que siempre le reprocharon los demócratas de Atenas. Quizá trabajó desde temprano para la corte macedonia de Filipo II, aunque ya hemos dicho que su relación con Alejandro es muy ambigua. Se sospecha que el trato que el joven conquistador aplicó al historiador Calístenes, sobrino de Aristóteles, que incluyó cárcel, tortura y muerte en penosas circunstancias, fue una muestra de desprecio al filósofo.

Lo que parece seguro es que la posición de Aristóteles en Atenas

[4] Aunque otros dicen que no se refería a Jenócrates, sino al orador Isócrates.

fue difícil, acusado de simpatías promacedonias o de cercanía con tiranos como Hermias. Cuando murió Alejandro en el 323 a. C., Aristóteles consideró prudente abandonar la ciudad para evitar que los atenienses «cometieran un segundo crimen contra la filosofía» y lo condenaran a muerte como a Sócrates. Murió en el exilio tan solo un año más tarde.

La anterior es la vida de Aristóteles tal como suele contarse. Es probable que sea cierta a grandes rasgos, pero existen muchas divergencias en los detalles según cada biógrafo.

Un filósofo, muchas vidas

El autor de una *Vida de Aristóteles* escrita en árabe, Al-Mubassir, nos ofrece un dato curioso. Cuenta que su padre lo llevó a Atenas a los ocho años y que lo inscribió en una escuela de canto, poesía y oratoria. La noticia nos hace pensar en la escuela del gran orador Isócrates. La posibilidad es sugerente, porque el primer texto filosófico que publicó Aristóteles es un diálogo llamado *Grilo*, en el que atacaba a Isócrates y a todos los que habían escrito desmesurados elogios alabando al joven Grilo, muerto en combate, para congraciarse con su padre, el general y escritor Jenofonte. Si fuera cierto que estudió con el más famoso retórico de la época, eso podría explicar que después reivindicara la retórica y la oratoria, y que incluyera estas disciplinas en el plan de estudios del Liceo, en contra de las ideas de su maestro Platón que consideraba que se trataba de artes mentirosas y despreciables. Al-Mubassir dice que Aristóteles escribió en una ocasión:

> Puesto que la sabiduría es la más noble de las cosas, debe ser expresada por medio del lenguaje más exacto, por la lengua más elocuente y por la expresión más concisa, alejada del error y del desliz, de las palabras horribles, del torpe tartamudeo y de la dificultad de expresión. Todo

> esto destruye la luz de la sabiduría, interrumpe la expresión, abandona la precisión, confunde al oyente, corrompe la significación y causa oscuridad.[5]

Esta educación temprana en retórica y poética podría ser la razón por la que Aristóteles disfrutaba tanto de las obras de los dramaturgos y los poetas, contradiciendo de nuevo a Platón, quien prohibió la entrada a los poetas en su república ideal.

En cuanto a la estancia de Aristóteles en la Academia, parece que causó sensación. Algunos dicen que vestía de manera muy extravagante, otros elogian su moderación. Quizá tienen razón todos, pues los primeros podrían referirse al Aristóteles joven y los segundos al ya maduro o anciano. Lo que nadie cuestiona es que era un discutidor infatigable. Se dice que Platón tenía que huir de él para interrumpir una discusión interminable, pero también que el viejo filósofo se quedó tan asombrado por su discípulo que lo llamaba «la Mente» o «la Inteligencia», y que, cuando daba alguna lectura en la Academia, no se sentía a gusto si no estaba allí Aristóteles, pues decía que, dado que la Mente estaba ausente, la audiencia «se había vuelto sorda».

Otros aseguran que se comportó de manera desagradecida con el anciano Platón y que lideró con los jóvenes una revuelta de tales proporciones que tuvieron que llamar a Jenócrates para restablecer el orden. En apoyo de esta versión citan un lamento de Platón: «Aristóteles da coces contra mí, como los potrillos recién nacidos contra su madre»[6].

---

[5] *Los bocados de oro (Mujtâr al-hikam)* en Rafael Ramón Guerrero, *Cuatro vidas árabes de Aristóteles.*

[6] Diógenes Laercio, *Vidas de los filósofos más ilustres.*

La *Poética* en la obra de Aristóteles

Se dice, y probablemente es cierto, que Aristóteles fue ante todo un biólogo y zoólogo, al que fascinaba el estudio de la naturaleza y los seres vivos, pero no hay que olvidar que también se ocupó de cuestiones de física, de astronomía y cosmología, o de estudiar y recopilar cientos de constituciones, de desarrollar silogismos de la lógica o de investigar lo que hoy llamaríamos lingüística y semiótica, así como economía, política y metafísica.

Lo que es seguro es que su poder de observación fue prodigioso, ya se tratase de animales, plantas, constituciones o tragedias, y que a ello unía un rigor en la definición y clasificación nunca igualado, que ha llegado a definir el llamado pensamiento occidental. Existen ejemplos semejantes en otras culturas, por ejemplo, en la India, en China y en el budismo, pero es cierto que la obsesión por clasificar la realidad raramente llegó a la precisión de un Aristóteles.

En definitiva, Aristóteles se interesó por todos los temas, asuntos, artes, ciencias, disciplinas e inquietudes humanas. La poética o crítica literaria fue uno más, pero da la impresión de que también estaba entre los que más le interesaban. Además, se sabe que escribió varios libros llamados *Sobre los poetas*, donde probablemente se ocupaba de los autores épicos, y quizá también de algunos dramaturgos. Hay que suponer que le interesó también la lírica, aunque en la *Poética* no presta mucha atención a los poetas líricos. Solo conservamos escasas muestras de ello, como su *Elogio fúnebre a Hermias*[7].

En definitiva, Aristóteles aplicó su ojo crítico y analítico al teatro y la épica, y el resultado es la *Poética,* un libro que los expertos no se ponen de acuerdo en definir como un tratado de crítica literaria, un manual para dramaturgos o una descripción del arte teatral. La cuestión más debatida es si se trata de un libro normativo, que pretende

[7] Ford, Andrew, *Aristotle as poet. The Song f Hermias.*

decirnos cómo debe ser una obra dramática, o si solo se limita a contarnos cómo es el teatro ateniense. Una tercera posibilidad es que lo consideremos un manual para dramaturgos, semejante a los clásicos de William Archer, George Pierce Baker o K. T. Rowe, o a los actuales manuales de guionistas, como los de Syd Field, Robert McKee, Alexander Mackendrick o los que yo mismo he publicado en la editorial Alba[8].

La respuesta no es sencilla, aunque lo más seguro es aceptar que hay algo de cierto en cada opinión. La *Poética* es un manual que desentraña cómo es el trabajo de los autores y ofrece consejos, pero también se ocupa en muchos momentos de observar, describir y analizar las obras de los poetas épicos y dramáticos; por último, también es un texto crítico que opina acerca de cómo debería ser una buena tragedia o un gran poema épico.

Ahora bien, Aristóteles no impone tantas reglas y normas como se suele creer. Cuando la *Poética* fue recuperada durante el Renacimiento, se convirtió en una biblia para narradores, que adoptaron de manera dogmática muchas ideas, a menudo malinterpretándolas. Es curioso que este Aristóteles dogmático del teatro se fabricara en el mismo momento en el que el otro Aristóteles que el cristianismo había elevado a los altares de lo indiscutible empezaba a ser puesto en cuestión por filósofos y científicos. Cuando se cuestionaba la astronomía ptolemaico-aristotélica y cuando se recuperaba el atomismo que Aristóteles rechazó, los críticos italianos leyeron la *Poética* y proclamaron como un dogma de fe las reglas aristotélicas para el buen escribir.

Es casi seguro que Aristóteles no fue tan dogmático, ni en astronomía, ni en biología, y ni siquiera en física o metafísica. En una de sus *Vidas* se dice que le gustaba cambiar de opinión si le daban buenas razones para hacerlo. Es cierto que en la *Poética* da normas en alguna ocasión, pero casi siempre se trata de una recomendación: dice lo que

[8] Todos los autores y libros aparecen en la Bibliografía.

le gusta y explica por qué le gusta. Lo que Ernest Gombrich llamaba un «juicio fundado», que puede ser erróneo, pero que no se limita a expresar una emoción, como hacen tantos críticos de manera habitual: «me gusta», «no me gusta», «es horrible», «es perfecto», «me aburre», «me fascina».

En definitiva, podemos aprender muchas cosas leyendo la *Poética*, siempre teniendo en cuenta que Aristóteles es un analista y un crítico, pero también un espectador, con su propio temperamento y gusto, tan subjetivo como cualquier otro, aunque tiene la buena costumbre, como acabo de decir, de no limitarse a despachar juicios de gusto, sino que también intenta justificarlos, darles un fundamento.

Entender y disfrutar a Aristóteles

A algunas personas los libros de Aristóteles les producen cierto rechazo porque están llenos de definiciones y análisis. No tienen la ligereza de los diálogos de Platón, en los que los participantes mantienen una vivaz conversación. Mientras que Platón abre más y más temas y pocas veces los cierra, buscando la definición de conceptos como bondad, belleza y verdad, pero sin llegar a encontrarla casi nunca, Aristóteles avanza paso a paso, estableciendo con claridad el terreno por el que va a moverse. Esto podría hacernos pensar que concede mayor importancia a las definiciones y los conceptos que Platón, pero sucede más bien al contrario.

Aristóteles rechaza construir su sistema a partir de conceptos más o menos abstractos y desdeña de manera contundente la teoría de las Ideas de Platón, según la cual el conocimiento consiste en recordar o contemplar conceptos como el Bien, la Verdad, la Belleza. Se podría decir que Aristóteles hizo con Platón algo muy semejante a lo que haría siglos más tarde Marx con Hegel: lo puso del revés. Si Marx aplicó las ideas de Hegel, pero convirtiendo el Espíritu en materia, Aristóteles puso del revés el método platónico y, en vez de deducir la realidad a partir de los conceptos, construyó los conceptos a partir de la observación de la realidad.

Aristóteles era, ya lo hemos dicho, un gran observador y su inmensa obra se ocupa de todos los temas imaginables, desde la ética a la cosmogonía, la lógica, la política o la metafísica. Del mismo modo que examina a los animales, buscando diferencias y similitudes, también examina el teatro en busca de nuevos matices, de detalles que nadie ha señalado, de diferencias inesperadas y similitudes no menos llamativas. Cuando intenta definir algo, lo primero que hace es observar. Primero está la observación, y solo más tarde la definición y el concepto. Para entender qué es la prudencia nos dice: «Observemos a esas personas a las que llamamos prudentes, como Pericles».

La realidad es múltiple y diversa y Aristóteles no tiene ningún interés en ocultarlo, no quiere que la inmensa variedad del universo se confunda en una masa indiferenciada en la que todos los gatos son pardos, como diría Hegel, pero tampoco busca la claridad de principios y conceptos inmutables que iluminan de manera tan cegadora que hacen desaparecer el mundo, no en la oscuridad, sino en la claridad. Por eso, rechaza la obsesión conceptual del Platón más místico y abstracto y de sus inmediatos seguidores, que explicaban el mundo de arriba abajo, partiendo de conceptos puros como lo Uno, la Díada, la Tríada, las Ideas o los números como entes creadores.

Mientras que Platón no necesita abandonar los jardines de la Academia para descifrar el universo entero, Aristóteles y su sobrino Teofrasto pasean para pensar, pero también para observar. Es por eso por lo que en el cuadro de Rafael *La escuela de Atenas* Platón señala hacia el cielo y Aristóteles hacia al suelo. El cielo de Platón, sin embargo, no es el cielo que vemos con los ojos del cuerpo, sino el de las Ideas, que solo podemos ver con los ojos del alma. El problema es que ese cielo no nos dice nada acerca del mundo que tenemos alrededor, que es lo que realmente fascina a Aristóteles.

Así que, aunque Aristóteles es quizá el mayor fabricante de conceptos de toda la historia, sin embargo, no es un fanático de las definiciones. Si una observación pone en cuestión una definición, Aristóteles modifica la definición, al contrario de quienes mantienen sus definiciones diga lo que diga el mundo. Por eso, cuando leemos sus libros dedicados a la ética, la retórica o la poética, no debemos aplicar sus definiciones como un dogma, sino comprobar si esos conceptos se corresponden con los objetos definidos, es decir, si se refieren a cosas existentes. Aristóteles no nos obliga a aceptar sus conceptos, sino que nos ofrece una descripción del mundo que podemos poner a prueba.

Teniendo en cuenta lo anterior, creo que debemos leer la *Poética* sin pensar que Aristóteles nos quiera imponer una visión dogmática del teatro o la tragedia, porque en este terreno también fue gran observador y sus categorías y clasificaciones no intentan sojuzgar al mundo, sino comprenderlo. En definitiva, Aristóteles era también un espectador.

Aristóteles como espectador

Acabo de decir que debemos tener en cuenta que Aristóteles era un espectador además de un crítico, y que tenía sus propios gustos que podrían no coincidir con los de otros espectadores. Quizá debería haber dicho que era un lector, puesto que la mayoría de las obras que menciona en su *Poética* las había leído, ya que muchos de los autores son anteriores a su propio nacimiento. Sófocles, Esquilo, Eurípides, e incluso Aristófanes, habían muerto antes de que naciera, y, aunque quizá asistió a alguna nueva puesta en escena de sus obras, es casi seguro que la mayoría las leyó. Él mismo dice en la *Poética* que lo fundamental son las palabras, el lenguaje, y que no es tan importante el espectáculo o la representación, dando a entender que una obra de teatro se puede disfrutar tanto o más leyéndola que viéndola representada.

Este es un planteamiento interesante si tenemos en cuenta que durante mucho tiempo, no solo en Grecia, sino incluso en la época isabelina de Shakespeare o en la España de Lope de Vega o Tirso de Molina, el teatro se disfrutaba viéndolo representado y que quienes lo leían o bien eran teóricos que querían estudiar la dramaturgia, o bien autores que deseaban aprender los trucos del oficio. Con el tiempo, el teatro escrito fue ganando prestigio y hoy en día conocemos a Shakespeare más por la lectura de sus obras que por los montajes en escena, que, excepto algunos títulos, raramente hemos podido ver. Hoy en día el teatro se lee más que se contempla, lo que, por otra parte, nos evita el sonido y la luz de los teléfonos móviles de nuestros compañeros de butaca, del mismo modo que podemos disfrutar de magníficas reproducciones de Leonardo da Vinci en álbumes ilustrados o grandes pantallas de ordenador, lejos de las abarrotadas salas de los museos, sin que nos empujen o tengamos que ponernos de puntillas para ver un cuadro.

Parece que Aristóteles consiguió leer muchas obras de teatro, gracias a su propio trabajo y el de sus discípulos, pues ya sabemos que Platón lo llamaba «el Lector» porque fue capaz de organizar una gran biblioteca en la que reunía desde constituciones a listas de los ganadores de los Juegos Olímpicos, observaciones astronómicas o cualquier otro texto que llegara a sus manos. Esa lectura intensa sin duda le permitió analizar con todo detalle las obras, cosa mucho más difícil si simplemente se asiste a una representación.

Hoy en día podemos observar un fenómeno semejante con los guiones de cine y televisión, que durante mucho tiempo solo han interesado a los guionistas que querían aprender el oficio, a los críticos o a los profesores de narrativa audiovisual, pero que desde hace unas décadas empiezan a salir de esos estrechos límites y comienzan a disfrutarse como si se tratara de literatura. Es cierto que lo más frecuente no es leer los guiones originales, sino las transcripciones de las películas o series, pero poco a poco aumentan los lectores interesados en el guión real. Aunque muchas veces se ha dicho, y yo mismo lo he hecho, que un guión no es una obra literaria, puesto que es una receta o un manual de instrucciones para construir otra cosa, la película, no cabe duda de que es un placer leer ciertos guiones, como los de Billy Wilder, el *Chinatown* de Robert Towne o el *Ciudadano Kane,* escrito por Herman Mankiewicz y, en mi opinión –aunque no en la de David Fincher–, también por Orson Welles[9].

Pues bien, si examinamos los títulos que menciona Aristóteles y las opiniones que ofrece en la *Poética*, y ocasionalmente en otros libros, como la *Retórica*, podemos descubrir los gustos personales de Aristóteles y averiguar qué autores y obras considera mejores. No cabe duda de que hay una obra que le gusta más que cualquier otra, el *Edipo rey* de Sófocles. Es tanta la admiración que siente por esta obra que muchos lectores de la *Poética* cometieron el error de pensar qué Aristóteles exige que todas las obras sean como el *Edipo rey.* De ahí surgió la idea de los críticos del Renacimiento, que pensaron que, puesto que la obra de Sófocles se desarrolla en un único lugar, que tiene una única acción, y que transcurre en un tiempo breve y limitado, quizá incluso coincidente con el tiempo de la representación, eso significaba que las obras de teatro debían someterse a la llamada «regla de las tres unidades», de la que hablaré al examinar las interpretaciones erróneas de la *Poética.*

En el teatro, en definitiva, está claro que quien más le gusta a Aristóteles es Sófocles, mientras que en la épica o epopeya tampoco hay discusión, pues admira, por encima de todos, a Homero.

---

[9] David Fincher, en su película *Mank,* propone que Mankiewicz escribió casi íntegro el guión de *Ciudadano Kane.*

La poesía y la mímesis

Comprender la teoría aristotélica del teatro y la épica, es decir, la *Poética*, no es fácil, debido a las características del propio texto, la inmensa distancia temporal y el significado que Aristóteles da a ciertas palabras y conceptos.

Muchos de los términos que hoy en día empleamos en el teatro y el cine proceden o al menos aparecen en la *Poética,* como *hamartía*, peripecia, *anagnórisis* o revelación y muchas otras, pero hay dos que ofrecen una dificultad especial: *catarsis* y *mímesis.*

Dejo el examen de la *catarsis* para la parte final. En cuanto a la mímesis, es tan fundamental que Aristóteles inicia su tratado examinando lo que llama las «artes miméticas», entre las que se encuentran la tragedia y la épica.

Imitar es una de las pasiones humanas

Ya sabemos que Aristóteles era un gran apasionado de la biología. Sin duda se dio cuenta de que algunos animales, como los perros o los cuervos, son capaces de imitar, pero también que no lo hacen con la misma intensidad que los seres humanos. Los investigadores actuales han observado que los macacos son muy dados a la imitación desde que nacen, pero que dejan de hacerlo al convertirse en adultos, mientras que los seres humanos seguimos disfrutando de imitar o incluso de ver imitaciones. Nos gusta descubrir, como dice Aristóteles, que «esto» es «aquello», que un actor es Edipo, o que esas manchas de pintura que el pintor Zeuxis ha dejado en la pared parecen uvas de aspecto apetitoso.

Casi desde que empiezan a contemplar el mundo, los bebés disfrutan imitando y contemplando imitaciones. En una función de títeres, los niños se emocionan al descubrir que ese muñeco es un tigre y aquel otro un gorila, o que por detrás se acerca el malvado brujo. Casi todos los entretenimientos de los que disfrutamos tienen que ver de alguna manera con imitar, una pasión que se empezó a desbordar en el siglo XX con la llegada del cine y la televisión, y que cada vez ocupa más tiempo de nuestra vida a través de los canales de internet y las redes sociales: al fin y al cabo, la persona a la que vemos en un vídeo o en una conexión *online* es también una imitación de la persona de carne y hueso que está a miles de kilómetros.

A comienzos del siglo XXI parecía que, más que espectadores, nos estábamos convirtiendo en protagonistas de aventuras, pues los más jóvenes querían ser activos y proactivos, pero en la actualidad vuelve a gustar más contemplar a otros imitando acciones, ya se trate de actores en series y películas o de personajes de videojuegos a los que manejan jugadores expertos. En *El guión del siglo 21* sugerí que, del mismo modo que en la Antigüedad se prefería, como decía Eric Havelock, ver a Homero recorriendo el edificio de la mitología, con el paso de los años cada vez serían más los que entregaran sus horas de entretenimiento no a ser protagonistas de la narración, sino a contemplar a los recorredores de los mundos virtuales. Volvemos a ser espectadores más que protagonistas, aunque es posible que cuando dispongamos de una realidad virtual indistinguible de la realidad cotidiana cambie de nuevo la tendencia.

En los años noventa del siglo XX, los neurocientíficos descubrieron lo que llamaron neuronas espejo, que se activan de manera parecida tanto cuando llevamos a cabo una acción como cuando vemos a otro realizándola. Estas neuronas son esenciales en el aprendizaje, desde caminar a comprender las emociones ajenas y definir las propias. Todos estos descubrimientos se han aplicado al cine, un medio capaz de imitar acciones como nunca pudo soñar Aristóteles, y se ha descubierto que las personas que ven películas de acción pueden experimentar cansancio físico pese a no haberse movido de la silla.

Quienes han estudiado las neuronas espejo y el aprendizaje por imitación en primates como los macacos han llegado a la conclusión de que se trata de un mecanismo que ayuda a la supervivencia, al aprender comportamientos útiles de los adultos. La imitación es el fundamento de toda socialización, pues aprendemos observando lo que se hace más que lo que se dice que hay que hacer.

El arte imitativo, ya lo dijo Aristóteles, nos permite conocer situaciones que no podríamos contemplar con seguridad o que nos producirían rechazo en el mundo real, como cadáveres, animales salvajes o todo tipo de crímenes y crueldades, sin por ello poner en peligro nuestra integridad.

Todo esto tiene una estrecha relación con la empatía que sentimos hacia los personajes, que no necesariamente se produce si son semejantes a nosotros, aunque esto, como veremos, le parece un factor decisivo a Aristóteles.

Las artes miméticas

Existen muchas artes imitativas, como la tragedia, la comedia, los ditirambos o cantos en honor de Dioniso, o los mimos, que son breves prosas burlescas que reproducen el comportamiento y la manera de hablar de personajes populares. Curiosamente, un pintor como Zeuxis, que pinta un pajarillo o a Helena de Troya; un mimo o un payaso, que imita con sus gestos a otros personajes, o un músico que imita el canto de los pájaros con su flauta están más cerca del arte de un poeta al modo aristotélico que alguien que expresa sus sentimientos en verso. Porque todos ellos imitan o reproducen algo.

Aristóteles considera que la poesía es *mímesis*, pero que la *mímesis* no es necesariamente poesía. El flautista que imita a un jilguero emplea la música como medio para su imitación, mientras que el mimo o el bailarín recurren al movimiento y el gesto. El pintor, por supuesto, a la pintura. Pero ¿cuál es el medio propio del *poeta* aristotélico?, ¿qué diferencia a los poetas de los músicos que imitan a los pájaros, o de aquellos cómicos que imitan con gestos a otras personas? La respuesta es que los poetas imitan *mediante el lenguaje*. La palabra es el medio con el que los poetas construyen sus imitaciones.

La escritura es más bien una herramienta, como el cincel o la flauta, para manejar ese medio que es el lenguaje o la palabra. La prueba de que esto es así es que podemos disfrutar de una tragedia si la escuchamos. Incluso podemos imaginar que un autor no escriba la obra ni la represente sobre un escenario, sino que tan solo la recite en voz alta. Hoy en día también podría grabarla en un texto sonoro, es decir, en un archivo de audio. Además, los espectadores de una obra de teatro o de una película escuchan y miran lo que sucede sobre el escenario o en la pantalla, pero no leen la obra, al menos no lo hacen durante la representación. En definitiva, el aire y la voz, o la tinta y el papel, son herramientas o instrumentos que nos permiten dar forma mediante el lenguaje a eso que Aristóteles llama «poesía»: imitación mediante el lenguaje.

Ahora bien, alguien podría decir que una tragedia que se representa sobre un escenario no se limita a emplear el lenguaje, porque también existen el gesto y los movimientos de los actores, el vestuario, la música, o los efectos visuales o sonoros que permiten resaltar las acciones, además del poder evocativo y emocional de la música. Como veremos más adelante, Aristóteles considera que existen seis elementos fundamentales en una obra de teatro, entre los que se encuentran los que acabamos de mencionar. Sin embargo, para él lo realmente importante es el lenguaje. En cierto momento llega a afirmar que una tragedia que se lee contiene todo lo fundamental.

Quién sabe si esta opinión influyó en que no conservemos las partes musicalizadas de las tragedias griegas, excepto un breve fragmento del *Orestes* de Esquilo, o las indicaciones de gestos o acciones físicas de los actores. Oliver Taplin[10] reprochó a Aristóteles que no tuviera en cuenta en su análisis de las tragedias el «significado visual». Es muy probable que los dramaturgos, que solían ser los directores de escena, dieran a los actores todo tipo de indicaciones, que no se encuentran en el texto conservado de las tragedias y tampoco en la *Poética,* excepto una breve mención.

Poesía: imitación mediante el lenguaje

Una vez que ya nos movemos en el terreno de las artes imitativas, Aristóteles nos invita a mirar con más atención. La imitación, lo acabamos de ver, se puede hacer con todo tipo de medios: pintura, música, mármol o arcilla, palabras escritas y habladas o gestos. El mimo Marcel Marceau imitaba mediante gestos y movimientos, pero Sofrón creaba «mimos» o imitaciones de personajes mediante palabras, como en este caso en el que imita a un hombre que se lamenta por la pérdida de su gallo:

> Gracias a él mi vida era importante, me llamaban grande. Decían, señores, que yo era un hombre feliz, los que aman la cría de gallos. Estoy en agonía, pues mi gallo se ha extraviado, se ha enamorado de una clueca y me ha dejado. Pondré una losa sobre mi corazón y descansaré al fin. A vosotros, amigos, ¡salud![11]

Nuestra atención, por lo tanto, ahora se dirige hacia las artes imitativas que, además, emplean el lenguaje: los mimos de Sofrón en prosa, los ditirambos o poemas burlescos en verso, las tragedias o comedias que se representan sobre un escenario, y las epopeyas, como la *Ilíada* y la

[10] En *The Stagecraft of Aeschylus (El arte escénico de Esquilo),* publicado en 1973.

[11] *Fragmentos mímicos.*

Odisea, que recitan los aedos, acompañándose de la cítara o arpa de mano, o los rapsodas o recitadores, golpeando rítmicamente el suelo con su bastón.

Estas artes imitativas que emplean el lenguaje son lo que Aristóteles define como poesía. Sin embargo, los versos de Calímaco, Safo y lo que entonces se llamaba lírica y hoy poesía no eran poesía para Aristóteles.

Es aquí donde damos un respingo y cuestionamos el poder de observación de Aristóteles. El aparente error se debe a un equívoco, a una interpretación diferente de la palabra «poesía». Para nosotros, la poesía es escribir en verso, pero para Aristóteles, más respetuoso con el significado original de la palabra, la poesía es un «hacer», pues procede de *poiesis (hacer).* El poeta *hace algo* o, si se prefiere, reproduce o imita algo mediante palabras. El poeta crea o *re-crea* acciones mediante el lenguaje. Ese es su verdadero arte.

Poetas que no son poetas

Ya hemos visto que para Aristóteles los dramaturgos, como Sófocles o Esquilo, y los autores de epopeyas, como Homero, son poetas, pero que Píndaro o Safo no lo son. William Shakespeare o Antón Chéjov serían poetas para Aristóteles, pero Pablo Neruda o Gustavo Adolfo Bécquer no.

Si se escribe en verso, se puede ser poeta, pero también se puede no serlo. Para complicar un poco más las cosas, Aristóteles nos diría que Shakespeare es poeta, pero no por sus sonetos, sino por sus obras de teatro, como *Romeo y Julieta, Macbeth, Hamlet* o *Julio César,* tanto en las partes versificadas como en las escritas en prosa. En *Mucho ruido y pocas nueces* tres cuartas partes están en prosa, pero para Aristóteles sería poesía de principio a fin.

Si lo anterior no fuera ya un rompecabezas, nos espera una nueva sorpresa: Aristóteles considera poeta a Platón. Los *Diálogos* escritos por su maestro también son poesía.

La inclusión de Platón entre los poetas parece indicarnos que la filosofía es parte de la poética, pero Aristóteles enseguida rechaza la idea: Empédocles, autor de un magnífico poema filosófico escrito en verso, *Sobre la naturaleza*, no es un poeta.

¿Qué diferencia a uno y otro filósofo? ¿Por qué Empédocles, que escribe en verso, no es poeta, mientras que Platón, que escribe en prosa, sí que lo es? ¿Por qué los sonetos de Shakespeare no son poesía, pero tanto la prosa como los versos incluidos en sus tragedias o comedias sí que lo son?

Aristóteles parece estar jugando con nosotros. Creíamos que la *Poética* tenía que ver con la poesía, y es verdad: tiene que ver con la poesía. Pero no con la poesía de los que hoy en día llamamos poetas. ¿Cuál es la solución a este galimatías?

La explicación de esta extraña clasificación aristotélica es que Sófocles y Homero son poetas porque imitan acciones, pero que Safo o Anacreonte no lo son, puesto que en sus versos expresan emociones, describen sentimientos o deseos, se lamentan o se alegran por sus amores, o teorizan acerca de la esencia oculta de la realidad o el sentido de la vida humana. Todo eso no es suficiente para Aristóteles, pues para ser poeta, ya se escriba en prosa o en verso, es necesario *imitar,* representar algo.

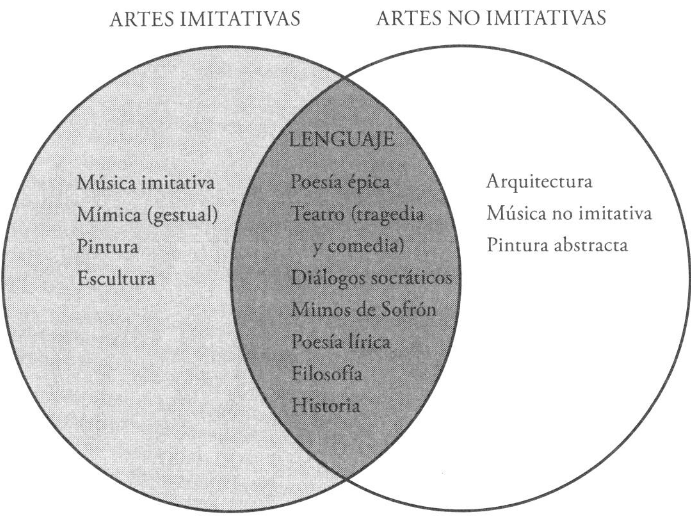

La solución a este rompecabezas que amenazaba convertirse en un galimatías irresoluble es que es poeta el que imita las acciones de hombres y mujeres, y también de animales, como en las fábulas de Esopo. Los *Diálogos* de Platón son un arte imitativo, porque reproducen conversaciones entre filósofos, mientras que el poema de Empédocles no reproduce acciones, sino que propone explicaciones acerca de la realidad.

Algunos traductores de la *Poética,* como George Whalley, han querido deshacer el equívoco entre la idea actual de poesía y la aristotélica distinguiendo entre *poiética* y *poética*, o entre *poiesia* y *poesía,* y han llegado a titular su traducción como *The Poietic Art* y no *The Poetic Art.*

Es una buena idea, pero puede resultar confuso y también diluye el esfuerzo del propio Aristóteles por distinguir entre los verdaderos poetas (los que imitan) y los simples versificadores.

Platón, el poeta

La explicación de por qué los *Diálogos* de Platón son poesía es que se trata de imitaciones mediante el lenguaje. Cuando leemos el *Cármides* nos parece estar viendo a Sócrates y a Critias en el gimnasio mientras observan la majestuosa entrada del bello Cármides. A continuación, podemos asistir, casi como si estuvieran en el escenario de un teatro, al diálogo que los dos amigos mantienen con el bello joven.

Platón trae a nuestra imaginación lo que los franceses llaman *tranches de vie* (rodajas de vida), momentos que se podrían representar sin dificultad sobre un escenario. No es extraño que fuera admirado en la Antigüedad tanto por sus ideas filosóficas como por su sentido teatral y que diálogos como *Eutidemo* o *El banquete* se hayan comparado con una obra de teatro en la que escuchamos discutir a los protagonistas.

Ahora bien, cuando Aristóteles dice que Platón es un poeta, en cierto modo le está elogiando, pero también le está lanzando un ingenioso dardo, puesto que, si Platón fuera un poeta, entonces no podría entrar en su República ideal.

La *Poética* de Aristóteles no es solo un tratado acerca de la tragedia y la épica, sino también una defensa de los poetas, frente al ataque de Platón, que en su *República* había propuesto expulsarlos de la ciudad ideal y que también se burla de ellos en el *Ion* y otras obras. Si Platón expulsó a los poetas de su utopía política, porque contaban fábulas, Aristóteles quiere abrirles la puerta de cualquier ciudad porque, en efecto, cuentan fábulas. Si Platón decía que con sus mentiras los poetas no contribuyen a la construcción del Estado y lo pervierten, Aristóteles responde que los poetas no suelen pervertir y que, en cualquier caso, no tienen por qué contribuir a que el Estado vaya bien o mal. Aunque parezca sorprendente, Aristóteles no cree que el teatro deba cumplir una función social más allá de entretener y producir en los espectadores «el placer que le es propio».

La conclusión es que la poesía es una imitación o representación para Aristóteles. Conviene aclarar que no es que la definición de la poesía haya evolucionado desde Aristóteles, sino que en su época se consideraba, como hacemos nosotros, que Píndaro, Safo o Arquíloco eran poetas. La idea de que los auténticos poetas son quienes imitan o representan acciones mediante el lenguaje es una decisión personal de Aristóteles, aunque ya la encontramos en su maestro Platón, quien cuando decía «poeta» también se refería casi siempre a un dramaturgo o a un autor de epopeyas como Homero.

El poeta es un hacedor

Jorge Luis Borges escribió un poema llamado *El hacedor*[12]. La palabra suena extraña y los lectores se preguntaron a qué se refería. Lo primero

[12] Jorge Luis Borges, *El hacedor*.

en lo que pensamos al leer *hacedor* es en alguien que hace cosas, en un artesano, quizá en un fabricante, tal vez en un inventor, o incluso en un mago o un brujo. Cuando se preparó una edición en inglés del libro, los traductores le preguntaron cómo se podía traducir esa expresión tan extraña. Borges respondió que ¡la había copiado del inglés!

Aunque la palabra existe en español, Borges la había tomado del inglés antiguo, tal como se emplea en *Lament for the makaris*, del escocés William Dunbar, escrito hacia 1505, un poema en el que Dunbar recuerda a poetas y dramaturgos, pues todos ellos son *makaris* o *makers*, es decir, «hacedores». O en la buena tradición aristotélica, «poetas».

Teniendo en cuenta la inmensa erudición de Borges, no es casual que su poema se refiera a un autor al que también Aristóteles consideró el mayor poeta, no porque fuera un versificador, sino porque imitaba o reproducía acciones mediante el lenguaje: Homero.

En conclusión provisional (porque en la lectura de la *Poética* siempre hay que estar preparado para nuevas interpretaciones que cuestionen nuestras ideas), podemos decir que la poesía es para Aristóteles una imitación de acciones que se lleva a cabo mediante el lenguaje, tanto en verso como en prosa.

Platón contra los poetas

En el diálogo *Ion*, Platón nos presenta al recitador de versos Ion, especializado en Homero, que habla con Sócrates. A primera vista parece una charla amistosa, pero, como sucede en muchos de los diálogos de Platón, Sócrates le está tendiendo una trampa al ingenuo rapsoda. Primero le pregunta cuál es el secreto del arte poético, a lo que Ion responde que ninguno, pues solo se deja poseer por los dioses antes de recitar los poemas. Sócrates finge asombrarse y le pregunta cuál es su opinión acerca de los versos que recita. ¿Está de acuerdo con las ideas de Homero?

La respuesta de Ion es que no se siente capaz de comparar a dos poetas, incluso aunque hablen del mismo asunto. A Sócrates esto le parece extraño, puesto que un matemático puede opinar acerca de dos fórmulas y decir cuál es correcta, o un médico acerca de dos posibles tratamientos para una enfermedad. Por ello le dice a Ion:

> Tú no estás capacitado para hablar de Homero gracias a una técnica y ciencia; porque si fueras capaz de hablar por una cierta técnica, también serías capaz de hacerlo sobre los otros poetas.[13]

La conclusión es que los poetas y los rapsodas no poseen una técnica: «No es por una técnica o ciencia por lo que tú dices sobre Homero las cosas que dices, sino por un don divino, una especie de posesión». En definitiva, aunque esconde la crítica bajo elogios a la inspiración divina, Platón concluye que los poetas son «hacedores», porque se limitan a hacer, porque no disponen de una *téchne*, de un arte que posea sus propias reglas.

Para los griegos, todas las artes eran *téchne*. Como cualquier lector puede advertir, la palabra está muy cerca de nuestra «técnica». Para los griegos, las actividades que consideramos artes, como la pintura, la escultura o la música, eran técnicas. Es decir, algo que se hace siguiendo unas reglas. Ese era el significado que los romanos daban a la palabra «arte», aunque con el tiempo su uso evolucionó, hasta que artes y técnicas se concibieron como cosas diferentes, incluso opuestas. Durante la época romántica muchos artistas renegaron de la técnica, por considerar que pervierte lo intuitivo del arte. El artista y sus creaciones están más allá de «lo mecánico», «lo racional» y «lo medible».

Platón sostiene que todas las otras artes tienen su propia técnica, su propio «manual de instrucciones», pero la poesía carece de él y es tan

---

[13] Platón, *Ion*.

solo un «hacer». Es un hacer que procede, según los propios poetas, de la inspiración divina, de Apolo o de las Musas.

Al contrario que los demás artistas, los poetas no conocen el secreto de su arte. La conclusión es que los poetas son tontos que no saben de lo que hablan, que repiten lo que les llega desde el territorio de las musas. Pero son incapaces de distinguir la verdad de la mentira. Como dice en el libro décimo de la *República*, los poetas, entendiendo por tales a Homero, a Hesíodo y a los dramaturgos, solo cuentan mentiras. Transmiten una imagen falsa y deforme de los dioses y de los héroes y dan un ejemplo desastroso a los jóvenes, convenciéndolos de que los dioses beben, traicionan, son dominados por la cólera, son víctimas de las pasiones amorosas, matan de las maneras más infames y castigan a los humanos de forma cruel. Son inconstantes, caprichosos y mentirosos. Es por eso por lo que en la *República* Platón prohíbe a los poetas el paso a su ciudad ideal.

Aristóteles difiere en este asunto de la opinión de su maestro. Cree que los poetas no pervierten a la sociedad, y considera que su arte, ese «hacer» que desprecia Platón, es muy elogiable y que vale la pena estudiarlo. Por eso escribe la *Poética,* para descubrir los secretos de los poetas. La *Poética* se ocupa de la *téchne,* de la técnica de la poesía[14].

El arte que no tiene nombre

En un determinado pasaje de la *Poética*, Aristóteles dice que el arte que imita mediante el lenguaje «todavía no tiene nombre». Su pro-

[14] En años recientes algunos autores, a partir de los estudios de G. Vlastos en *Sócrates: Ironist and Moral Philosopher*, que distingue entre los primeros diálogos de Platón, que considera más socráticos, y los últimos, como la *República*, que define como plenamente platónicos y distantes de las ideas de Sócrates, se ha sugerido que la visión que se da de los poetas en el *Ion* no es tan negativa. Así lo ha argumentado Grace M. Ledbetter en *Poetics before Plato.*

puesta implícita es que debemos llamarlo poesía, pero parece que no tuvo mucho éxito, porque hoy llamamos poesía a lo que está escrito en verso. Para nosotros, son poetas los líricos, como Safo o Píndaro, pero también Empédocles, aunque además lo consideremos filósofo. Y Esquilo, Sófocles o Eurípides, aunque prefiramos llamarlos dramaturgos o trágicos. Incluso nos parece poesía lo que hizo Quevedo con el *Manual de Epicteto*, al convertirlo en buen verso español.

> No son las cosas mismas
> las que al hombre alborotan y le espantan,
> sino las opiniones engañosas
> que tiene el hombre de las mismas cosas.[15]

Para subrayar lo accidental de usar verso o prosa, podemos recordar lo que Platón nos dice que Sócrates hacía en sus últimos días, antes de beber la cicuta: convertir en versos las fábulas en prosa de Esopo. Y precisamente entonces Sócrates dice algo en lo que estaría de acuerdo Aristóteles: «El poeta, si es que quiere ser poeta, debe componer mitos *(mythous*, historias) y no razonamientos *(logous)*»[16]. Es por eso por lo que la filosofía raramente es poética, puesto que emplea el lenguaje, pero no imita o reproduce, sino que desarrolla argumentos, expresa opiniones o establece fórmulas lógicas.

Ya hemos conseguido delimitar un poco mejor la definición de «poesía» según Aristóteles: tiene que imitar o reproducir algo y tiene que hacerlo mediante el lenguaje.

Hay excepciones, por supuesto, y Aristóteles nos ha revelado una muy curiosa: los diálogos de Platón también son poesía, no por su contenido argumentativo *(logos)*, sino porque sus ideas se van *mostrando* a través de diálogos que tienen lugar en escenarios como un gimna-

---

[15] Francisco de Quevedo, *Epicteto y Phocilides en español con consonantes*.

[16] Platón, *Fedón*, 61b.

sio, las calles de Atenas o la prisión en la que Sócrates espera el momento de tomar la cicuta, acompañado por sus mejores amigos.

Esta es una prueba más de lo que dije antes: Aristóteles es el mayor creador de conceptos y definiciones, pero no inventa los conceptos para después aplicarlos a la realidad, como ha sostenido Stephen Halliwell, sino que llega a los conceptos a partir de la observación de la realidad. Por eso acepta las excepciones, y yo diría que disfruta cada vez que encuentra una, como la de que los diálogos de Platón son poesía.

El arte sin nombre del que habla Aristóteles hoy lo llamamos literatura, o narrativa, y a su estudio teoría literaria, teoría crítica, narratología. Y también poética[17]. Porque no solo los dramaturgos actuales serían poetas para Aristóteles, sino también los guionistas de cine y televisión. Pero no los novelistas. ¡Ni los poetas!

El complejo sentido de la mímesis aristotélica

Conviene señalar una connotación de la palabra «mímesis» que, aunque no se expresa de manera explícita en la *Poética,* se puede inferir. Tiene que ver con la idea del poeta y de la poesía como algo muy cercano a un creador.

Aristóteles nos dice que el poeta o dramaturgo imita la naturaleza, reproduciendo diversas acciones mediante el lenguaje. Esas acciones pueden ser semejantes a las de la realidad, pero también pueden no parecerse a la realidad, sino ser «como podrían o deberían ser», es decir, no verdaderas, sino tan solo verosímiles.

Teniendo en cuenta que a Aristóteles la mímesis que le interesa no es la de los actores, sino la del poeta que mediante el lenguaje imita las acciones, hay que subrayar que el dramaturgo no copia sin más la realidad, sino que reproduce (vuelve a producir) acciones que ocurren tan

[17] Ver también *Poética* 1447a8.

solo en el escenario o en el texto escrito de la obra. Es en este sentido en el que podemos decir que la mímesis no consiste solo en imitar la naturaleza, sino también en imitar *a la naturaleza:* crear como crea la naturaleza.

Encontramos un apoyo explícito a esta hipótesis en otra obra de Aristóteles, la *Metafísica:*

> El arte imita a la naturaleza en cuanto que realiza lo que ella misma es incapaz de llevar a cabo y, en cierto modo, completa lo que falta en la obra de la naturaleza.[18]

Y también dice en la *Física:*

> En algunos casos el arte completa lo que la naturaleza no puede llevar a término, en otros imita a la naturaleza.[19]

Un dramaturgo que imagina algo que no es *pero que podría ser* es un imitador de la manera de crear de la naturaleza. Cuando los poetas reivindicaron durante el Renacimiento que eran creadores, lo hicieron con una declaración semejante a la de Aristóteles, pero sustituyeron la Naturaleza por Dios, puesto que la religión cristiana dictaminaba que solo Dios podía crear. Lo dijo el sacerdote y poeta polaco Sarbiewski:

> De otra manera trata el poeta las cosas que imita, porque no las imita como son, sino como podrían haber sido o como deberían haber sido, de tal manera que les atribuye otra clase de existencia y en cierta manera las crea por segunda vez. Porque lo que se imita mediante la palabra no se imita, según Aristóteles, según lo que es, sino según lo que no es pero podría ser.[20]

---

[18] *Metafísica.*

[19] *Física*, II, 8.

[20] Maciej Kazimierz Sarbiewski, *De perfecta poesia, sive Vergilius et Homerus.*

El dramaturgo o el poeta épico pueden representar a una persona tan idealizada que no existe equivalente en la tierra, a un cíclope o a un monstruo con cabeza y alas de águila, cuerpo de león, ojos y orejas en punta y piel dorada, es decir, un grifo (γρύψ, *grýps).*

La pintura griega llegó a increíbles alturas de realismo y se dice que los pájaros se estrellaban contra un lienzo pintado por Zeuxis, pues creían que las uvas eran de verdad. Pero el pintor también puede mejorar la realidad, como hizo también Zeuxis cuando le pidieron un retrato de Helena, la mujer más bella del mundo. Ante lo imposible de la tarea, eligió a las cinco mujeres más bellas de la ciudad de Crotona y confirió a Helena los rasgos más hermosos de cada una.

En estos casos, más que imitar la realidad tal cual, lo que se hace es crear algo que no existe. Por lo tanto, no se trata de una réplica ni de una copia sin más. La mímesis, incluso cuando no tiene un modelo que copiar, reproduce o crea con el texto, en el escenario o en la pintura algo que el lector o espectador pueda ver. Pero no termina ahí el proceso, pues también se produce una recreación o representación en la mente del espectador, que imagina o ve lo que el dramaturgo ha creado para provocarle placer. Esto nos recuerda que el poeta es un *hacedor* y que *poiesis* significa «hacer».

En definitiva, no debemos entender la mímesis aristotélica como una repetición servil de la realidad, o creer como Platón que la tragedia y otras artes miméticas son copias vulgares de la naturaleza. La mímesis tal como la entiende Aristóteles es algo más, pues tiene una intención artística y quiere conmover al espectador o lector, provocando un placer que nace de la compasión y el temor que experimenta al seguir una trama cuidadosamente construida, trama que no obedece sin más a las acciones de la realidad, sino que ordena esas acciones a su conveniencia.

La mímesis del dramaturgo o del moderno narrador audiovisual es un hacer, una creación[21], que puede tener más o menos relación con

[21] Algunos traductores o editores de la *Poética* como Gerald Else rechazan, sin embargo, la palabra *creación* para *mímesis*. Ver *Poética*, 1447a8.

algo que esté *ahí fuera,* pero que debe existir y ser consistente por sí misma, y que será efectiva si consigue existir también en la mente del lector o espectador.

Ya sabemos que Aristóteles dice que una obra de teatro se puede disfrutar tanto o más leyéndola que viéndola en el escenario, con lo que el lector no verá las acciones, sino que tendrá que imaginarlas, *representárselas,* lo que nos indica otro matiz de la compleja palabra «mímesis», pues puede tratarse de una representación puramente interna, que también, por supuesto, puede aplicarse a las epopeyas o a la novela moderna, pues eso es lo que hace un lector: representar en su mente lo que se narra en el texto.

Esta complejidad de sentidos, que incluye tanto la posibilidad de imitar los objetos y seres de la naturaleza como la de imitar la capacidad creativa de la naturaleza, es lo que hace que se nos queden cortas o resulten torpes las palabras con las que traducimos «mímesis»: *imitación*, *reproducción* o *representación.*

Sin embargo, tenemos a nuestra disposición conceptos mucho más cercanos a lo que nos quiere decir Aristóteles, como «virtualidades» y «simulaciones». Y diversas variantes compuestas, como «mundos virtuales» o «realidades alternativas».

Cuando los aspirantes a pilotos se entrenan en una máquina que simula un vuelo real, pueden sobrevolar el Mont Blanc, pero también montañas que no existen. Esa simulación es un engaño, pero al mismo tiempo no lo es, puesto que nos muestra algo que antes no existía y que han creado los ingenieros, los programadores y los diseñadores. Ellos, como los poetas, son hacedores, creadores, simuladores.

El hecho de que no exista el avión o la montaña no es lo esencial de la experiencia, sino que el usuario sienta que está en un avión, gracias a lo que ve, lo que oye e incluso lo que experimenta a través de las sensaciones hápticas que le transmite la máquina. Coleridge ya nos habló de la «suspensión voluntaria de la incredulidad»: un espectador entra en el teatro sabiendo que lo que va a ver no es tan verdadero como las cosas que ve a diario, pero, a pesar de ello, deja de lado durante hora y media su incredulidad y se sumerge en esa simulación o virtualidad.

Hollywood también adoptó casi desde sus inicios el llamado «montaje trasparente», que consiste en lograr que el espectador se sumerja tanto en la película que se olvide de que está viendo una película.

El cine es al mismo tiempo una imitación, en el sentido de «copia», y al mismo tiempo no lo es, pues crea algo que no existía.[22] Una cámara puede filmar a los obreros saliendo de una fábrica, pero también nos puede mostrar a un semidiós moderno con aspecto de murciélago que sobrevuela los tejados de una ciudad llamada Gotham. En un caso la cámara copia la realidad sin más, mientras que en el otro caso es necesario que antes se cree o recree una realidad que también existe, aunque solo sea en el plató de cine.

Todo esto nos podría llevar a la evolución de las simulaciones en el mundo digital, los videojuegos y la realidad virtual, en la que pronto se conseguirá que el espectador sea incapaz de distinguir lo «real» de lo «simulado». La inteligencia artificial ya crea mundos animados que no graban construcciones en un plató, sino que convierten en realidad las instrucciones dadas mediante un *prompt:* es decir, mediante el lenguaje. Lo que antes sucedía en la mente del lector cuando leía la descripción de un duelo entre los mosqueteros y los soldados del cardenal Richelieu, ahora ese otro lector que es la inteligencia artificial lo convierte en imagen y sonido. De ese futuro al mismo tiempo fascinante y quizá empobrecedor de la imaginación humana, ya he hablado en otra ocasión[23], así que regresemos a la *Poética* y la *mímesis.*

Mi opinión, en definitiva, es que la palabra que sustituye a «mímesis» en casi todos los contextos es «simulación». He examinado una por una todas las apariciones de «mímesis» en la *Poética* y he comprobado que «imitación» o «reproducción» no siempre cubren las intenciones de Aristóteles, mientras que sí lo hacen «simulación» y «virtualidad».

---

[22] Aristóteles en cierto modo predice el cine en la *Poética,* cuando se imagina cómo sería que pudiéramos ver en el mismo instante las cosas que menciona un orador. Ver *Poética,* c16.

[23] Daniel Tubau, *El guión del siglo 21.*

La tragedia y sus seis elementos fundamentales

La *Poética* se ocupa de la tragedia, aunque dedica varios capítulos a la épica o epopeya. Sin embargo, para Aristóteles ningún arte se puede comparar con la tragedia, ni siquiera las epopeyas escritas por su admirado Homero. Existen seis elementos fundamentales en toda tragedia, aunque Aristóteles da mucha importancia a uno de ellos, la trama, y muy poca a otro, el espectáculo.

Un pasaje legendario

Ya sabemos que la poesía es la imitación de acciones mediante el lenguaje.

Ahora bien, recordemos que hay muchos tipos de poesía: la epopeya o épica, los diálogos socráticos y las obras de teatro, ya se trate de comedias, tragedias o piezas satíricas. Comencemos por lo que más le interesa y le gusta a Aristóteles, la tragedia.

Son muchas las ideas de la *Poética* que han provocado y todavía provocan discusiones sin fin, pero hay un pasaje en concreto que es el más citado, interpretado y reinterpretado de todo el libro. Es precisamente el que contiene la definición de la tragedia:

> La tragedia es la *mímesis* de una acción digna de ser recordada, completa y de cierta duración, mediante un lenguaje embellecido, y con cada clase de adorno empleada de manera diferente en cada una de sus partes. Se cuenta, no de modo narrativo, sino mediante la imitación de acciones, y a través de la compasión y el temor logra la *catarsis* de estas emociones.[24]

---

[24] *Poética*, c3.

Esta breve cita está trufada de términos clave para descifrar. Es una muestra del poder de síntesis de las definiciones de Aristóteles, que reúnen en apenas una frase ideas que merecen un examen detenido. Aparecen al menos diez conceptos esenciales: «*mímesis*», «acción digna de ser recordada», «acción completa», «de una cierta duración», realizada «mediante lenguaje», un «lenguaje embellecido» y de manera diferente en «cada una de sus partes», que se cuenta «no de modo narrativo, sino mediante la imitación de acciones», y que «a través de la compasión y el temor», provoca «la *catarsis* de estas emociones».

Son aspectos que Aristóteles analizará a lo largo de la *Poética*, no como un entomólogo que clasifica cada espécimen en su casilla, llevado por una obsesión de erudito, sino porque cada uno de estos asuntos tiene algo que enseñarnos acerca del arte narrativo.

La diferencia entre épica y tragedia

Ahora que ya contamos con una primera definición de lo que Aristóteles llama *poesía*, tenemos que descifrar otro pequeño enigma.

Sabemos que la poesía es un arte imitativo, puesto que imita o representa algo, y también que lo hace mediante el lenguaje. Relatos épicos o epopeyas como la *Ilíada* y la *Odisea* de Homero son poesía, pero también lo son las tragedias, incluidas las que pertenecen al llamado Ciclo Troyano, como *Hécuba, Helena, Ifigenia en Áulide, Ifigenia entre los tauros, Reso* o *Las troyanas* (de Eurípides); *Áyax* y *Filoctetes* (de Sófocles), o *Agamenón, Las coéforas* y *Las Euménides* (de Esquilo). Todas son de tema troyano, como las obras de Homero. Entonces ¿qué diferencia a las epopeyas homéricas de las tragedias de los dramaturgos?

En primer lugar, por supuesto, que las tragedias se representan sobre un escenario. Pero esta diferencia quizá sea accidental, pues una tragedia también se puede leer o escuchar. Para encontrar una respuesta, detengámonos en la definición de la tragedia:

> La tragedia [...] se cuenta no de modo narrativo, sino mediante la imitación de acciones.

Se trata de una imitación, pero no cualquier tipo de imitación, pues lo que se imita en la tragedia *son las acciones mismas.* La épica también imita acciones, por supuesto, pero lo hace de una manera más narrativa, menos directa o inmediata. En el teatro vemos a Edipo hablando con el adivino Tiresias, mientras que en una epopeya nos dicen que Edipo habló con Tiresias. Platón explica con claridad la diferencia en la *República:*

> ¿Conoces el comienzo de la *Ilíada,* donde el poeta cuenta que Crises pidió a Agamenón la devolución de su hija, y que este se encolerizó, por lo cual Crises, al ver que no tenía éxito, imploró al dios contra los aqueos?
>
> –Por cierto.
>
> –Por lo tanto, sabes que, hasta estos versos: «Y suplicó a todos los aqueos, y en particular a los dos Atridas, caudillos de pueblos», habla el poeta mismo, sin tratar de cambiar nuestra idea de que es él mismo y no otro quien habla. Pero, después de los versos citados, habla como si él mismo fuera Crises e intenta hacernos creer que no es Homero el que habla, sino el sacerdote, que es un anciano.[25]

Es decir, en una parte nos dicen que Crises le dijo algo a Agamenón y en otra «escuchamos» las palabras mismas de Crises.

Es cierto que a veces resulta difícil distinguir entre narrar una acción y representarla, pues una buena narración se parece mucho a una representación. Podemos pensar en una situación imaginaria para distinguir lo que hacen los dramaturgos de lo que hacen los poetas épicos.

---

[25] Platón, *La República.*

Imaginemos a dos espadachines que combaten frente a la torre Eiffel en París. Si tenemos la suerte de estar allí, podemos seguir el combate mirando a los dos espadachines. Eso sería contemplar la realidad, sin más.

Ahora bien, también podemos contarle al día siguiente a un amigo cómo transcurrió el combate. Eso es lo que hace un poeta épico, que logra que imaginemos algo que sucedió o pudo suceder.

Pero si queremos que nuestro amigo «casi vea» lo que vimos nosotros, podemos contratar a dos actores y darles instrucciones para que repitan lo que hicieron los dos espadachines. Podrían hacerlo sobre un escenario en el que hemos pintado la torre Eiffel. Eso es lo que hace un dramaturgo.

Hemos narrado acciones en ambos casos, pero en la narración épica lo hemos *contado* y en la teatral lo hemos *reproducido*, aunque, claro, los espadachines no eran los mismos que combatieron, sino dos fingidores, dos *hypocrites*, es decir, dos «actores»[26]. La acción, además, no tuvo lugar en París, sino en un pequeño teatro de barrio de Madrid. Los espectadores saben que se trata de una copia y no del combate real, del mismo modo que lo sabe el amigo que nos escuchó contar cómo fue el combate.

Esa es la diferencia entre narrar las acciones (épica) y mostrar las acciones (teatro): en el teatro las acciones se muestran, aunque no sean las originales.

Es cierto que en la épica griega existe un autor, Homero, que no se extiende en largas reflexiones o descripciones narrativas, sino que describe las acciones de manera muy vívida y deja hablar a los personajes, como si estuviéramos ante dos actores representando una obra sobre el escenario. No es teatro, pero podría serlo, al menos algunos pasajes escogidos de la *Ilíada* y la *Odisea*, en los que bastaría con diseñar un sencillo decorado y situar allí a dos actores, por ejemplo, Ulises y la criada Euriclea:

[26] *Hypokritēs* en griego significa «el que responde», y por extensión actor.

«Si un dios concede a mis manos aplastar a los nobles pretendientes, no me olvidaré de ti, que fuiste mi nodriza, cuando a las demás mujeres esclavas del palacio dé muerte.»

Le respondió luego la muy prudente Euriclea:

«¡Hijo mío, qué amenaza escapó del cercado de tus dientes! Bien sabes que mi ánimo es leal y nada voluble. Me mantendré firme como una dura roca o como el hierro».[27]

La diferencia entre tragedia y comedia

Una vez que hemos analizado las diferencias entre tragedia y épica, nos enfrentamos a otra pregunta. ¿Qué diferencia a la tragedia de otras imitaciones mediante el lenguaje que, además, se representan sobre un escenario, como la comedia, el drama satírico y otras piezas que hoy consideramos que forman parte del teatro?

La respuesta la encontramos en la definición que ya conocemos, de la que solo tenemos que eliminar las características comunes a otras representaciones y quedarnos con las que se refieren solo a la tragedia: debe tratarse de una «acción digna de ser recordada» que «a través de la compasión y el temor logra la *catarsis* de estas emociones»[28].

De la compasión y el temor, emociones propias de la tragedia y que no encontramos en la comedia, o al menos no de la misma manera, nos ocuparemos más adelante[29]. Ahora nos interesa lo de «acción digna de ser recordada».

La tragedia, en efecto, tiene como protagonistas a personajes dignos de ser recordados. Son los héroes de Troya y de los Siete contra Tebas, los aventureros que recorrieron el mundo en la nave Argo, los que construyeron o huyeron del laberinto de Creta, los que participa-

[27] Homero, *Odisea*.

[28] *Poética*, c3.

[29] Ver «Compasión y temor», pp. 135 y ss.

ron en la caza del jabalí de Calidón y en el combate con las Amazonas. Son, en definitiva, los que los griegos consideraban sus heroicos antepasados.

Esos hombres y mujeres estaban destinados a ser recordados. Lo expresa de una hermosa manera Helena cuando le dice a Héctor:

> A los dos Zeus nos concedió un funesto destino con el fin de que seamos motivo de canto para los hombres venideros.[30]

Y así sucedió, pues todavía recordamos a Helena y a Héctor, a Edipo y a Electra, a Medea y a Ulises, porque alcanzaron el *kleos*, el renombre imperecedero, la inmortalidad que se consigue a través de los cantos y de las palabras de los poetas. Es en este sentido, me parece, en el que Aristóteles se refiere a las historias y tramas «dignas de ser recordadas» que se deben emplear en las tragedias, mientras que los personajes de las comedias carecen de la grandeza a la que aspiran los héroes de Homero, como Aquiles, que prefiere la inmortalidad de la fama a la vida terrenal:

> Si me quedo aquí, luchando por la ciudad de Troya, perderé el regreso a casa, pero mi *kleos* será eterno. Si vuelvo a mi tierra natal, perderé mi *kleos*, pero tendré una larga vida.[31]

Estos son los personajes de la tragedia: «memorables», serios, grandiosos, quizá no siempre ejemplares, en ocasiones soberbios y egoístas, otras veces heroicos y sacrificados, pero siempre dignos de ser recordados.

Y estos personajes son los que provocan en el espectador las emociones de compasión y temor, que se examinarán más adelante[32].

---

[30] Homero, *Ilíada*.
[31] Homero, *Ilíada*.
[32] Ver «Compasión y temor», pp. 135 y ss.

Los elementos de la tragedia

Aristóteles considera que hay seis elementos fundamentales en la tragedia: trama, caracteres, lenguaje, espectáculo, canto y pensamiento.

La primera sorpresa es que va a prestar muy poca atención al canto y al espectáculo, que, sin embargo, eran muy apreciados por el público. Este menosprecio ha hecho que a menudo no se comprendiera la verdadera naturaleza de las obras de teatro griegas.

La trama

Este es para Aristóteles el elemento fundamental de la tragedia. En su opinión, el *mythos*, historia o argumento, es más importante que los caracteres, algo quizá sorprendente hoy en día, porque la mayoría de los teóricos, en especial los del cine y el teatro, consideran que el personaje es más importante que la trama. La sorpresa aumenta cuando se observa que Aristóteles admira el *Edipo rey* de Sófocles, la *Medea* de Eurípides o el ciclo de la *Orestíada*, obras con personajes dotados de un poderoso y definido carácter.

Aristóteles respondería que el atractivo de los personajes se debe a las acciones que llevan a cabo, es decir, a la trama. Un personaje sin trama no puede considerarse un gran personaje. Es cierto que puede haber obras, como los ditirambos o los mimos, en las que el placer que obtienen los espectadores se basa más que nada en observar el carácter del personaje, pero se trata de obras menores. En una ocasión llega a decir despectivamente que los dramaturgos novatos manejan pronto la caracterización pero que tardan en aprender lo más importante: la construcción de las tramas[33].

Es una opinión que comparto, y para explicarlo me permitiré un

[33] Ver *Poética* c4.

recuerdo personal. Cuando dirigí la serie de televisión *Trilocos*, los personajes estaban claramente caracterizados por Emilio Aragón «Miliki», puesto que eran los papeles convencionales de la comedia del arte y el guión de enredo, es decir, el tonto, el serio y el astuto. En muchos de los guiones ese carácter se reflejaba muy bien en chistes aquí y allá, pero también sucedía, como dice Aristóteles, que los guionistas fallaban en la construcción de las tramas, por lo que un guión, aunque tuviera pasajes interesantes y buenos chistes, podía no ser emocionante o atractivo para el espectador. Aunque yo les pedía a los guionistas que antes de escribir me enviaran una trama o esquema de pasos *(step outline)*, algunos no lo hacían y el resultado era casi invariablemente desastroso, por lo que tenía que devolverles el guión y pedirles que enviaran antes la trama, o bien, en muchos casos, yo mismo les enviaba un esquema de pasos para que ellos la dialogaran.

En las series de televisión varios guionistas suelen trabajar durante muchos días en la trama, pero la escritura del guión la puede hacer un guionista en apenas cinco días. Los creadores de la serie *Breaking Bad* se grabaron a sí mismos en un *timelapse* de unos ocho minutos en el que se ve cómo seis guionistas trabajan en la trama de un episodio durante unos doce días. Y es entonces cuando un solo guionista toma la trama y escribe el guión completo en cuatro o cinco días. Es una muestra de la importancia de la trama. De nada vale tener grandes personajes si no los situamos en una trama interesante. En esa escritura a partir de la trama, lo que se llama «dialogar un guión», será muy importante la caracterización y el estilo, pero sin una trama sólida el guión no se sostendrá.

Se podrían dar muchos ejemplos en apoyo de la preferencia de Aristóteles por la trama. Uno de ellos es que un mismo personaje, como Napoleón, puede dar origen a una película aburrida y a otra entretenida y emocionante. Todos sabemos que Sherlock Holmes es un personaje con un carácter fascinante, pero eso no significa que porque sepamos imitar su personalidad y el estilo narrativo podamos escribir un buen cuento holmesiano. Muchos escritores que han publicado nuevas aventuras de Holmes, lo que se llama «apócrifos» o «pastiches», no han conseguido relatos tan entretenidos como los de Arthur Conan Doyle[34]. De hecho, ni siquiera el propio Conan Doyle lo consiguió siempre: conocía mejor que nadie el carácter del personaje y dominaba por completo el estilo, pero en las ocasiones en las que no construyó una buena trama, el cuento resulta mediocre. Otro ejemplo son tantas películas protagonizadas por cómicos televisivos, capaces de fascinarnos con sus *sketches* pero que nos aburren en sus películas, incluido Mister Bean. A pesar de que se imitan a sí mismos a la perfección, han tenido la mala suerte de ser arrojados a una trama insulsa.

Los caracteres y los personajes

> Al serle reprochado en una ocasión a Aristóteles que había dado limosna a una mala persona, dijo: «Me compadecí del hombre, no de su carácter».[35]
>
> Diógenes Laercio

Como se acaba de explicar, para Aristóteles los personajes son importantes, pero no más que la trama o argumento:

> El elemento más importante de los seis es la estructuración de los hechos (la trama), puesto que la tragedia es una imitación, pero no de personas, sino de sus acciones y su vida.[36]

La tragedia es una imitación, una representación que tiene lugar sobre el escenario (o en la imaginación de los lectores) de acciones que llevan

[34] Daniel Tubau, *No tan elemental. Cómo ser Sherlock Holmes.*
[35] Diógenes Laercio, *Vidas de los filósofos más ilustres.*
[36] Ver *Poética*, c4.

a la felicidad o la desgracia. No se trata de representar a los seres humanos como individuos (su psicología o su personalidad, diríamos hoy en día), sino las acciones que definen sus vidas.

Sin embargo, Aristóteles incluye entre los seis elementos fundamentales de la tragedia los caracteres, con lo que parece estar concediendo importancia a los personajes.

Ahora bien, ya podemos deshacer un equívoco en el que es fácil caer. Es cierto que en algunos pasajes Aristóteles emplea «carácter» (ἦθος, *êthos)*[37] de una manera que podríamos traducir como «personajes». Pero una lectura atenta de la *Poética* nos revela que eso no es correcto, y que debemos aceptar una conclusión a primera vista más inquietante. No es que Aristóteles piense que el personaje es un elemento secundario respecto a la trama: *es que ni siquiera considera que el personaje sea uno de los seis elementos fundamentales de la tragedia.* Esta aparente paradoja se debe a que no podemos traducir sin más *carácter* como *personaje.*

Admite Aristóteles que el carácter *(ethos)* y también el pensamiento *(dianoia)* son dos de los seis elementos fundamentales de la tragedia y que son también dos rasgos de los personajes, pero añade que *es debido a sus acciones* por lo que un personaje triunfa o fracasa. Pensar en hacer algo no basta: hay que hacerlo. De ahí la célebre sentencia de la *Ética a Nicómaco:* «Los actos que realizamos a partir de nuestros hábitos determinan nuestro carácter». En su versión más popular: «Somos lo que hacemos», la célebre frase que el entrenador de la NBA Phil Jackson usaba para motivar a sus jugadores y hacer que pasaran del deseo a la realidad, de lo que está en potencia a lo que está en acto. No importa lo que piensas que eres, sino lo que haces en cada momento. Tus acciones.

En definitiva, la solución a este pequeño enigma se resume en una frase de John Galsworthy, que sin duda Aristóteles compartiría: «La trama es el personaje», o si se prefiere, «el personaje es la trama».

---

[37] ἤθη *(êthē),* en plural.

Nuestro carácter influye en nuestras acciones, pero también, lo que quizá es más interesante, *nuestras acciones crean nuestro carácter:* nos convertimos en aquello que hacemos constantemente. La relación entre carácter y acción viaja, por lo tanto, en las dos direcciones. Ahora bien, Aristóteles insiste en que la felicidad o la desgracia no suele depender de nuestro carácter o de lo que pensemos, sino de lo que hacemos.

Es una idea muy sugerente, que afecta de manera directa a los personajes de la tragedia. Es la diferencia entre el psicoanálisis, que nos dice que lo que hacemos se debe a lo que somos o hemos sido, y la psicología cognitiva, que nos dice que lo que hacemos crea o modifica lo que somos. No se trata de descubrir lo que somos escarbando en nuestro interior, sino que nuestras acciones *nos crean,* al convertir en realidad algo que no existía y que ni siquiera estaba escondido en nosotros, a no ser de una manera trivial, la de que toda persona puede conseguir cualquier cosa siempre que esa cosa no sea imposible.

Al fin y al cabo, incluso desde el punto de vista del psicoanálisis, si buscamos en nuestro pasado la esencia de nuestra personalidad, estamos recuperando acciones que nos hicieron ser lo que ahora somos. Es posible que nuestro carácter y nuestro pensamiento influyan en nuestra manera de actuar, pero también es cierto que nuestra manera de actuar influyó e influirá en el futuro en nuestro carácter y en nuestra manera de pensar. Si aquellas acciones «hicieron» nuestro yo pasado, las acciones presentes podrán también «hacer» nuestro yo futuro.

Por otra parte, en el teatro lo único que se puede presentar, representar o imitar son las acciones, no el carácter o la psicología íntima. El carácter se verá, sugerirá o intuirá exclusivamente a través de las acciones. Eso sí, recordemos que un diálogo también es una acción. Si un personaje dice que piensa algo, no estamos viendo su pensamiento, sino que escuchamos lo que dice, pero eso que dice es una acción que puede tener tremendas consecuencias, como que pierda la cabeza por criticar a un tirano.

El personaje ausente

Una de las causas del equívoco entre trama y personaje es culpa nuestra, de los intérpretes o lectores de la *Poética*, por considerar sinónimos «personaje» y «carácter».

Aristóteles, en efecto, nos habla una y otra vez de personajes, como Filoctetes, Ulises, Penélope, Medea, Orestes, Ifigenia, Creonte, y nos describe sus pensamientos, sus acciones (incluyendo las acciones físicas y los diálogos), e incluso examina el carácter de este o aquel personaje, de Edipo, de Orestes o de Ifigenia, y sin embargo no tiene una palabra para referirse al personaje.

Cuando, en el pasaje que estamos comentando, dice: «La tragedia es una imitación, pero no de *personas*, sino de sus acciones y su vida»,[38] cualquiera interpretará que con «personas» (ἀνθρώπων, *anthropon)* se refiere a algo que se parece más a un «personaje» que a su «carácter», es decir, que está hablando de la imitación de personas, no de la imitación de rasgos de las personas. Sin embargo, como dije, lo asombroso es que el concepto de «personaje», presente en cada párrafo del libro, no aparece en la *Poética*.

La palabra que más cerca está de cumplir este papel es «prattontes» (πράττοντες), que significa literalmente «los que actúan» o «los que llevan a cabo las acciones», que está tan cercana a la idea de «actor» que a veces no sabemos si se está refiriendo al actor que interpreta a Creonte o al personaje de Creonte. Podemos comprobarlo en este párrafo:

> Puesto que lo que se representa son acciones, que son interpretadas por actores, los personajes han de tener rasgos de carácter y pensamiento, que se supone son la causa de sus acciones.[39]

[38] Ver *Poética*, c4.
[39] *Poética*, c.4.

Lo que hemos traducido como «personajes» es una licencia, puesto que lo que Aristóteles dice es «los que actúan» («prattontes»), pero hoy en día sería antinatural y confuso traducirlo literalmente y todo el mundo entiende que es obvio que Aristóteles no se está refiriendo al actor, sino al personaje al que el actor está dando vida.

Otra palabra que emplea Aristóteles y que parece aludir al personaje es *poiountes* (ποιοῦντες): «los que hacen», «los que producen».

Nos podemos preguntar por qué Aristóteles no emplea una palabra específica para «personaje» y prefiere estas tan ambiguas. Puesto que es obvio que habla de personajes en la *Poética*, ¿no sería razonable que empleara algún término griego más directo?

Aquí de nuevo la respuesta es sorprendente: no existía tal término en griego.

La palabra más cercana era πρόσωπον *(prósopon),* que literalmente significa «rostro» o «cara». Empleada en el contexto teatral, la palabra se refiere a la máscara teatral que usaban los actores, por lo que era en cierto modo una manera de designar al personaje representado por esa máscara, como Orestes o Creonte.

En Roma, el término equivalente a *prósopon* era «persona», que significaba también «máscara». La persona era la máscara del actor y por extensión el rol o personaje que representaba. Se supone, aunque hay discusión al respecto, que a través del latín o el etrusco tenía su origen en algo así como *per-sonna/per sonare,* es decir, «sonar a través de», una etimología muy sugerente, porque parece decirnos que la persona es eso que está detrás de la máscara, es decir, escondida tras el personaje o rol que todos representamos de una u otra manera en la vida. En definitiva, un actor representa a un personaje y, por lo tanto, es un hipócrita que esconde detrás de la máscara a la persona que realmente es, porque, para cerrar este fascinante círculo etimológico, la palabra que en griego clásico designaba al «actor» es precisamente «hipócrita»: ὑποκριτής *(hypokritēs).*

Teofrasto, sobrino, discípulo y sucesor de Aristóteles en el Liceo, examinó treinta y seis personalidades diferentes en su obra *Los caracteres*, lo que muestra el interés de la escuela aristotélica por este asunto. Este catálogo de caracteres, como el hipócrita, el adulador, el avaro, el gamberro o el charlatán, sin duda pudo ayudar a los dramaturgos a profundizar en la psicología de los personajes de una obra, siempre teniendo en cuenta que el pensamiento y el carácter deben expresarse mediante acciones visibles (o imaginables, si se trata de un lector). Es decir, lo que el personaje dice y hace.

Análisis del carácter (y del personaje)

Una vez dicho todo lo anterior, hay que admitir que se echa de menos en la *Poética* un análisis específico de los personajes. Ese análisis solo se encuentra cuando Aristóteles se detiene a examinar los *caracteres*, lo que ya hemos visto que es la causa del equívoco que nos hace considerar sinónimos *carácter* y *personaje*.

En primer lugar, dice, es importante que los personajes sean buenos o virtuosos, porque el drama consiste, al menos en las mejores tragedias, en que un individuo virtuoso acabe en la desgracia. Eso es lo que más compasión provoca en el espectador: que un personaje virtuoso acabe de manera trágica, y además a causa de un error del que no es verdaderamente responsable, o que ha cometido porque ignoraba algunas circunstancias.[40]

Los personajes también deben ser *adecuados,* en el sentido de que su comportamiento coincida con la opinión que se tiene de ellos. Un general, por ejemplo, debe ser valiente. Al definir la *adecuación,* Aristóteles revela el machismo, suyo o de la época (o ambas cosas), cuando critica a Eurípides por haber presentado a una mujer sabia en *Melanipa*

[40] En la *Poética* y los comentarios, sin embargo, veremos que la palabra «buenos» o «virtuosos» quizá no sea la más precisa para describir lo que indica Aristóteles.

filósofa, una obra, lamentablemente perdida, en la que la protagonista se mostraba como una ingeniosa pensadora, lo que no era adecuado, se supone, en una mujer.[41]

Otra característica es la *coherencia:* el personaje debe comportase de manera razonable teniendo en cuenta su identidad o carácter. Por eso le parece mal que Ifigenia ruegue por su vida en *Ifigenia en Áulide,* y después, de manera inexplicada, adopte una sorprendente entereza ante el sacrificio al que está destinada.

En cuanto a la cuarta característica, la *semejanza,* se supone que se refiere a que los personajes se parezcan a nosotros para que podamos identificarnos con ellos.

Aunque estas cuatro características se refieren al carácter, es inevitable que consideremos que son rasgos del personaje que se revelan al espectador a través de sus palabras y sus acciones.

La esencia del personaje y de la trama son las acciones

En definitiva, Aristóteles, a pesar de ciertas vacilaciones, no entiende como sinónimos «personaje» y «carácter», sino que considera que el carácter es un rasgo del personaje. Piensa que podemos dotar de determinados rasgos psicológicos a un personaje, es decir, darle un *carácter:* valentía, cobardía, ambición, inteligencia, ingenio. A pesar de ello, estas características tendrán que expresarse mediante acciones y diálogos, es decir, a través, en definitiva, de la trama.

Resulta, por lo tanto, imposible escapar de la trama, excepto en esos casos en los que una función consiste en las payasadas más o menos entretenidas de un personaje típico, de un «carácter», algo que raramente puede prolongarse por demasiado tiempo sin aburrir a los espectadores. Una excepción podría ser un cómico que logra entretener a su públi-

[41] *Poética*, c12.

co durante una hora contando chistes, aunque tendrá que recurrir a algún tipo de trama, al menos de vez en cuando. Pero esa clase de representaciones ya no sería teatro dramático o cómico, sino otro género, que quizá podríamos equiparar a la antigua sátira, de la que se supone que Aristóteles hablaba en la segunda parte, hoy perdida, de la *Poética*.

Sea como sea, podríamos diferenciar una obra de trama pura frente a una obra basada en caracteres poderosos. O distinguir entre un personaje que es llevado por la trama y revela pocos rasgos de su carácter frente a lo que en cine se llama «característicos», esos actores, casi siempre en papeles secundarios, a los que, nada más verlos, ya identificamos con una tipología humana definida. Y lo mismo podríamos decir de los personajes de la comedia del arte italiana y francesa, como Pantalón, Arlequín, Scaramouche o Colombina, a los que se llama también «máscaras», precisamente por su uso de máscaras, que tal vez se remontan a las del teatro clásico griego y latino.

En *Tierras en penumbra,* C. S. Lewis, interpretado por Anthony Hopkins, explica la concepción aristotélica y pone como ejemplo a un alumno que se duerme en la clase:

> Personaje y argumento, el huevo y la gallina. ¿Cuál es el primero? La solución de Aristóteles fue sencilla y radical. Dijo: «El argumento es el personaje». Olvidemos la psicología, olvidemos nuestros pensamientos, juzguémoslos por sus acciones.

Señala al alumno dormido, y explica que, mientras que hoy en día nos preguntamos «¿Por qué está durmiendo?», Aristóteles se preguntaría «¿Qué hará después?».

Es un punto de vista bastante acertado y muy recomendable ante la obsesión psicologista, pero quizá también exagerado, porque los espectadores de una obra de teatro en la Atenas clásica se preguntarían las dos cosas ¿por qué está dormido? y ¿qué pasará después? Y la respuesta, tanto entonces como ahora –en tiempos de psicologismo extremo–

nos la ofrecerán las acciones o palabras del personaje, o de otros que sepan por qué está dormido. Es decir, lo sabremos o no lo sabremos a través de acciones. Que es, precisamente, lo que C. S. Lewis descubre casi al final de la película, respecto al alumno dormilón y respecto a su propia esposa: su error fue preguntarse solo lo que harían después, y debió preguntarse también por qué hacían esto o lo otro.

Volviendo a la *Poética*, el estudio de los personajes no se limita al análisis que Aristóteles hace de los caracteres, ya que están presentes casi en cada página de la *Poética*. Al menos cinco de los seis elementos fundamentales de la tragedia les afectan:

- El *lenguaje*, la dicción o elocución, es decir, lo que se dice, pues esos diálogos o monólogos son pronunciados por los personajes.
- El *pensamiento*, puesto que los diálogos, los gestos y los movimientos expresan las dudas, pensamientos o intenciones de los personajes.
- El *carácter*, que es un rasgo propio y exclusivo de los personajes.
- El *canto,* porque, aunque a veces se traduce este elemento como «música», la lectura de la *Poética* revela que Aristóteles se refiere a las partes cantadas. Aunque esas partes están acompañadas de música, también tienen palabras, es decir, lenguaje: por lo tanto, el canto también expresa el pensamiento y el carácter de los personajes (a veces el del coro, a veces el de los actores).
- La *trama*. Sí, incluso la trama, puesto que todo lo que sucede en la trama es llevado a cabo por los personajes: sin carácter (caracterización) puede haber trama, como dice Aristóteles, pero es casi imposible que haya trama sin personaje. La trama, los diversos incidentes, tienen que sucederle a alguien, a un personaje, o ser causados por su acción consciente y visible[42].

[42] Hay excepciones, como una película en la que se cuenta la teoría de la evolución o la historia de la Tierra, aunque en estos casos podríamos considerar que, en cierto modo, el personaje es el planeta Tierra o el concepto de selección natural.

Tan solo uno de los seis elementos fundamentales queda fuera, el espectáculo, aunque podríamos encontrar también cierta relación con los personajes, si consideramos que los gestos de los actores son parte de lo que Aristóteles llama espectáculo.

El héroe trágico

Otra manera en la que Aristóteles examina a los personajes es cuando explica qué tipo de protagonista es el más adecuado para despertar en el espectador las emociones de compasión y temor.

En primer lugar, debe tratarse de alguien mejor que nosotros, pero no perfecto, que no pase de la pobreza a la prosperidad, pues eso no despierta compasión, y que tampoco sea un malvado que acaba triunfando. Es preferible que sea una persona digna, aunque con algún defecto, como la soberbia en Edipo, y que debido a un error trágico[43] caiga en la desgracia. La rica tipología de personajes buenos o malvados, peores o mejores, afortunados o desgraciados ocupa varios capítulos, a los que remito a los lectores[44].

Existe una característica de los héroes trágicos que le parece a Aristóteles fundamental: que las desgracias o las bienaventuranzas procedan de su propia familia, que las tragedias sean dramas de familia. Como dice la frase atribuida, al parecer erróneamente, a Shakespeare: «La sangre es más espesa que el agua». Cualquier crueldad, incomprensión o desgracia parece más trágica si la protagonizan familiares.

Al examinar las tragedias griegas, uno está tentado de pensar que todos los mitos trataban de violaciones, asesinatos y torturas, cometidos casi siempre entre familiares. De las treinta y dos tragedias conservadas, tan solo cinco no contienen momentos de violencia entre familiares, ya

---

[43] Ver más adelante «hamartia».

[44] La frase aparece en John Ray, *A collection of English proverbs.*

sea que los crímenes se cometan o queden tan solo en tentativa. Las únicas que escapan a esta característica son: *Alcestis, Las suplicantes, Helena* y *Reso*, las cuatro de Eurípides, y *Los persas*, de Esquilo.

Si las tragedias fueran un reflejo de la sociedad griega, se trataría de una sociedad enferma, cuya institución familiar sería el infierno en la tierra. Por fortuna, sabemos que los temas de la ficción raramente son una estadística fiable y que los constantes asesinatos, torturas, violaciones y violencia extrema que muestran el cine y la televisión en las últimas décadas no son una estadística fiable. El número de asesinatos que se cometen en Estados Unidos es la mitad que el número de suicidios, y sin embargo la ficción audiovisual refleja veinte asesinatos por cada suicidio. Si pensamos en Europa, la relación es de cuarenta suicidios por cada asesinato y, sin embargo, se muestran dos asesinatos por cada suicidio en el cine.

Pensamiento y lenguaje

De otro de los elementos fundamentales de la tragedia, el pensamiento, Aristóteles habla poco a lo largo del libro, excepto de manera indirecta.

El pensamiento es las razones, argumentos y refutaciones de cada personaje, lo que piensa y lo que dice que piensa, puesto que es a través del lenguaje o las acciones físicas como el personaje nos revela su pensamiento. En esa manera de pensar influye, por supuesto, su carácter (pero eso es algo que no podemos ver directamente).

El desarrollo de un personaje se observa a partir de situaciones que ponen a prueba su carácter y su capacidad de razonar. Frente a un desafío o dificultad, el personaje puede elaborar un plan, determinar un curso de acción y establecer pasos que seguir. Todo eso está contenido, de algún modo, en lo que Aristóteles llama *dianoia* o pensamiento.

Sin embargo, la elección de un plan u otro, ya sea más osado o calculador, estará influida por el carácter del personaje: ¿es valiente o cobarde?, ¿inteligente o necio?

Una persona valiente diseñará un plan distinto a una cobarde, y, aunque ambas tengan el mismo plan, lo ejecutarán de manera diferente. El carácter, por lo tanto, impregna no solo lo que se hace, lo que se decide hacer, sino cómo se hace. Pensemos en la primera parte de *El padrino* de Francis Ford Coppola. Cuando se trata de tender una trampa a un mafioso y un policía, los Corleone eligen a Mike, porque es un héroe de guerra y por sus acciones y comportamiento, que hacen creer al mafioso y al policía que conocen su pensamiento. Pero descubrirán de manera trágica que no es así.

Aristóteles sugiere que el pensamiento se manifiesta a través del lenguaje, ya se trate de diálogos o monólogos, mientras que el carácter se refleja más en las acciones. No obstante, es importante destacar que muchos diálogos también son acciones, puesto que afectan directamente al desarrollo de la trama o revelan al espectador o al lector rasgos esenciales del carácter. Aunque suele oponerse acción y diálogo, como cuando se cita a Hitchcock para recomendar contar con acción lo que está contado en diálogo, en realidad el diálogo es muy a menudo pura acción.

Aunque parezca que el tratamiento del pensamiento o el carácter es demasiado parco en la *Poética,* hay que tener en cuenta que Aristóteles no profundiza en estos dos aspectos debido a que considera que ya lo ha hecho en la *Retórica* y en sus tratados de ética, en especial en la *Ética a Nicómaco.* Todo lo relacionado con la seducción, la persuasión, el engaño e incluso el combate dialéctico mediante el lenguaje, o lo que tiene que ver con los diferentes caracteres que definen a una persona y nos permiten considerarla buena, mala, envidiosa, iracunda, temeraria o prudente, se explica en esos dos libros.

En efecto, es en la *Retórica* donde se tratan con todo detalle las cuestiones relacionadas con la expresión del pensamiento mediante la palabra, y cómo conseguir despertar emociones o convencer a los interlocutores. Quizá los lectores recuerden que en la biografía de Aristóteles se mencionó la curiosa posibilidad de que hubiese ingresado como alumno, cuando era niño, en la escuela de retórica del orador ateniense Isócrates, y que su primer escrito fue un texto retórico, el *Grilo*, en el que atacaba la hipocresía de quienes elogiaban al hijo de Jenofonte muerto en combate. Ya fuese por esa educación temprana o por otras razones, lo cierto es que Aristóteles no compartía el desprecio de su maestro Platón hacia la retórica, por lo que, cuando creó su propia escuela, incluyó esta disciplina entre los temas de estudio. Y también escribió un tratado, la *Retórica*, que ha sufrido diversos vaivenes a lo largo de la historia, pues tras ser ignorado, elogiado, admirado y despreciado, en las últimas décadas se ha reinterpretado de manera positiva.

Muchos de los críticos de la retórica compartían el desprecio platónico que calificaba esta práctica como un «arte de mentir», pero se trata más bien de un arte de razonar a partir de lo probable y lo verosímil, y no desde la certeza de las ciencias demostrativas. En cierto modo, la retórica refleja el lado escéptico de Aristóteles, el de un filósofo que admite que en este terreno no existe la certeza que prometen ciencias como la biología o la física. Hoy en día las certezas de la ciencia aristotélica se han derrumbado, pero el arte de razonar a partir de lo probable y de persuadir a los demás recurriendo a lo verosímil –y no a partir de verdades indiscutibles y dogmas– sigue teniendo una gran relevancia.

El canto y el lenguaje

El canto puede referirse a las canciones de los actores, que también revelan de algún modo su pensamiento, es decir, sus emociones, intenciones y planes, así como su carácter. Pero también pueden ser las intervenciones del coro, cuyo papel se explica un poco más adelante, en la sección dedicada al espectáculo[45].

---

[45] Ver «El espectáculo, el elemento menos importante», pp. 79 y ss.

Del lenguaje, que es el medio con el que se expresa no solo el pensamiento, sino también el carácter, puesto que revela lo que piensa o finge pensar el personaje, Aristóteles ofrece bastantes reflexiones interesantes, que conoceremos en la parte correspondiente de la *Poética*.

Antes de ocuparnos del sexto de los elementos fundamentales, el espectáculo, que es el que menos aprecia Aristóteles, conviene detenernos en los recursos narrativos.

Recursos narrativos

Aristóteles analiza algunos recursos que contribuyen a interesar y emocionar al lector o espectador, lo que los guionistas llaman herramientas o trucos narrativos. Todos están relacionados con la trama o argumento, pero también afectan al personaje, y cuando digo personaje me refiero a Edipo, Ifigenia, Orestes o cualquier otro, y no al carácter de Edipo, de Ifigenia o de cualquier otro.

Los recursos son: la *hamartia* o error trágico, la *peripecia*, la *anagnórisis* o reconocimiento, el cambio de fortuna o *metabolé* y la *pasión (pathos).* A los que podemos sumar otro que Aristóteles describe, pero para criticarlo: el *deus ex machina*.

1. La *hamartia* (ἁμαρτία) o error trágico

Este es el elemento de la trama más estrechamente relacionado con el personaje. Se trata de un error que comete el héroe, sin malicia y casi siempre sin ni siquiera saberlo, pero que de alguna manera lo conduce a la fatalidad. La *hamartia* es un error trágico, pero no, como suele interpretarse, un pecado o falta moral. Aristóteles lo define como un «error disculpable», como un error causado por la falta de conocimiento.

De los ejemplos que ofrece Aristóteles se puede deducir que la *hamartia* puede ser involuntaria (porque se basa en la ignorancia completa) o en cierto modo voluntaria.

La mejor *hamartia* es una acción equivocada que lleva a cabo el personaje. Si no ignorase un detalle fundamental, sin duda actuaría de otra manera, pero su conocimiento imperfecto de la situación le hace equivocarse. Esta idea coincide con la opinión de Sócrates según la cual solo obramos mal por ignorancia.

Si analizamos la historia de Edipo, descubrimos muchas cosas que el héroe ignora o que entiende de manera equivocada:

- Cree que sus padres son Pólibo y Mérope[46], reyes de Corinto. Pero sus padres son Layo y Yocasta, reyes de Tebas.
- Se va de Corinto para evitar que se cumpla el oráculo y no matar a su padre (que él cree que es Pólibo) o cometer incesto con su madre (que él cree que es Mérope).
- Llega a Tebas, donde mata a Layo, su verdadero padre (sin saberlo), y comete incesto con su madre Yocasta (también sin saberlo).
- Cuando ya es rey de Tebas y una peste cae sobre la ciudad, decide averiguar quién mató al antiguo rey Layo. Inicia una investigación, que muchos le desaconsejan.
- Finalmente, a pesar de los ruegos del adivino Tiresias y de la reina Yocasta, se empeña en continuar la investigación hasta el final, lo que lo conducirá a la desgracia.

En todo este camino de ignorancia que recorre Edipo –el hombre que lo sabe todo, el que descifró el enigma de la Esfinge–, a veces él no hace nada, como crecer en Corinto creyendo que Pólibo y Mérope son sus padres. En otros casos actúa empujado por las circunstancias y sin sospechar nada malo, como cuando se casa con la reina viuda Yocasta a petición del pueblo de Tebas. En otras ocasiones se muestra activo, pero con la buena intención de evitar la fatalidad, como cuando decide irse de Corinto para evitar la muerte de su padre y el incesto con su

[46] Según otras versiones, sus padres son Pólibo y Peribea.

madre; o cuando decide descubrir al asesino del antiguo rey Layo para así lograr poner fin a la peste que ha caído sobre la ciudad de Tebas.

En cualquier caso, Edipo es víctima de las circunstancias y de un oráculo tramposo que solo habla a medias. Es una muestra más de que a los dioses les gusta divertirse con las desgracias de los seres humanos. Al fin y al cabo, quienes han «escrito» el drama de Edipo son los dioses, ofreciendo oráculos engañosos o incompletos a los desgraciados humanos, que los consultan creyendo en su buena fe.

2. Peripecia (περιπέτεια, *peripeteia)*

Hoy en día llamamos peripecia a vivir aventuras y desventuras más o menos sorprendentes, pero para Aristóteles tiene un sentido más preciso.

La peripecia es algo que produce una inversión brusca de la situación. No se trata de un simple cambio de fortuna o *metabolé*[47], sino que debe tener un cierto carácter paradójico, debe producirse algún tipo de ironía dramática.

Por ejemplo, llega un mensajero que parece tener la solución a los problemas de Edipo, pues le revela que ya no podrá matar a su padre Pólibo, ya que ha muerto en Corinto. Pero ese mensajero, que trae la salvación, también trae la condena, pues revela a Edipo que no es hijo de Pólibo, sino del rey Layo de Tebas. La situación, que parecía arreglarse, gira, como en un moderno *plot point* o punto de giro, y se complica más que antes.

La acción principal del *Edipo rey* es una gran peripecia en sí misma: Edipo, en su intento de encontrar al asesino del rey, descubre que el asesino es él.

Son estos momentos los que interesan a Aristóteles, por lo que contienen de ironía dramática, de verdadera peripecia: parece que se van a arreglar las cosas, pero esa acción lo que hace es estropearlas. Ahora

---

[47] Ver más adelante este concepto, pp. 76 y 77.

bien, es fundamental que la peripecia surja de la lógica de la trama, de manera probable o necesaria, y que no se trate de una sorpresa injustificada.

3. *Anagnórisis* o revelación

En este caso se trata de una revelación o reconocimiento (ἀναγνώ ρισις, *anagnórisis)* que afecta a uno o varios personajes. Puede que el protagonista descubra quién es en realidad y cuáles son sus padres (como Edipo); o quién es la persona que tiene delante, como Ifigenia en *Ifigenia entre los tauros*, al comprender que el hombre al que va a sacrificar es su hermano Orestes. En alguna ocasión puede ser el espectador el que tenga la revelación o *anagnórisis,* como en el *Prometeo encadenado* de Esquilo, cuando los espectadores descubren que el poder de Zeus no es tan absoluto como creían. Se supone que muchos espectadores ignoraban esta circunstancia, por lo que en vez del suspense que sentimos cuando sabemos algo que el personaje ignora, como sucede en *Edipo rey,* la emoción que aquí se le da al espectador es la sorpresa.

De todos modos, hay que tener en cuenta un detalle muy importante. Si analizamos una obra como *Edipo rey* como un espectador o lector que no conoce el mito, entonces se supone que la revelación de que Edipo es hijo de Layo y Yocasta y que, en consecuencia, ha matado a su padre y ha cometido incesto con su madre sería una sorpresa y *anagnórisis* o revelación. La obra, tal como está escrita, permite ese efecto.

El problema es que se cree que en Atenas los espectadores ya conocían el mito de Edipo. En consecuencia, no experimentaban una *anagnórisis*, sino que su emoción dominante era la compasión hacia Edipo al ver cómo se dirigía hacia la desgracia. Es algo semejante a lo que sucede hoy en día cuando alguien se dispone a leer o a ver una adaptación cinematográfica de *Doctor Jekyll y Mister Hyde,* de Robert Louis Stevenson. Aunque la novela pertenece al género policíaco y consiste en que el Doctor Jekyll intentaba averiguar quién es ese misterioso y brutal Mister Hyde, es difícil que un lector o espectador actual no sepa, ya antes de abrir el libro, que Jekyll y Hyde son la misma persona. En la novela de Stevenson asistimos a una magnífica *anagnórisis*, comparable a la de Edipo, pues el detective y el criminal resultan ser la misma persona.

Claro que también podemos suponer que no todos los atenienses conocían cada mito y que los adolescentes podrían llevarse una buena sorpresa al ver *Edipo rey*, si alguien no les hacía antes un *spoiler*. En la *Poética* Aristóteles dice, y esto contradice la opinión más común y repetida, que «pocos» conocían las historias que se representaban: «Incluso las historias conocidas lo son para unos pocos, aunque todos disfrutan de ellas»[48].

4. *Metabolé* o cambio de fortuna

El cambio de fortuna o *metabolé* (μεταβολή) se relaciona de manera estrecha con la *hamartia*, la *peripecia* y la *anagnórisis* porque suele tener lugar cuando el protagonista comete un error trágico y lleva a cabo una acción pensando que, de este modo, va a mejorar su situación. Pero lo que sucede es que la situación empeora debido a una *(peripecia)*, y entonces tiene lugar una *anagnórisis* o descubrimiento.[49]

La trama ideal para Aristóteles es aquella en la que el cambio de fortuna se produce con una *anagnórisis* o con una peripecia. Lo mejor de lo mejor es que el cambio de fortuna lo provoque una *hamartia* o error trágico, y que se desarrolle mediante una peripecia y contenga una revelación. Lo veremos más adelante, al analizar la estructura y la diferencia entre trama simple y compleja.

En cualquier caso, el cambio de fortuna no es un recurso en sí, sino una consecuencia, que también sirve para separar las dos partes en las

---

[48] *Poética*, c6.

[49] En ocasiones primero tiene lugar la *anagnórisis* y después la *peripecia*.

que Aristóteles divide una tragedia desde el punto de vista de la intención dramática: complicación y resolución. En el apartado dedicado a la estructura hablaremos de estas dos partes narrativas. A pesar de su semejanza, el cambio de fortuna no es lo mismo que la peripecia, aunque una peripecia casi sin excepción conduce a un cambio de fortuna.

5. Pasión *(pathos)*

Como recurso narrativo, el *pathos* (πάθος) o pasión es el sufrimiento extremo y el dolor de los personajes, que suele estar asociado con elementos de violencia, muerte y emociones desatadas. Aunque afecta a los personajes, también contribuye a producir en los espectadores emociones como la compasión y el miedo. Un ejemplo que provocaría horror en los espectadores es cuando Medea mata a sus hijos, o cuando Orestes y Electra matan a su madre. En el caso de Edipo, tenemos un ejemplo cuando se arranca los ojos, aunque junto al horror se produciría también compasión.

Eso sí, en el teatro griego era costumbre que la muerte y la violencia extrema tuvieran lugar fuera del escenario, de tal modo que Edipo desaparecía dentro de su palacio. Al regresar a escena, la sangre resbalaría por las cuencas de sus ojos, es decir, de su máscara.

Era habitual que los momentos terribles se conocieran a través del testimonio de mensajeros o testigos que lo contaban, o porque el coro lo explicaba. A veces se escuchaban golpes o lamentos, como en la *Medea* de Eurípides, cuando llegaban hasta los espectadores los gritos procedentes del interior del palacio, cuando Medea mataba a sus hijos.

Se sabe que en algún caso se mostraban en escena los cadáveres de personajes asesinados, como los de Egisto y Clitemnestra en la *Electra* de Eurípides, y el de Egisto en la *Electra* de Sófocles.

6. *Deus ex machina*

El *deus ex machina* es un recurso narrativo que consiste en hacer aparecer en escena a un dios que lo arregla todo, o que al menos indica a los personajes qué hacer. Es una solución narrativa que Aristóteles desaprueba por varias razones.

En primer lugar, porque no es consecuencia de la trama, sino que sucede de manera caprichosa, sin justificación narrativa.

En segundo lugar, porque hace intervenir lo inexplicable o lo sobrenatural en la escena, algo que rechaza[50] y que, en caso de emplearse, prefiere que suceda fuera de lo que se muestra en escena, como en el pasado de los personajes.

La razón parece ser que, si lo sobrenatural o lo inexplicable interviene en una historia que no sea del género fantástico, entonces se rompe el pacto de verosimilitud y se debilita cualquier trama, puesto que ahora podrá suceder cualquier cosa sin justificación. Es algo parecido a lo que decía Sherlock Holmes: «Me temo que, si el asunto se sale de los límites de lo humano, estará también por encima de mis posibilidades».[51]

Aristóteles también rechaza el *deus ex machina* porque forma parte del sexto de los elementos de la tragedia, el espectáculo, ya que el dios aparece gracias a una *máquina,* una grúa que permitía elevar a un actor sobre el escenario y hacerlo aparecer de manera sorprendente, algo que desprecia Aristóteles por considerarlo un recurso fácil y efectista.

Aristóteles no emplea literalmente la expresión o el concepto narrativo *deus ex machina (theos apo mechanes,* en griego) en la *Poética,* pero sí de manera indirecta:

> La resolución de la trama debe nacer de la propia historia y no desde la *máquina*, como ocurre en la *Medea.*[52]

El uso del *deus ex machina* se hizo tan popular en el teatro griego que se convirtió en un sinónimo de solución que aparece sin venir a cuen-

---

[50] *Poética*, c12.

[51] En la aventura *El pie del diablo.*

[52] Ver *Poética*, c12.

to, de lo que hoy llamamos «sacarse un conejo de la chistera», como se ve en lo que dice Sócrates ante un difícil dilema:

> A menos que prefieras que, como los tragediógrafos cuando se encuentran sin salida y recurren a los dioses levantándolos en máquinas, así también nosotros nos demos por vencidos alegando que los nombres primarios los establecieron los dioses y, por eso, son exactos. ¿Será este nuestro argumento más poderoso?[53]

Ahora que conocemos un recurso narrativo que depende del espectáculo o la puesta en escena, producción o maquinaria, podemos ocuparnos del último de los elementos fundamentales de la tragedia.

El espectáculo, el elemento menos importante

El espectáculo *(opsis),* puesta en escena o producción teatral es el último de los seis elementos fundamentales de la tragedia para Aristóteles, pero es también el que menos le interesa. Lo que le importa es la trama, las acciones, lo que se muestra o se cuenta mediante palabras habladas o escritas. En un pasaje de la *Poética* llega a decir que no se pierde nada si leemos una tragedia, en vez de contemplarla sobre el escenario. Ya he dicho en otra ocasión que es muy posible que influyera en esta opinión el hecho de que quizá no vio en escena muchas de las tragedias que comenta, pues era un género en cierta decadencia cuando él vivió en Atenas, aunque sabemos que todavía se representaban las más famosas o queridas por el público en muchas ciudades, como las de Eurípides.

El espectáculo o puesta en escena incluía lo que hoy son los departamentos de Producción y Arte en una película: decorados, *atrezzo,*

[53] Platón, *Crátilo.*

vestuario, incluso efectos especiales y, quizá, el gesto y movimiento de los actores en el escenario.

Uno de los objetos más importantes eran las máscaras que usaban los actores, y que podían ser muy variadas, pues eran de mujer, de hombre, de anciano o de monstruos o criaturas fantásticas. Hechas en lino rígido, podían tener un doble efecto narrativo, como cuando Edipo sale del palacio tras arrancarse los ojos, acción que los espectadores veían reflejada en grandes surcos de sangre que caían de los ojos de la máscara.

La dirección de actores también debió ser importante en el teatro griego, y parece que en muchos casos la llevaba a cabo el propio dramaturgo. En la actuación no solo existía el diálogo, sino que habría gestos, como cuando un personaje hablaba o escuchaba a otro, además de movimientos por el escenario y entradas o salidas del decorado.

En la *Antígona* de Sófocles el actor que representaba a Antígona era visto en escena echando tierra sobre la tumba de su hermano Polinices, lo que parece que era una revelación visual no solo para los otros personajes, sino también para el público.

Aristóteles tampoco menciona, o solo lo hace incidentalmente, detalles relacionados con la interpretación actoral.

Uno de los elementos más espectaculares era el escenario mismo, donde existía un elemento fijo llamado *skene* (*σκηνή*) o escena, que estaba detrás del área semicircular llamada *orchestra* (ὀρχήστρα), «el lugar en el que se baila», en la que se situaba el coro. En la *skene* se representaba en paneles pintados el lugar en el que transcurría la obra, muy a menudo palacios o templos, pero en algunos casos un paisaje de ríos o montañas, en especial desde que el escenógrafo Agatarco de Samos creó la llamada técnica de la «escenografía», aumentando el realismo mediante el uso de la perspectiva. Cuando el decorado estaba hecho de piedra o madera, en algunas obras un personaje podía asomarse por una de las ventanas o hablar desde el tejado.

Otros elementos podían ser las alfombras rojas del *Agamenón* de

Esquilo, sobre las que camina Agamenón por instigación de su esposa Clitemnestra, lo que servía para mostrar su soberbia y anticipar su sangrienta muerte. Se supone que los espectadores veían esas alfombras rojas que conducían a la entrada del palacio de Argos.

Entre los diversos artilugios que usaban los escenógrafos están los *periaktoi* (περίακτοι), que eran grandes prismas que se hacían girar, para mostrar rápidamente un nuevo escenario, por ejemplo, para cambiar del interior de una casa a un bosque. Algo semejante a lo que sucede en la *sitcom*, cuando en apenas veinte minutos, como se hacía en *Friends* mediante escenarios que giraban en el plató y trasladaban a actores y espectadores desde la casa de los seis amigos a un casino en Las Vegas.

Otro artilugio era el *ekkyklema* (*ἐκκύκλημα*) o máquina rodante, que se cree que servía para mostrar a los espectadores lo que sucedía en el interior de una casa o un templo. Aunque los expertos no se ponen de acuerdo acerca de cómo funcionaba este aparato o de si se usaba en la época de los grandes trágicos, se supone que cuando sucedía algo en un interior, se abrían las puertas del escenario principal, de la *skene*, y se hacía salir, mediante un mecanismo, el lugar o set en el que estaba sucediendo algo, por ejemplo, el altar de la casa en el que yace muerta Eurídice en la *Antígona* de Sófocles; o el guerrero Áyax después de suicidarse, rodeado de ovejas ensangrentadas a las que ha matado creyendo que eran Ulises y sus hombres, en un rapto de locura que sin duda inspiró a Cervantes los molinos que Don Quijote confunde con gigantes.

Este artilugio era una muestra de ingenio, pues en cierto modo es lo contrario de lo que hoy podemos hacer sin dificultad en el cine: en vez de entrar con la cámara en un interior, lo que se hacía era extraer ese espacio interior para ponerlo a la vista de los espectadores. Algo así como cuando el diablo cojuelo levanta los tejados y nos permite contemplar lo que sucede en los lugares privados, revelando toda la hipocresía y el vicio de la sociedad madrileña en el siglo XVII[54].

[54] *El Diablo Cojuelo* (1641) de Luis Vélez de Guevara.

En cuanto a la máquina *(mekane*, μηχανή) que servía para mostrar en el escenario al *deus ex machina*, al dios a través de la máquina, era una grúa o sistema de contrapesos que permitía elevar a un actor sobre la escena. El actor representaba a un dios que solucionaba o daba fin a la situación, como Helios en la *Medea* de Eurípides al permitir escapar rumbo a Atenas a Medea, después de matar a sus hijos en Corinto.

¿Y dónde está la música?

Muchos comentadores y traductores de la *Poética* describen la música y el espectáculo como los dos elementos a los que menos importancia da Aristóteles. Sin embargo, otros traductores no incluyen la «música» entre los seis elementos fundamentales y prefieren emplear la palabra «canto», opción que me parece más razonable.

Aristóteles, en efecto no emplea la palabra música (μουσική, *mousikē),* que, además, no podríamos tampoco traducir como «música», puesto que la música griega se refería al arte de las Musas e incluía la música, la danza e incluso la poesía.

La palabra que emplea Aristóteles es *melos* (*μέλος*), que nos lleva a «melodía», pero que en la *Poética* se refiere sin duda a «canto» o «canción». Por supuesto, estás canciones tienen un ingrediente melódico o musical en el sentido moderno, que probablemente estaba presente en forma de ritmo y melodía no solo en los instrumentos, sino en la propia voz y las palabras del intérprete.

El *melos* o *canto* aparece en las partes del coro o en las canciones de los actores y tiene como intención fundamental despertar emociones. Como el propio Aristóteles señala, es un elemento que ofrece mucho placer[55].

Ahora bien, el canto también tiene un sentido narrativo y es parte

[55] *Las ranas*, Aristófanes.

del *lenguaje*, puesto que incluye palabras que hacen avanzar la trama, o eso deberían hacer, según Aristóteles, que critica las canciones de Agatón o Eurípides que no se relacionan con el argumento[56]. En la comedia *Las ranas*, Aristófanes enfrenta en el otro mundo a Esquilo y Eurípides y se burla de las canciones que contienen palabras repetidas sin sentido, o con un sentido puramente musical, que, como señala Mark Griffith, nos recuerda «la subordinación de las palabras a la música en las óperas de Mozart y Puccini, o en las canciones de James Brown o Marvin Gaye»[57]. Esquilo se burla de su rival Eurípides imitando sus repeticiones o la manera en la que alarga una sílaba para que encaje con la música, por ejemplo, para cubrir varias notas, lo que rompía con la tradición de una nota por sílaba:

> ¡Ah! Glice sin entrañas
> *¡huye, huye*, y se lleva el gallo mío!
> ¡Ninfas de las montañas,
> y tú, Mania, *prended, prended* a Glice!
> Yo que estaba ¡infelice!
> a mi labor atenta
> el blanco lino hi-i-i-i-ilando...[58]

¿Qué pensaría Aristófanes si escuchara este coro del inolvidable tema de Marvin Gaye «What's Going On»?

> Ah-ah-ah-ah (In the meantime, right on, baby)
> Woo (Right on, baby), woo
> Ah-ya-ya-ya-ya-ya-ya, ya-ya-ya-ya-ya
> Woo (Right on, baby, right on), woo.

---

[56] *Poética*, c4.
[57] *Aristophanes Frogs*, Mark Griffith.
[58] Aristófanes, *Las ranas*.

En cualquier caso, el error de interpretación que consiste en asociar el elemento «canto» de manera exclusiva con un fenómeno musical se debe a que el propio Aristóteles lo califica de «adorno», contradiciendo su idea de que debe contribuir al desarrollo de la trama, puesto que es también lenguaje.

Ahora bien, si la música, entendida en el sentido actual y no como arte de las musas, no figura entre los seis elementos fundamentales de la tragedia, ¿dónde está?

En cierto modo en ninguna parte, porque Aristóteles no emplea la palabra «música» y casi ningún otro término que se refiera a la música en sí misma (dejando fuera las palabras). Siempre que se refiere al fenómeno musical lo asocia al canto o al coro. Sin embargo, la música era parte fundamental en la tragedia griega. ¿Dónde incluirla?

La respuesta es que el lugar más razonable donde situarla es en ese sexto elemento fundamental que es el espectáculo. Enseguida veremos por qué.

La música ausente

Ya sabemos que Aristóteles llega a decir que una obra de teatro leída puede ser incluso mejor que contemplada sobre un escenario y que la tragedia es en esencia lenguaje. Sin embargo, existen muchos indicios que nos revelan que en el teatro griego tanto la música como el espectáculo eran importantísimos. En especial la música. Peter Wilson no lo puede decir con mayor rotundidad:

> Para los atenienses la tragedia fue (fundamentalmente, predominantemente y persistentemente) un acontecimiento musical.[59]

[59] Peter Wilson, «Música», en *A companion to Greek tragedy*, de J. Gregory.

Wilson explica estos rotundos adverbios en «mente» porque la tragedia era, al menos en tiempos de los tres grandes, Esquilo, Sófocles y Eurípides, una representación que tenía como eje principal el canto y el coro.

Se supone que la tragedia surgió a partir de los cantos y que en su origen consistía en un coro con cantos y bailes. El coro, nos dice Wilson, dominaba la escena con entre diez o quince hombres con máscaras que ocupaban el espacio de la orquesta («el lugar donde se baila»), y que raramente abandonaban el escenario. Aunque poco a poco el coro fue perdiendo protagonismo, los actores empezaron a cantar cada vez más, para ocupar el vacío musical. En cuanto a la persistencia de este aspecto musical del drama griego, Wilson nos recuerda que incluso en la época helenística, desde Sicilia a las costas de Asia, existía una verdadera afición, casi locura, por escuchar las canciones de Eurípides:

> Cantaban todos la *Andrómeda* de Eurípides y recitaban en su canto el relato de Perseo: «Oh, Eros, tirano de hombres y dioses».[60]

El sonido de la flauta, de la lira y de otros instrumentos, pero también el teatro, era definido como «arte de las Musas», y de estas nueve diosas procede nuestra palabra «música». La tragedia antigua probablemente se parecía más a la ópera o a los modernos musicales que a nuestro teatro actual, por lo que podemos considerar a Eurípides un Giacomo Verdi o un Richard Wagner de la Antigüedad más que un Chéjov o un Ibsen.

La comparación no es caprichosa, ni mucho menos, pues fue en la Florencia del siglo XVI cuando diversos autores empezaron a concebir la idea de recuperar la mezcla de canto, música y argumento propia de la tragedia griega… y crearon la ópera[61].

---

[60] Luciano, *Cómo se debe contar la historia*.

[61] Peter Wilson, «Música», en *A companion to Greek tragedy*, de J. Gregory.

Vale la pena que nos permitamos una pequeña digresión para descubrir el origen de la ópera moderna y, además, entender que la tragedia griega era el espectáculo total.

El origen de la ópera y la tragedia griega

Lo cuenta con sabrosos detalles William Smith Rockstro en el monumental *Diccionario de música y músicos* editado por George Grove[62]. Rockstro comienza por admitir que puede ser sorprendente buscar el origen de la ópera en tiempos tan lejanos como los de Eurípides, Sófocles y Esquilo:

> La historia de la ópera es tan antigua como el drama mismo. Se nutrió en Atenas, en ese glorioso teatro, cuyas propiedades acústicas nunca han sido igualadas. Sus primeros libretistas fueron Esquilo y Sófocles, y su primera orquesta una banda de liras y flautas. No hay duda sobre esto. Es bastante seguro que no solo los coros de *Agamenón* y *Antígona* fueron cantados con la música más grandiosa que podía producirse en la época en que fueron escritos, sino también que cada palabra del diálogo fue musicalmente declamada.

Además, continúa Rockstro, las tragedias de los tres grandes dramaturgos griegos fueron el referente de un grupo de escritores y músicos que hacia finales del siglo XVI se reunían en Florencia en la casa de Giovanni Bardi, conde de Vermio, «con el objetivo declarado de resucitar el estilo de declamación musical peculiar de la tragedia griega». Rockstro nos anuncia que ese era un propósito inalcanzable, en primer lugar, debido al «antagonismo entre las tonalidades griegas y las modernas», y también, podemos añadir, por

---

62 *Grove's Dictionary of Music and Musicians.*

culpa de la falta de testimonios de la música que acompañaba a las obras griegas:

> Pero, así como la búsqueda de la piedra filosofal dio como resultado algunos de los descubrimientos más importantes conocidos en química, este vano esfuerzo por restaurar un arte perdido condujo a la única cosa de la que, por encima de todas las demás, dependía el destino futuro del drama lírico.[63]

Tres de los amigos, uno de ellos Vincenzo Galilei, padre de Galileo, comenzaron a crear piezas equivalentes a las del drama antiguo. En primer lugar la cantata, pieza para solista acompañada de un único instrumento. El propio Vincenzo compuso una, «El conde Ugolino», que se ha perdido. En 1601, otro de los amigos, Giulio Caccini, publicó varias *canzonette* que habían deleitado a todos en las veladas del conde de Vermio, bajo un título que expresa muy bien sus intenciones: «Le nuove musiche». Nueva música respecto a la que entonces se interpretaba, pero antigua en cuanto que recuperaba la esencia de la tragedia griega: conmover, emocionar e incluso provocar en los espectadores una *catarsis* como la que en la Antigüedad causaba la *Andrómeda* de Eurípides, mediante la estrecha unión del texto y la música. El propio Caccini lo expresa con una declaración inspirada en Platón: «El compositor debe interesarse primero por la palabra, luego por el ritmo y por último por el sonido, y no al revés».

Rockstro concluye que aquellos pioneros de la ópera quizá no lograron

> el método exacto de presentación cultivado por los dramaturgos griegos, pero sí el método más cercano a él y consistente con la escala moderna: la verdadera *Música parlante*, o *Stilo rappresentativo*, que, al regular las inflexiones de la voz de acuerdo con los principios de la ciencia

[63] *Grove's Dictionary of Music and Musicians.*

> retórica sólida, las inviste, si se puede confiar en la experiencia de casi tres siglos, con una cantidad de poder dramático que no se puede lograr por ningún otro medio.

La razón por la que a menudo no se tiene en cuenta la importancia de la música y de la puesta en escena en las tragedias griegas se debe en parte al prestigio de la *Poética,* porque ni siquiera se menciona la música o el espectáculo en la célebre definición de la tragedia. Es cierto que incluye el espectáculo entre los seis elementos básicos, aunque lo considera el menos importante. Son elementos de los que se puede prescindir si tan solo se lee el texto, en el que sí están los otros elementos fundamentales: la *trama,* el *carácter,* el *pensamiento* y el *lenguaje,* además del *canto*, que, en tanto lenguaje, también se puede leer y escuchar.

El coro y las canciones

Las tragedias se iniciaban, por lo general, con un prólogo con actores. A continuación se producía el *párodo* o entrada del coro. Lo usual es que los *coreutas* o cantantes entraran acompañados por el sonido del *aulos,* una flauta doble. En las etapas iniciales de la tragedia podía haber hasta cincuenta coreutas, que cantaban y bailaban, pues la danza era una parte importante del espectáculo. Posteriormente su número se redujo a unos quince.

El coro interpretaba canciones corales o *estásimos*, acompañadas de baile, que se intercalaban con los diversos episodios o escenas, es decir, las acciones de la trama.

En definitiva, la estructura de una obra consistía en una sucesión de cantos y episodios: párodo-episodio-canto-episodio-canto-episodio... y, finalmente, éxodo.

Pero había muchas combinaciones posibles, como el intercambio cantado entre el coro y uno o varios actores, llamado *kommos*, que etimológicamente significa fúnebre, aunque el verdadero lamento era el *treno.* También había canciones para solistas o para dúos.

Finalmente, aunque no es seguro que todo el texto fuera cantado como afirma Rockstro, había recitativos, *música parlante,* dirían los florentinos, en versos anapésticos, más cantables que el trímetro yámbico habitual, que, de todos modos, era bastante rítmico, aunque se acercara al habla corriente. En ocasiones el coro, más que cantar, recitaba. El líder del coro o corifeo no solo dirigía el canto y el baile de los coreutas, sino que era el mejor cantante y bailarín y solía dialogar con los actores.

Todos estos conceptos (párodos, éxodos, estásimos, trímetros yámbicos, anapestos, etc.) se explican en los comentarios a la *Poética.*

Por otra parte, la música casi siempre estaba presente, no solo acompañando a los coros y las canciones, sino también en interludios puramente musicales, a veces en forma de florituras de corta duración llamadas *mesaulia* o *diaulia,* o con acompañamiento de baile.

Aunque se sabe que eruditos como Aristoxeno de Tarento escribieron acerca de la importancia de la música en el teatro, sus obras se han perdido.

Se ha discutido mucho acerca de qué representa el coro. Es obvio que su función es muy clara en muchas obras, ya que puede tratarse de un grupo de esclavas, como en *Las coéforas,* de Esquilo, o un grupo de ancianos, como en *Los persas,* de Esquilo, en *Edipo en Colono* y *Antígona,* de Sófocles, o en *Alcestis* y *Heracles,* de Eurípides. Sin embargo, se ha defendido que el coro representa la visión de los propios espectadores, o la del pueblo que reacciona ante los acontecimientos. Para Schlegel representaba al espectador ideal. Otros han considerado que expresa la opinión del propio dramaturgo. Aristóteles nos indica que el coro debe comportarse como un actor o un personaje más de la obra, aunque sea anónimo y plural, y por eso elogia a Sófocles, pero reprocha a Eurípides el que sus coros no se integren bien en la trama.

Podemos comparar la integración del coro y las canciones en la trama con la evolución del musical en el cine. En los inicios era habitual que las canciones no contribuyeran al desarrollo de la trama y fueran solo entretenimiento puro o lucimiento de los cantantes. El director Ernst Lubitsch creó el musical moderno, con películas como *El teniente seductor* o *La viuda alegre,* haciendo que las canciones hicieran avanzar la trama, o que caracterizaran al personaje o dieran color a la situación. Su ejemplo no fue muy seguido y con el tiempo las canciones se convirtieron en efectismo musical, aunque directores como Bob Fosse aplicaron el estilo Lubitsch, tanto en *Cabaret* como en *All that Jazz.*

Y ya que hablamos de cine, podemos hacernos una pregunta sorprendente.

¿Predijo Aristóteles el cine?

Ya hemos visto que no es lo mismo leer en una novela o en un relato épico una conversación entre Edipo y un mensajero que contemplarla sobre un escenario:

> Mensajero: Te encontré en los desfiladeros selvosos del Citerón.
> Edipo: ¿Por qué recorrías esos lugares?
> Mensajero: Allí estaba al cuidado de pequeños rebaños montaraces.
> Edipo: ¿Eras pastor y nómada a sueldo?
> Mensajero: Y así fui tu salvador en aquel momento.
> Edipo: ¿Y de qué mal estaba aquejado cuando me tomaste en tus manos?
> Mensajero: Las articulaciones de tus pies te lo pueden testimoniar.
> Edipo: ¡Ay de mí! ¿A qué antigua desgracia te refieres con esto?
> Mensajero: Yo te desaté, pues tenías perforados los tobillos.[64]

[64] Sófocles, *Edipo rey.*

Si un orador o conferenciante narrase este momento, dice Aristóteles, también nos daría explicaciones acerca de uno y otro personaje y de la importancia de lo que sucedió. Pero entonces Aristóteles nos sorprende con esta pregunta:

> ¿Pues de qué serviría el arte del orador si su pensamiento [lo que está diciendo] *se revelase de por sí,* y no por su discurso?[65]

Aunque expresado de manera negativa e hipotética, parece una premonición. Aristóteles podría estar describiendo una película en la que escuchamos el discurso del orador y al mismo tiempo vemos las situaciones acerca de las que habla. Como cuando Richard Attenborough nos cuenta cómo son los cocodrilos mientras vemos a varios cocodrilos que se mueven a su alrededor.

Lo que Aristóteles imagina (aunque para rechazarlo) podría ser lo que se llama un documental de tesis, en el que el guionista desarrolla sus argumentos mediante el uso de imágenes de archivo, o añadiendo grabaciones nuevas, mientras suena su voz en *off.* Uno de estos nuevos retóricos, comparable en interés a los antiguos oradores de Grecia, es Adam Curtis, autor de documentales que son, al mismo tiempo, ensayos, como *The Century of the Self,* donde analiza el nacimiento de la publicidad moderna, empleando los mejores recursos de la retórica aristotélica y los del medio audiovisual. Podríamos decir que fusiona la poética, en cuanto imitación o representación, con la retórica o discurso.

El cine, en definitiva, ha hecho posible que se vean los lugares, las situaciones y las acciones de una manera que el teatro ni siquiera imaginó. Ya no se trata de ver a un actor que hace de rey Enrique y nos pide, en un escenario casi vacío, que imaginemos los campos de Francia, sino que ahora el espectador puede ver no una representación, sino una *presentación,* virtual pero vívida, de los auténticos campos de Francia.

---

[65] *Poética,* c16.

La estructura de la tragedia

Los teóricos del teatro y el cine siempre han prestado mucha atención a la estructura narrativa. En la teoría del guión se considera, al menos desde los años ochenta del siglo XX, que es la herramienta fundamental para escribirlo, aunque no el elemento narrativo más importante, que suele ser el personaje.

Esa es sin duda la razón por la que se ha leído con muchísima atención la obra de Aristóteles, buscando lecciones y consejos acerca de la estructura, a menudo con la intención de justificar las propias teorías con el prestigio de un filósofo universalmente admirado.

La primera sorpresa es que, aunque Aristóteles se ocupa de la estructura al menos desde once puntos de vista diferentes, solo con mucha dificultad podríamos definirlo como «estructuralista».

Once propuestas de Aristóteles acerca de la estructura

Vamos a olvidarnos por el momento de los intérpretes interesados o ingenuos de la *Poética* para entender lo que dice Aristóteles acerca de la estructura. Naturalmente, yo también soy un intérprete y no es posible una lectura completamente objetiva de un texto escrito hace más de dos mil trescientos años, pero intentaré no cargar las frases de Aristóteles con conceptos añadidos posteriormente.

1. Principio, medio y fin

> Un dramaturgo debe discernir claramente el momento en el que la acción debe comenzar.
>
> DENIS DIDEROT

Aristóteles menciona varias veces que una tragedia tiene «principio, medio y fin». Este es el origen de la inmensamente popular «estructura aristotélica en tres actos», que todavía se repite hoy en día en las academias de teatro y de guión:

> Para construir una buena trama, no se debe empezar ni terminar al azar, sino que se deben estructurar adecuadamente principio, medio y fin.[66]

Y así define lo que es principio, medio y fin:

> Principio es lo que no sigue necesariamente a otra cosa, pero que, por naturaleza, es seguido por algo.
>
> Fin es lo que sigue por naturaleza a otra cosa, ya sea necesariamente o en la mayoría de los casos, pero que no es seguido por ninguna otra.
>
> El medio es lo que por naturaleza sigue a algo y, a su vez, es seguido por otra cosa.[67]

Esta definición no nos dice nada especial acerca de divisiones escénicas o físicas, es decir, perceptibles para el espectador. Cualquier obra, por torpe que sea el dramaturgo, tendrá principio, medio y fin, puesto que siempre deberá suceder algo en la obra antes de lo que no haya sucedido nada (el inicio) y no cabe duda de que tarde o temprano llegará un momento tras el que ya no sucederá nada más (el fin). También es inevitable que suceda algo entre el inicio y el fin (el medio).

A no ser que la obra completa consista en algo como:

> ¡Hola!
>
> ¡Adiós!

---

[66] *Poética*, c5.

[67] *Poética*, c5.

Lo importante no es que una obra tenga principio, medio y fin, pues lo tienen todas las obras, tanto las excelsas como las espantosas. Lo que Aristóteles considera de importancia decisiva para construir una buena trama o argumento *(mythos)* consiste en elegir qué parte de la historia se quiere contar, por dónde se quiere empezar y cómo se quiere que termine. Es decir, lo que podríamos llamar la *selección* que el autor hace de la *historia* para construir su *relato,* ya se trate de un guión, una obra de teatro o una novela.

Empezar en un momento u otro nuestra narración nos obliga a terminarla de una manera determinada. Un dilema que debemos resolver –y que Aristóteles solo trata de manera implícita– es cómo empezar: *in medias res, in extremis* o *ab ovo*, es decir, con una acción ya empezada, con una situación extrema o «desde el principio».

Del mismo modo, si ya hemos imaginado un estupendo desenlace, tendremos que pensar cuidadosamente cómo debemos empezar. Como decía Billy Wilder: «Si te falla el desenlace es porque has hecho algo mal en el planteamiento».

Además, dice Aristóteles, «para construir una buena trama, no se debe empezar ni terminar al azar, sino que se debe hacer un uso adecuado de estas tres partes». En este sentido, Homero le parece admirable, porque entendió que, aunque la guerra de Troya tiene un principio, un medio y un final, sería un error contarla de principio a fin:

> No intentó contar toda la guerra de Troya, *aunque tuviera un principio, un medio y un final,* puesto que era una fábula demasiado extensa para poder contemplarla en su conjunto.[68]

Homero decidió iniciar la *Ilíada* cuando Aquiles entra en cólera y se retira del combate, y terminarla tras la muerte de su amado Patroclo,

---

[68] Ver *Poética*, c20.

cuando regresa al combate y mata a Héctor, con un epílogo en el que Príamo le pide que le devuelva el cadáver de su hijo.

Homero, dice Aristóteles, sabe acotar los temas y no intenta contarlo todo, como otros autores que se remontan a los lejanos inicios de la guerra y continúan hasta sus últimas consecuencias, sino que limita el tiempo de la narración a cincuenta y un o cincuenta y cinco días en la *Ilíada*.

Esta elección de cincuenta y un días de los diez años que duró la guerra le parece admirable. Pero no se trata tan solo de elegir cómo empezar y cómo terminar, sino que también es importante la parte media, como se ve cuando descubrimos que de esos cincuenta y un días Homero solo se detiene en once, pues el resto se deducen de diversas maneras, por ejemplo, porque un mensajero nos indica que han pasado varios días.

Es decir, dentro de la primera selección (cincuenta y un días), se produce una segunda selección (once días). Y, por supuesto, se aplica una tercera selección en cada uno de los once días, pues Homero no nos cuenta íntegros todos los combates, sino tan solo los momentos más emocionantes o significativos de cada uno.

Hay que aclarar, de todos modos, que los once y los cincuenta y un días se refieren al relato que transcurre en el presente, porque también hay muchos *flashbacks* (o «analepsis» en griego), que se producen casi siempre mediante los recuerdos que un personaje cuenta a otro y que nos trasladan a momentos tan admirables como la historia de la conquista de Troya por Heracles, la historia del héroe Belerofonte y su caballo volador Pegaso, o cómo el herrero divino Hefesto forjó el escudo de Aquiles.

En la *Odisea*, aunque el tiempo de la selección es tan breve como en la *Ilíada*, unos cuarenta días, los *flashbacks* nos remontan a los momentos más intensos de la historia de Ulises, como su estancia con Circe o con Calipso, la lucha con el cíclope Polifemo, la aventura con las sirenas o, incluso, el nacimiento del propio Ulises. Aunque parezca sorprendente, las historias más asombrosas de la *Odisea* (Circe, Polifemo, las sirenas) no las cuenta Homero, sino Ulises y otros personajes en forma de *flashbacks*.

Aristóteles habla de principio, medio y fin, pero en ningún momento dice que se trate de partes escénicas comparables con actos, secuencias o escenas. No se trata de unidades dramáticas como los actos del teatro de telón, sino de partes lógicas de la trama.

De la tantas veces repetida, pero errónea, equiparación entre «principio medio y fin» y la estructura en tres actos se hablará más adelante[69].

2. Complicación y resolución

En otro pasaje de la *Poética*, menos citado que el anterior y que muchos prefieren obviar, puesto que cuestiona la teoría de los tres actos aristotélicos, Aristóteles dice:

> Toda tragedia tiene complicación y resolución.[70]

Ahora, en vez de tres partes, resulta que tenemos solo dos. Además, mientras que lo de principio, medio y fin solo lo dice dos veces[71], esto lo repite varias veces en la *Poética*, y está claro que le da mucha importancia.

La complicación *(desis)* y la resolución *(lusis)* son, podríamos decir, como el ADN o el carné de identidad de una obra, pues nos permite considerar semejantes, y por lo tanto comparar de manera justa, dos tragedias diferentes:

> Lo que sí es justo es decir que una tragedia puede ser diferente o la misma según la trama. Esto ocurre cuando dos tragedias coinciden en la misma complicación y resolución.[72]

---

[69] Ver «Una desafortunada serie de confusiones», pp. 159 y ss.

[70] *Poética*, c15.

[71] *Poética*, c5 y c20.

[72] *Poética*, c15.

Además, resulta que el dominio de estos dos elementos define al buen dramaturgo:

> Muchos poetas manejan bien la complicación, pero mal la resolución. Se deben dominar ambas cosas.[73]

Quienes hemos escrito en cualquier medio o género sabemos que es una gran verdad. Muchas películas, cuentos, novelas o *sketches* empiezan bien desde el punto de vista de la construcción de la trama, pero se resuelven mal. Lo más difícil suele ser la resolución, porque la atención de los lectores o espectadores está concentrada en descubrir cómo se van a cerrar los enigmas o dilemas de los personajes. Seguramente no es cierto que, como dice el Robert McKee de la película *Adaptation*, si te ganas con el final a los espectadores ya esté todo resuelto, pero sí es cierto que un mal final casi siempre hace olvidar el placer que se ha obtenido hasta entonces.

Un detalle curioso es que para Aristóteles la estructura de una tragedia no se limita a lo que leemos o vemos en escena, porque la «complicación» puede empezar antes:

> Los acontecimientos anteriores al comienzo de la obra, y a menudo algunos de los incidentes dentro de la obra, constituyen la complicación, el resto es la resolución.[74]

En contra de lo que dijo al definir el principio, medio y fin, resulta que sí puede haber algo antes del principio. Se cumple la paradoja «Antes del principio siempre hay algo»[75].

En cualquier caso, también ahora está hablando de partes lógicas o intención y efecto dramático, pero no de actos o segmentos físicos de una u otra duración.

---

[73] *Poética*, c15.
[74] *Poética*, c15.
[75] Daniel Tubau, *Las paradojas del guionista*.

3. Las partes según el tipo de actuación

En este caso, sí que se trata de partes o segmentos que podemos distinguir en la lectura o al verlos en el escenario. Aristóteles se refiere a los diferentes recursos que se pueden emplear en una tragedia desde el punto de vista de la interpretación o actuación. Los dos recursos principales son: la interpretación de los actores y las intervenciones del coro. A ello se podrían añadir, aunque con ciertas dudas, algunas partes musicalizadas sin texto.

La división más obvia y visible en una tragedia son las partes del coro y las de los actores. Lo usual, como ya hemos visto, era que se intercalaran: coro-actores-coro-actores, aunque también hay momentos en los que coro y actores dialogan.

Ahora bien, insistamos de nuevo en que Aristóteles no se refiere a las partes, bloques, secciones, actos o divisiones del texto de la tragedia desde el punto de vista del contenido narrativo o el sentido dramático, sino ahora más bien a las partes o secciones del espectáculo que se pueden distinguir por su estilo o tipo de actuación: el coro, las partes musicalizadas sin texto o los monólogos o diálogos de los personajes.

En este sentido, Aristóteles menciona cinco partes fundamentales:

Prólogo: que suele hacer un actor, a menudo el protagonista.
Párodo: es la entrada del coro.
Episodio: donde actúan los actores, a veces en diálogo con el coro.
Estásimo: intervención del coro.
Éxodo: la salida del coro.

Esto nos puede hacer pensar que las tragedias tienen cinco actos, pero es una conclusión apresurada, porque puede haber varios estásimos o intervenciones del coro y varios episodios. Si contamos todos estos elementos, vemos que la *Antígona* y el *Edipo rey* de Sófocles tienen diez segmentos.

Conviene no precipitarse y proclamar que las tragedias tenían diez actos o partes, porque la *Electra* de Eurípides tiene once partes (con cuatro episodios y cuatro estásimos), pero *Las Euménides* de Esquilo ocho: prólogo, párodo, tres episodios, dos estásimos y el éxodo.

A pesar de esta variación, ¿podemos considerar que cada cambio de los actores al coro marca una sección dramática clara, como si se produjera un punto de giro en la trama?

Algunas veces sí, pero no es lo más habitual. El coro suele comentar lo sucedido o preguntarse por lo que va a suceder, pero pocas veces eso implica un cambio narrativo.

La comparación más cercana de estos bloques (prólogo, párodo, estásimos, episodios, éxodo), pero quizá no exacta, sería con lo que hoy en día llamamos «escenas», y en ciertos casos con las «secuencias» (un conjunto de escenas con un tema o desarrollo común).

4. Las partes habladas y cantadas

Muchas veces coincide con el punto anterior, pues las partes cantadas son las del coro y las habladas las de los actores. Pero en algunos casos los actores o personajes también cantaban, al parecer con mucho éxito, al estilo de las arias de la ópera. A eso parece referirse Aristóteles cuando habla de «lenguaje embellecido en cada una de sus partes»:

> Cuando digo «en cada una de sus partes» me refiero a que algunas partes emplean solo la métrica, mientras que otras también tienen canto.[76]

Es por eso por lo que dice que las partes habladas y cantadas de la tragedia fueron evolucionando incluso en el tipo de verso empleado. Tras usar el tetrámetro trocaico, se encontró una métrica más apropiada:

[76] *Poética*, c3.

> Porque de todos los versos el yambo es el más adecuado para los diálogos, ya que empleamos muchísimos yambos en nuestras conversaciones, pero muy pocos hexámetros (y eso solo cuando abandonamos el tono habitual de la conversación).[77]

En consecuencia, podemos distinguir entre partes habladas y cantadas, pero, de nuevo, eso tiene poco que ver con algo parecido a actos.

En todo caso, podríamos comparar estas partes con escenas, aunque no necesariamente, pues en una sección en la que participan los actores puede mezclarse un diálogo con el coro sin canto, o un intercambio cantado y sin separación visible, o la reanudación de la acción, como en la *Electra* de Eurípides cuando ella se lamenta y se mezcla recitado y canto en su intercambio con el coro, formado por mujeres (hombres con máscaras) y con el líder del coro o corifeo, aunque interrumpe sus lamentaciones sin separación formal de la escena al ver a hombres extraños que se acercan y entonces se reanuda la acción:

> Ay de mí, mujeres, abandono mi canto fúnebre. Han dejado su escondrijo unos hombres extraños que se apostaban junto a la casa.[78]

5. El orden y el tamaño de las partes de una tragedia

Otra manera de acercarse a la estructura es prestar atención al tamaño de la obra y a la manera en la que se ordenan las distintas partes.

En cuanto a la extensión, Aristóteles tiene claro que una tragedia no puede ser demasiado breve, pero tampoco demasiado extensa, como la *Ilíada:*

> Un animal no será bello si es demasiado pequeño, porque nuestra vista solo podrá apreciarlo de manera confusa. Tampoco será bello si es ex-

[77] *Poética*, c2.
[78] Eurípides, *Electra*.

> tremadamente grande, porque la unidad del conjunto se nos escapará si mide diez mil estadios.[79]

Al hablar de la tragedia, Aristóteles no ofrece ejemplos de obras demasiado extensas o demasiado breves, pero en la épica sí que lo hace, aunque más que a la extensión en sí, como el número de cantos o palabras, se refiere a la duración de lo que se cuenta, es decir, el tiempo que se supone que transcurre para los personajes desde el inicio hasta el final, como los cincuenta y un días de la *Ilíada*. En este sentido, sugiere que la duración de una tragedia debería ser cercana a la de un día, pero no se trata de una regla obligada, como se creyó e impuso en el Renacimiento.

Aristóteles considera que es un error querer contar demasiados acontecimientos, como en *La pequeña Ilíada*[80], donde, a pesar de su nombre, se quiso contar todo.

Aunque se tenga la extensión o duración correcta, también es importante cómo se ordenan las distintas partes y el tamaño de esas partes.

> Para ser bello, un animal, o cualquier otra cosa compuesta de partes, debe tener esas partes dispuestas en el orden correcto y, además, poseer un tamaño adecuado. Del mismo modo que los animales deben tener un tamaño proporcionado para que los podamos percibir como un todo completo, también las tramas deben tener una extensión que pueda ser recordada fácilmente.[81]

Está claro que al hablar del orden de las partes Aristóteles no puede estar refiriéndose a principio, medio y fin, ni a complicación y resolución, así que tiene que ser a las partes cantadas y habladas y a la sucesión de episodios y estásimos.

---

[79] *Poética*, c5.
[80] *Poética*, c20.
[81] *Poética*, c5.

Como parece, además, que era inusual que una tragedia no trascurriera de manera cronológica, el orden y desorden se tiene que referir al contenido, a lo que se dice.

Por ejemplo, en qué momento conviene revelar a la protagonista que ese hombre es su hermano, o en qué momento debe decir Orestes que su hermana murió.

Pero también se juega con el orden, aunque no lo mencione Aristóteles, con los *flashbacks* o analepsis y los *flashforwards* o prolepsis, es decir con esos momentos en los que los personajes cuentan algo que sucedió en el pasado o anuncian algo que los dioses preparan para el futuro. Aquí sí que hay muchas posibilidades, pues se pueden mezclar y desordenar tiempos, aunque solo sea de palabra.

Pensemos en una de las escenas más célebres de la *Odisea*, el momento en el que Ulises, con la apariencia de un envejecido mendigo, entra en su palacio de Ítaca. Allí están los pretendientes disfrutando de sus manjares y placeres, burlándose del hijo de Ulises y acosando a Penélope. Al entrar el mendigo, Penélope, que no reconoce a su marido, le dice a la criada Euriclea que lave los pies al viajero. Es entonces cuando tiene lugar esa famosa escena de *anagnórisis* o reconocimiento, cuando la criada ve una cicatriz en el muslo del mendigo y se da cuenta de que ese hombre es Ulises. Este reconocimiento será la excusa que permite a Homero hacer un *flashback* en el que nos cuenta cómo nació Ulises, pues la criada Euriclea fue su nodriza. En ese viaje al pasado conocemos al abuelo de Ulises, Autólico, y descubrimos que fue él quien le puso el nombre de Odiseo (Ulises en Roma), y que cuando ya era un jovencito visitó a Autólico en el monte Parnaso y al intentar cazar un jabalí fue herido por la fiera: ese es el lejano origen de la cicatriz que la criada ha descubierto en su muslo, con lo que regresamos al presente.

Pues bien, este *flashback* o analepsis, que tiene lugar en el canto XIX, no solo es revelador para la criada, sino también para el oyente o lector, pues ahora descubrimos el curioso origen del nombre de Odiseo (que significaría algo así como «el que sufre o hace sufrir a otros»), que su abuelo es el célebre ladrón y sinvergüenza Autólico y que la cicatriz es una herida muy significativa en su vida, tanto que el héroe la enseñará más adelante para demostrar que es Ulises, y no un dios engañador o un farsante: en el canto XXII muestra la cicatriz a algunos criados y en el canto XXIV a su propio padre Laertes.

Pues bien, esta escena de la cicatriz, con *flashback* incluido, es un ejemplo de cómo se puede jugar con el orden y el desorden en una historia que transcurre de modo cronológico. Homero decidió situarla en el canto XIX, cuando Ulises entra por fin en su casa tras veinte años de ausencia, pero podría haber sucedido en cualquier otro momento de la narración, como cuando llega a la tierra de los feacios, como un náufrago desnudo, y se lava en el río. Ese momento podría haber dado ocasión para mencionar la cicatriz e iniciar el *flashback*. Si así fuese, la sensación de los oyentes o lectores, o incluso la de los personajes implicados en la acción narrada, sería diferente. Lo mismo sucede cuando un personaje habla de algo que sucedió en otro momento, por ejemplo cuando Helena le cuenta al hijo de Ulises historias de su padre: se ha elegido un momento para contar ciertos acontecimientos y se ha elegido contar esos acontecimientos y no otros. En detalles como estos es donde el poeta demuestra su maestría con el orden y el desorden narrativo, incluso en un relato que transcurre de manera cronológica en cuanto a las acciones en tiempo presente de los personajes desde el planteamiento hasta el desenlace.

6. Tramas simples y complejas

Aristóteles señala un elemento estructural que le permite diferenciar las tramas simples de las complejas. Las complejas son aquellas que incluyen peripecia o *anagnórisis.* Si además la peripecia es lo que lleva a la *anagnórisis,* el resultado es excelente.

Trama simple es la que tan solo tiene cambio de fortuna, sin peripecia ni *anagnórisis.*

7. ¿Final feliz o desgraciado?

A lo largo de la *Poética*, Aristóteles elogia ciertas tragedias y señala los errores de otras. Del mismo modo que cuando examina la epopeya enumera una y otra vez el talento y las virtudes de Homero, al hablar de la tragedia elogia sin cesar el *Edipo rey* de Sófocles.

Parece evidente que esa es su obra favorita. Esta preferencia es probablemente la causa de que muchos lectores de la *Poética* le hayan atribuido opiniones dogmáticas acerca de cómo debe ser una tragedia, confundiendo su gusto personal con un dictamen dogmático, o que hayan creído, como los preceptistas del Renacimiento italiano, que una tragedia debe cumplir con la regla de las tres unidades (acción, tiempo y lugar), que sí se puede aplicar al *Edipo rey*, pero no a otras obras.

Sin embargo, una lectura atenta de la *Poética* nos depara una nueva sorpresa: quizá el *Edipo rey* no es la obra que Aristóteles considera más perfecta.

Para entender por qué, hay que recordar lo que ya sabemos, que Aristóteles prefiere las tragedias complejas a las simples, es decir, aquellas en las que el cambio de fortuna se produce mediante peripecia o mediante revelación *(anagnórisis)*. O bien, lo que ya es sublime, mediante las dos cosas:

> El cambio de fortuna *(metabolé)* no debe ser de desgracia a prosperidad, sino, por el contrario, de prosperidad a desgracia.
>
> Este cambio no tiene que deberse a la maldad, sino a un error trágico *(hamartia)* de un personaje.[82]

Estas características coinciden con las de *Edipo rey:* su desgracia viene provocada por un error trágico del que no es responsable (cree evitar la fatalidad del oráculo y cae en ella) y se produce una *revelación* o varias

---

[82] *Poética*, c10.

casi al mismo tiempo, pues descubre quién es (el hijo de Layo y Yocasta), y quién era ese hombre al que mató tiempo atrás en un camino (su padre, el rey Layo) y quién es esa mujer con la que ha tenido varios hijos (su madre, la reina Yocasta). Además, todo ello se revela provocado por una verdadera peripecia: lo que parecía la salvación del héroe (la llegada del mensajero de Corinto) será su condena. Tenemos *hamartia*, *peripecia* y *anagnórisis* o revelación. Pero, además, como recomienda en el pasaje que acabo de citar, el cambio es de la «prosperidad a la desgracia».

El ejemplo de Edipo y lo que dice Aristóteles en este pasaje y en otros parecen indicar claramente que una tragedia debe acabar mal, y que los finales felices son cosa de la comedia y probablemente también de la sátira. Sin embargo, en el capítulo 11, Aristóteles parece cambiar bruscamente de opinión y dice que la mejor tragedia es aquella que parece que va a acabar mal, por ejemplo, con la muerte de un inocente, pero entonces la *peripecia* lleva a los personajes a descubrir su verdadera identidad y, de este modo, alcanzar un final feliz:

> Lo mejor de todo es la última posibilidad, el camino de Mérope en *Cresfontes* donde intenta matar a su hijo, pero no lo hace cuando lo reconoce, o, como en *Ifigenia*, donde la hermana está a punto de matar al hermano; o en la *Hele*, donde el hijo, a punto de entregar a su madre al verdugo, la reconoce.[83]

Es decir, Aristóteles enumera tres finales felices, en los que la peripecia y la *anagnórisis* o revelación evitan la fatalidad, y concluye que ese caso es mejor que aquel en el que no hay ignorancia, como en *Medea,* o cuando la ignorancia y la consiguiente revelación no evitan la desgracia final, como en *Edipo rey.* Es decir, que parece preferir el final de *Ifigenia entre los tauros* al de *Edipo rey.*

---

[83] *Poética*, c11.

Es una conclusión que refuta lo que ha dicho antes, en especial en el capítulo 10, y lo que dirá más adelante acerca de que lo mejor para una tragedia es terminar en desgracia.

A los lectores atentos y a los estudiosos y comentaristas les ha llamado la atención esta contradicción. Se han propuesto muchas explicaciones, pero ninguna resulta muy convincente, como que pudo cambiar de opinión cuando escribió el capítulo 11, o que la aparente contradicción se debe a un resto platónico que salió a la superficie cuando escribió ese pasaje y lo impulsó a defender la ejemplaridad ética de la tragedia. De todos modos, existe otra posible explicación, que propone, entre otros, Valentín García Yebra:

> En el caso de *Mérope* y en el de *Ifigenia*, la muerte del hijo a manos de su madre, o la del hermano a manos de su hermana, van a producirse ante los ojos del espectador. Este llega a sentirse totalmente invadido por la compasión, que, ya rayando en la angustia, le anuda la garganta; abrumado por el temor, que le produce escalofríos. Y solo en el último instante, gracias a la *agnición* (reconocimiento), asiste a un desenlace que le deja respirar y le evita el derrumbamiento. Se comprende, pues, que Aristóteles viera esta situación como la mejor, es decir, la más apropiada para alcanzar el fin de la tragedia.[84]

En definitiva, las emociones de compasión y temor ya han sido experimentadas plenamente por el espectador cuando teme por la muerte del hijo o por la del hermano, por lo que el desenlace feliz, el reconocimiento *(anagnórisis)* y la peripecia pueden ahora producir el efecto catártico, al liberar al espectador de la tensión narrativa, produciendo, además, alivio, cosa que no sucede en el *Edipo rey,* que, aunque resuelve la tensión narrativa, deja bastante conmocionado al espectador incluso cuando termina la obra.

[84] *Poética*, edición de Valentín García Yebra.

8. El final doble

Otro elemento estructural relacionado con el desenlace es lo que Aristóteles llama «final doble». Se refiere a esos desenlaces en los que los buenos son recompensados y los malos castigados. A pesar de que, según dice, ese es el final de la *Odisea*, no le gusta aplicado a la tragedia y opina que es un tipo de resolución que usan los malos narradores, o los buenos, con la intención de satisfacer el mal gusto del público.

La defensa de la trama simple por su calidad y carácter trágico, frente a la doble, con final reparador, castigando a los malos y premiando a los buenos (que prefieren los espectadores), nos revela que, cuando Aristóteles dice que una obra debe producir el placer que le es propio, es decir, la compasión y el temor, eso no quiere decir que esté recomendando dar a los espectadores obras fáciles, o que los autores deban plegarse a eso que se llamaba los gustos del vulgo. No es lo mismo preocuparse y escribir pensando en los espectadores que lo van a ver y en el efecto que pretendemos provocar en ellos, que rebajar la exigencia y la calidad de nuestra obra para satisfacer los gustos del momento[85]. A veces se confronta la idea de Aristóteles de que la obra debe producir placer en los espectadores con la de Platón en *Las leyes*, cuando dice que no debe ser el vulgo quien juzgue alzando sus manos la calidad de las obras, como se hacía en Sicilia y en las colonias griegas del sur de Italia, sino que debe ser un tribunal de jueces el que evalúe la calidad de la obra y el tipo de placer que ha recibido el público. Son dos posturas extremas, ambas insatisfactorias, y probablemente existe un término medio, siempre tan querido por Aristóteles, como en esta defensa de la trama simple, menos querida por el público, frente a la popular trama doble, sin que ello contradiga la idea de provocar el pla-

[85] «Es la decadencia del teatro lo que la coloca en primer lugar (la doble trama), y los poetas la emplean porque desean complacer a los espectadores», *Poética*, c10.

cer que es propio de la tragedia. Entre la obra tan sofisticada que resulta incomprensible para la mayoría del público y la tendencia actual a añadir en obras clásicas o contemporáneas «morcillas» y alusiones a la actualidad televisiva, el chismorreo y la política, para lograr las risas y el aplauso fácil del público, existen muchas posibilidades.

Ahora bien, la noción de «final doble» es un poco ambigua, puesto que en muchas tragedias parece obvio que si los buenos triunfan eso implica que los malos fracasen. Por eso, probablemente se refiere a un tipo de obras, que debieron ser populares en su época, en las que se buscaba de manera artificiosa ese final doble, aunque la trama no lo pidiera.

9. La historia y el relato

En la *Poética* a Aristóteles no le interesan las historias, sino los relatos. Es muy consciente de la diferencia, que se le escapa a muchos guionistas, escritores y dramaturgos, que tienden a obsesionarse con las *historias* y no dan al *relato* la importancia que tiene.

Para entender bien a Aristóteles, debemos detenernos a examinar una cuestión confusa relacionada con tres palabras griegas: mito, praxis y trama.

Como el lector descubrirá al leer la *Poética*, Aristóteles emplea la palabra *mythos* con un sentido diferente al que hoy damos a la palabra «mito». Para él, un mito no es una historia mítica (o no lo es de manera exclusiva), sino que es simplemente una «historia». Eso sí, no una «Historia» como la que escriben los historiadores Tucídides o Heródoto, sino como las «historias» con minúsculas, como cuando decimos a un amigo: «Te voy a contar una historia que me pasó el otro día», o «Te voy a contar la historia de Edipo, o de Blancanieves, o la del pirata Henry Morgan, o la de Mao Zedong».

Para Aristóteles, la historia es el material narrativo con el que se construye la trama, la esencia misma de la obra de teatro. La historia de Edipo son todos los hechos de Edipo, su leyenda, pero el *Edipo rey* es una selección de esa historia, una trama, un *relato.*

Lo importante es que casi siempre que Aristóteles emplea la palabra «historia» *(mythos)* se refiere a la trama, es decir, al relato, a la manera en la que Sófocles selecciona partes de la historia de Edipo para convertirlas en un relato ordenado, en una sucesión de acciones, en una trama.

Para confundir un poco más las cosas con este baile de palabras que se escriben casi igual en español y en griego pero que tienen significados diferentes, resulta que a la trama, a esa selección de material narrativo que hace un dramaturgo, Aristóteles la llama *praxis* (πράξεις, *praxeis),* que no significa lo que entendemos nosotros por praxis o por práctica, sino más bien «hechos» o «acciones». En otras ocasiones se refiere a los hechos, acciones, episodios o incidentes de la trama como pragma (πράγμα, *pragma).*

Para que no se pierda ningún lector, estas son las palabras de la *Poética* que debemos traducir e interpretar de manera semejante o diferente según el contexto:

Mythos (μῦθος): «historia» pero también y, sobre todo, «trama». Puede ser una historia mítica, pues casi todas las tragedias adaptan mitos, pero puede no serlo, como *La toma de Mileto* de Frínico, que se basaba en acontecimientos históricos recientes.

Aunque Aristóteles se refiere en ocasiones con «historia» *(mythos)* al mito de Edipo, lo habitual es que lo emplee para referirse a la trama, al argumento y a la estructura narrativa: no a la leyenda de Edipo sino a la trama de *Edipo rey.*

Stephen Halliwell traduce *mythos* como *plot-structure* (estructura de la trama), pero creo que en español es suficiente con «trama», y así evitamos el peligro de pensar que Aristóteles se refiere a algún tipo de estructura sin contenido. La trama es la manera en la que se estructura lo que se quiere contar, no una plantilla vacía en la que colocar cosas, como en la llamada «estructura aristotélica en tres actos», que, como ya hemos visto y como volveremos a ver más adelante, es una de las más disparatadas interpretaciones de la *Poética*[86]. Así que en este libro, cuando me refiera a algo que Aristóteles llama *mythos,* casi siempre emplearé «trama».

Historia (ἱστορία, *investigación):* es la historia o Historia de los historiadores. Es un término que Aristóteles apenas usa en la *Poética,* excepto cuando compara la poesía (imitación o representación en verso o en prosa) con la historia.

Acción (πρᾶξις, *praxis):* con este término se refiere a cada acción en particular que sucede en la obra. Pero también al conjunto de todas las acciones, con un sentido más o menos equivalente a *trama* o *mythos* tal como lo hemos definido un poco más arriba.

Pragma (πρᾶγμα) y pragmata (πράγματα): singular y plural de «hecho», «evento» o «acción realizada». Lo suele emplear con un sentido semejante a acción o incidente, como cuando Edipo mata a Layo en un camino. En plural son los «hechos» y suele referirse a la trama o acción completa.

En ciertos momentos Aristóteles emplea otras palabras para referirse a episodios (επεισόδια, *epeisodia)* o incidentes (συμβάματα, *symbamata).*

Sería estupendo que Aristóteles llamase *historia* al mito de Edipo completo y *praxis* o cualquier otro término a la *trama* que construye un dramaturgo a partir de esa *historia,* es decir, lo que hoy llamamos *relato* o *discurso* frente a *historia,* pero no lo hace así y eso nos obliga a ser muy cuidadosos en la lectura de la *Poética,* para no cometer errores.

La idea importante es que a Aristóteles le interesa el relato, no la historia. No la historia de Edipo, sino el relato o trama de *Edipo rey* o *Edipo en Colono,* que son una selección de momentos de la historia de Edipo, ordenados de una determinada manera, con unidad y coherencia. Por eso dice en algún pasaje de la *Poética* que se equivocan quienes

---

[86] Ver «Principio, medio y fin» (p. 93) y «Una desafortunada serie de confusiones» (pp. 159 y ss.).

creen que por elegir como protagonista de su epopeya o de su tragedia a un personaje como Heracles o Teseo ya tienen todo solucionado.[87] No es así, porque hace falta algo más: hay que seleccionar los hechos, eventos, acciones y hay que dotarlos de un sentido, saber cómo se empieza y cómo se acaba y construir, en definitiva, la trama.

10. La obra debe ser como un organismo

> Nos gusta más una serie de anécdotas atribuidas a Abraham Lincoln que una serie de anécdotas sin conexión.[88]
>
> George Pierce-Baker

En el pasaje en el que muchos creen encontrar los tres actos (principio, medio y fin) se encuentra la verdadera teoría narrativa de Aristóteles, que se aplica tanto a la tragedia como a la comedia, e incluso a la épica.

> Debe tratarse de una acción completa que tenga un principio, secciones intermedias y un fin, para que como un organismo vivo, único y entero produzca el placer propio de su naturaleza.[89]

Esto ya se acerca mucho más a la manera en la que Aristóteles concibe la estructura: una tragedia debe tener la «unidad de un organismo vivo».

¿Y eso qué significa?

Significa que un organismo (que es lo que también llama Aristóteles «un todo») es algo que está compuesto de partes, pero no de manera caótica o desordenada, sino con un sentido, para que sea algo coherente y no un simple cajón en el que vamos echando cosas:

---

[87] *Poética*, c5.
[88] En *Dramatic Technique*.
[89] *Poética*, c20.

> Porque si alguna parte puede quitarse o añadirse sin que se produzca una alteración, entonces no es verdaderamente una parte del todo.[90]

Desde este punto de vista, a Aristóteles no le inquieta que haya seis, siete, dos, cuatro o diez secciones, partes o actos. Si eso le importase sería un formalista narrativo, alguien que cree que se debe aplicar la misma forma o estructura a cualquier relato.

Pero Aristóteles no es formalista en teoría literaria, sino más bien funcionalista: los elementos, el estilo, las diferentes partes, entendidas en todos los sentidos que hemos visto hasta ahora, deben contribuir a la creación de un organismo, cada uno llevando a cabo su función. Lo importante es que ese organismo sea un todo compacto y completo, sea cual sea su estructura aparente. La forma es importante, por supuesto, pero no es el elemento decisivo cuando se escribe una tragedia.

Contra las estructuras dogmáticas

Ya hemos visto que no es que a Aristóteles no le interese la estructura, sino que a veces parece que es lo único que le interesa, pues ya hemos encontrado diez maneras diferentes de acercarse a la estructura. ¿Por qué le interesa tanto?

Por una sencilla razón: porque *la estructura es la trama*, y ya sabemos que para él la trama es el elemento fundamental de la tragedia. La trama es la estructura y la estructura es la trama, así que todo lo que hagamos en una u otra será de grandísima importancia.

Lo que no interesa a Aristóteles son las estructuras tal como las conciben los teóricos de guión cinematográfico o algunos dramaturgos. No le interesan las estructuras dogmáticas y previas a la escritura, aquellas que se deben aplicar sea cual sea el contenido de tu guión o tu libreto.

---

[90] *Poética*, c5.

Un pasaje muy interesante de la *Retórica,* en el que Aristóteles nos habla acerca de cómo debe ser un discurso persuasivo, nos advierte del peligro de adoptar estructuras reconocibles para el oyente, porque se sobreponen a lo que se está diciendo:

> La forma de la expresión no debe ser ni métrica ni arrítmica. Lo primero, en efecto, no resulta convincente (porque da la impresión de artificioso) y al mismo tiempo distrae, pues hace que el oyente esté solo pendiente de cuándo volverá otra vez la cadencia.[91]

Este es un defecto que se puede aplicar a estructuras como el paradigma de los tres actos o el viaje del héroe, que se han hecho visibles, predecibles y artificiosos para el espectador, al obligar a aplicar una forma predefinida que se sobrepone a lo narrado[92].

En esta larga exploración de la estructura, que se enriquecerá con nuevos detalles en la *Poética* comentada, ya hemos visto que Aristóteles no propone ningún número concreto de actos o partes para una tragedia. No es que no dogmatice acerca de ello, es que ni siquiera lo sugiere. Lo de «principio, medio y fin» vale para una tragedia, pero también para un discurso y para cualquier iniciativa llevada a cabo por un ser humano, incluso para cualquier acontecimiento: las personas nacemos/vivimos/morimos, un fuego se enciende/se mantiene/se apaga. A pesar de que, en las diversas ciencias y artes de las que se ocupa, Aristóteles se siente atraído hacia el número tres, aunque sin caer en la numerología de sus rivales académicos, sin embargo, cuando habla de algo parecido a secciones, segmentos, partes, escenas, secuencias o actos narrativos nunca propone el número tres, sino el cinco (prólogo, párodo, episodios, estásimos, éxodo), el dos (complicación y resolución), o los siete, nueve o diez que suelen tener las tragedias si las dividimos en

---

[91] *Retórica* III, 8.1.

[92] Daniel Tubau, *El espectador es el protagonista*.

las partes más fácilmente reconocibles, que son la sucesión de intervenciones intercaladas entre coro y personajes, entre episodios y estásimos.

La razón de la ausencia de una estructura dogmática en Aristóteles es que, en el terreno de la *poesía*, entendiéndola a su manera, es decir, como «imitación de acciones» (el teatro, la épica, los diálogos socráticos), Aristóteles no es formalista. Se podría decir que no es estructuralista, al menos en el sentido del estructuralismo del siglo XX y XXI, una búsqueda intelectual fascinante pero que acabó siendo desechada debido a su ambición excesiva por querer explicarlo todo. Antonio López Eire, que ha escrito el libro quizá más exhaustivo, y también más sagaz, acerca de las poéticas clásicas y la de Aristóteles en concreto, lo dice claramente:

> El presunto estructuralismo formalista de la *Poética* aristotélica es rigurosamente falso, un mayúsculo desatino.[93]

¿Y por qué no es estructuralista Aristóteles si hemos visto que la trama o estructura del relato es lo que le parece más importante y si, además, analiza la estructura de la tragedia al menos desde diez puntos de vista? Parece una contradicción, pero podremos entenderlo si nos detenemos a conocer las cuatro causas aristotélicas.

Las cuatro causas

Aristóteles considera que existen cuatro causas fundamentales, cuatro características o maneras de clasificar las cosas. Si se prefiere, cuatro explicaciones que podemos aplicar o encontrar en cualquier cosa existente, desde una flor a una mesa, desde un ser humano a un discurso o un ejercicio gimnástico. Estas cuatro causas son la materia, la forma, el agente o causa eficiente y la causa final o teleológica. Conviene saber

---

[93] Antonio López Eire, *Poéticas y retóricas griegas.*

a qué se refiere Aristóteles, porque en esta distinción se contiene su teoría acerca de la estructura, de la tragedia o de cualquier obra humana. Empecemos.

Materia: dicho de manera sencilla, la causa material es la materia de la que está hecha una cosa, como la madera o el metal en una mesa.

En una tragedia podríamos hablar de muchos tipos de materia, desde las palabras pronunciadas o escritas a las acciones que se llevan a cabo mediante movimientos de objetos físicos, como brazos, piernas, máscaras o lanzas.

Causa formal: es la forma que tiene cualquier cosa, pues parece imposible encontrar o contemplar algo que no tenga forma: las palabras pronunciadas o escritas tienen forma escrita y algún tipo de forma sonora cuando son dichas por un actor.

Con materia *(hyle)* y forma *(morfa)* creó Aristóteles la teoría llamada *hilemorfismo:* todo está hecho de materia y forma. No hay materia sin forma ni forma sin materia. Aristóteles cree que la forma es importante, pero no fundamental en la escritura, ni en la construcción de una estructura dramática, excepto de una manera que explicaré enseguida.

Causa agente o eficiente: quién o qué ha hecho ese objeto. Un manzano que ha hecho una manzana, un carpintero que hace una mesa, un dios que ha hecho el mundo, o la naturaleza que hace casi todas estas cosas mediante la selección natural.

Por mucha importancia que conceda a estas tres primeras causas, Aristóteles considera que la más importante es la cuarta causa.

Causa final o teleológica: «telos» (τέλος) significa «fin», «objetivo», mientras que *lógica* (λόγος, *lógos)* significa «razón». En la causa teleológica la razón o causa está en cierto modo en el futuro. Es la razón por la que hacemos algo, el objetivo, la finalidad. Aunque la causa final no se acepta en la biología ni en la física actuales, sigue siendo la mejor manera de explicar las acciones voluntarias de los seres humanos y en concreto las acciones relacionadas con cualquier arte. Escribimos una obra de teatro porque queremos conseguir algo: éxito, fama, dinero, prestigio, crear belleza.

Para Aristóteles una tragedia debe ser como un organismo, con unidad y coherencia entre inicio, medio y fin y en el que todas las partes contribuyen al mismo objetivo, que en la obra de arte consiste *en producir el placer que le es propio.* Esta es la causa final. La más importante.

Pero antes de ocuparnos del placer que debe proporcionar la tragedia, nos detendremos en el oficio mismo del narrador –del poeta mimético–, para conocer la última y quizá más importante opinión aristotélica acerca de la estructura.

Ya hemos visto que rechaza las estructuras impuestas de antemano y prefiere que la trama sea como un organismo. Pero ¿cómo se construye una estructura orgánica?

Parece demasiado pedir que nos responda, porque nos han dicho que la *Poética* no es un manual de dramaturgia. O quizá sí lo es, porque Aristóteles nos ofrece una respuesta.

11. Cómo construir una trama orgánica

La *Poética* es un libro lleno de sorpresas, y a cada nueva lectura se descubre algo que nos había pasado desapercibido. Se ha definido el libro como un tratado acerca de cómo deben ser las tragedias, como un compendio dogmático de normas o como una descripción de cómo eran la tragedia y la épica antigua, pero no suele destacarse que también esconde algunos excelentes consejos acerca del oficio del dramaturgo, de los trucos y herramientas para conseguir ese objetivo, para *«seducir el alma de los espectadores (psukhagogein)* a través del placer intelectual, estético y catártico»[94].

Aristóteles no solo nos habla de la peripecia, la *anagnórisis* y otros recursos para acrecentar el interés y despertar emociones, sino que

[94] Antonio López Eire, *Poéticas y retóricas griegas.*

también se detiene a examinar cómo se debe construir esa trama orgánica que considera el elemento más importante de una tragedia. Y lo hace de una manera sorprendentemente moderna y práctica, porque lo que propone es muy parecido a un esquema de pasos *(step outline),* una enumeración de las acciones que tienen que suceder para dar sentido a lo que se quiere contar.

> El dramaturgo primero debe organizar los episodios de manera general, tanto los que ya existen como los inventados. Y después añadir los incidentes y ordenarlos. Es de este modo como debe considerarse la estructura general.[95]

Cuando aquí dice episodios (ἐπεισόδια, *epeisodia),* Aristóteles no se refiere a las partes dialogadas de los personajes que se intercalan entre las partes corales (los estásimos), sino que usa la palabra de manera flexible: se trata de las acciones más importantes de la trama.

En cuanto a los incidentes (συμβάματα, *symbamata),* son, como su nombre indica, acciones menos fundamentales pero que completan y dan riqueza a la trama.

Para que no quepa ninguna duda, enseguida nos ofrece un ejemplo práctico, pues desglosa el esquema o trama de la *Ifigenia entre los tauros* de Eurípides:

> Una muchacha ofrecida en sacrificio…
> … desaparece…
> … es establecida como sacerdotisa en otro lugar…
> … donde la ley permite sacrificar a extranjeros.
> … Después de un tiempo, su hermano llega allí…
> … al llegar allí, es capturado…
> … y está a punto de ser sacrificado…

[95] *Poética*, c14.

> ... cuando se da a conocer...
> ... haciéndole decir que no solo su hermana sino él mismo estaban destinados a morir y ser sacrificados,
> ... y por eso se salva.[96]

Con este esquema ya tenemos diez pasos narrativos, los fundamentales de la trama. Naturalmente, harán falta más, aunque ninguno sea tan importante como los descritos:

> El siguiente paso es asignar los nombres y completar los incidentes.[97]

Eso sí, hay que prestar atención a los nuevos incidentes para que cumplan su función dentro de la estructura:

> El autor debe intentar que estos incidentes formen parte de la trama, como en el caso de Orestes, porque debido a su locura fue capturado y luego liberado, ya que la víctima debía ser purificada.[98]

Los episodios, los incidentes y las acciones se podrían comparar con las modernas secuencias, escenas y pulsos o pasos narrativos. Lo importante es que nos permiten crear una estructura orgánica en la que principio y fin sean coherentes y en la que las secciones intermedias contribuyan a la solidez del conjunto, al organismo aristotélico.

Este es el método que emplearon Robert Towne y Roman Polanski para resolver los problemas e inconsistencias del guión de *Chinatown*[99], y es la mejor herramienta estructural para plantear y desarrollar una trama y asegurarse de que todo funciona. Es el paso necesario antes de

---

[96] *Poética*, c14.

[97] *Poética*, c14.

[98] *Poética*, c14.

[99] En *El espectador es el protagonista* cuento la curiosa manera en la que Polanski y Towne hicieron un esquema de pasos *(step outline)* para solucionar los problemas del guión de *Chinatown*.

escribir el libreto de una obra, el guión de una película o una serie, o incluso una novela, pero también es una herramienta de revisión muy útil[100].

Eso sí, la estructura maestra no agota las posibilidades narrativas y puede suceder que alguno de los incidentes menores acabe siendo uno de los mejores momentos de la obra, como un brillante intercambio de réplicas y contrarréplicas entre dos personajes, o la canción de Andrómaca en la obra de Eurípides. Al fin y al cabo, la estructura es la trama, y la trama es aquello que nos permitirá conmover a los espectadores.

Se trata de un organismo en el que existe identidad entre estructura y narración, entre forma e intención, pero no consiste en la imposición de una forma predefinida a cualquier contenido, como pretenden los partidarios de las modernas estructuras dogmáticas.

Entre episodios e incidentes al final tendremos entre veinticinco y cincuenta acciones significativas, lo que parece un buen esquema de pasos para una tragedia griega, si tenemos en cuenta que una película suele tener entre sesenta y cien pasos narrativos, «setenta pececitos», como dice David Lynch[101].

---

[100] Daniel Tubau, *El espectador es el protagonista.*

[101] En «La tragedia ideal para Aristóteles» (pp. 173 y ss.) enumero más de veinte características que sirven de conclusión y referencia para todos los aspectos que Aristóteles examina en la *Poética.*

La catarsis

La interpretación de la palabra *catarsis* ha ocupado durante cientos de años a especialistas de las más diversas disciplinas: filósofos, filólogos, helenistas, fisiólogos, lingüistas, historiadores, críticos literarios, dramaturgos, médicos, psicólogos y psicoterapeutas. Se ha comparado con la exégesis bíblica por su complejidad y riqueza.

A pesar de todos los argumentos en favor de una u otra traducción de «catarsis», la cuestión sigue sin estar resuelta. Pero el esfuerzo no ha sido en vano, porque las interpretaciones erróneas han dado origen a descubrimientos interesantes y han abierto caminos dignos de explorar, aunque tengan poco o nada que ver con lo que pensaba Aristóteles.[102]

Un término mil veces empleado

La palabra «catarsis» (κάθαρσις) y sus derivados se encuentran miles de veces en los textos griegos, pero solo una vez en la *Poética*. En realidad, dos veces, pero la mención que ha provocado interminables discusiones, al menos desde que se redescubrió la *Poética* en el Renacimiento, se encuentra en el célebre pasaje que ya hemos examinado varias veces.

[102] El tratamiento de la catarsis en este capítulo debe mucho al artículo que publiqué en el número 520 de la *Revista de Occidente* («La catarsis, una afortunada serie de confusiones»). Agradezco a Juan Claudio de Ramón y a *Revista de Occidente* permitirme incluir aquí algunos pasajes relacionados con la *Poética* de Aristóteles.

> La tragedia es la *mímesis* de una acción digna de ser recordada, completa y de cierta duración, mediante un lenguaje embellecido, y con cada clase de adorno empleada de manera diferente en cada una de sus partes. Se cuenta, no de modo narrativo, sino mediante la imitación de acciones, y a través de la compasión y el temor logra la *catarsis* de estas emociones.[103]

Más adelante intentaré explicar por qué creo que es mejor conservar el término en griego, *catarsis,* pero la mayoría de los traductores prefiere elegir una palabra con la que romper la ambigüedad, como Ángel Cappelletti:

> Es, así, la tragedia imitación de una acción elevada y perfecta, de una determinada extensión, con un lenguaje diversamente ornado en cada parte, por medio de la acción y no de la narración, que conduce, a través de la compasión y del temor, a la *purificación* de estas pasiones.[104]

Valentín García Yebra, en su traducción trilingüe (griego, latín y español), prefiere traducir «catarsis» de otra manera:

> … y que mediante compasión y temor lleva a cabo la **purgación** de tales afecciones.[105]

«Purgación» o «purificación», estas son las dos opciones más comunes. La catarsis como algo que purifica o que purga. Puesto que no tenemos certeza de qué traducción es mejor, a partir de ahora mantendré la palabra «catarsis» sin traducir. El lector puede sustituirla por «purificación» o por «purgación» o intentar entenderla sin traducirla.

---

[103] *Poética,* c3.

[104] *Poética,* 1449b, traducción de Ángel Cappelletti.

[105] *Poética,* 1449b, traducción de Valentín García Yebra, en Gredos. Ver en ese mismo volumen: «Textos de Aristóteles o de sus comentaristas sobre la compasión, el temor y la catarsis».

Aristóteles solo menciona la catarsis en otro pasaje de la *Poética*, en el que no se refiere a la teoría narrativa, sino a la purificación religiosa a la que debe someterse Orestes tras asesinar a su madre Clitemnestra[106]. Por lo tanto, para averiguar a qué se refiere Aristóteles, necesitamos acudir a otras obras, en especial a la *Política* y la *Retórica*.

La explicación perdida

En la *Política* se encuentra una mención a la catarsis que se ha convertido en un verdadero enigma para los estudiosos. Cuando se refiere a que la música se debe usar para la educación y la catarsis, Aristóteles se desvía un instante para decir:

> A qué llamamos *catarsis,* ahora simplemente lo decimos, pero lo diremos de nuevo en los libros sobre poética con más claridad.[107]

Como se ve, Aristóteles promete explicar con todo detalle en la *Poética* qué es lo que entiende por catarsis en el contexto de artes imitativas (es decir, *poéticas),* pero ya sabemos que esa explicación no está en la *Poética*. Nos encontramos metidos en un círculo vicioso del que solo se puede escapar de una manera: admitiendo que Aristóteles explicaba la catarsis en el segundo libro de la *Poética,* que estaba dedicado a la comedia.

Que ese libro existió es indudable, pues en la *Retórica* Aristóteles dice que se hablará de «lo risible» y de lo «ridículo» en «los libros de la *Poética*». Además, autores como Diógenes Laercio mencionan esa segunda parte en la lista de obras de Aristóteles. Ese segundo libro de la *Poética* es el que busca fray Guillermo de Baskerville en la novela de Umberto Eco

---

[106] *Poética*, c14.

[107] *Política*.

El nombre de la rosa. Lamentablemente, el libro se ha perdido, como saben quienes hayan leído el desenlace de la novela. O quizá no, por mucho que le pese al bibliotecario Jorge de Burgos, que creyó destruirlo.

Algunos piensan que el libro perdido de la *Poética*, o al menos un esquema o resumen, es el *Tractatus Coislinianus*, un manuscrito del siglo x que se encontró en otro monasterio, en el monte Athos, y que fue editado en 1839 por Cramer. Richard Janko ha propuesto una reconstrucción y apuesta por su autenticidad, si no como obra de Aristóteles, al menos sí como de la escuela peripatética. En el *Tractatus*, según Janko, se dice acerca de la comedia algo muy parecido a lo que ya sabemos de la tragedia:

> La comedia es una imitación de una acción que es absurda e imperfecta, de suficiente extensión, en un lenguaje bello; los diferentes tipos de embellecimiento se hallan por separado en las diversas partes de la obra; presentados directamente por las personas que actúan, y no dados por la narración; a través del placer y la risa se produce la **catarsis** de las emociones.[108]

De este modo, tanto la tragedia como la comedia pueden producir *catarsis*, en un caso mediante emociones como el temor y la compasión, y en el otro mediante el placer y la risa (o quizá lo «ridículo» y lo «risible»).

La catarsis del psiconálisis

No vale la pena que el lector común de la *Poética* luche con una idea de la que Aristóteles no da ninguna explicación en la obra misma. La razón

[108] *An Aristotelian Theory of Comedy, with an Adaptation of the Poetics and a Translation of «Tractatus Coislinianus»*.

> principal en los últimos tiempos de la irresistible pero en gran medida fantasiosa obsesión con el término «catarsis» es sin duda el atractivo de tales especulaciones para una era freudiana.[109]
>
> STEPHEN HALLIWELL

En la *Política*, Aristóteles dice que ciertas melodías logran que los que están dominados por una pasión experimenten «cierta *catarsis* y que sientan alivio junto con el placer», y añade, los cantos *catárticos* «proporcionan a los hombres alegría inocua».

En otro momento dice que se deben emplear los cantos éticos en la educación, mientras que para «la diversión *y la catarsis*» son preferibles los cantos prácticos y entusiásticos. También explica que todos estamos sujetos a las pasiones, que en algunas personas se desencadenan de forma violenta, aunque se ha observado que quienes sienten compasión, temor o entusiasmo después de escuchar los cantos sagrados «quedan como si hubieran obtenido medicación y *catarsis*».

La catarsis, por lo tanto, parece moverse por territorios como la medicina, el tratamiento psicológico de emociones o la curación mística o religiosa, pues «entusiasmo», al menos en esos contextos, se refiere a algún tipo de inspiración, reacción histérica o trance.

Este último sentido es lo que hizo que Jakob Bernays interpretara en 1857 la catarsis como un método gracias al que la persona se libera de las emociones de compasión y temor al contemplarlas en una tragedia.

En 1880, Joseph Breuer logró mediante hipnosis que su paciente Anna O. recordara el momento en el que comenzaron sus desarreglos psíquicos y físicos (anorexia, parálisis y problemas de visión y lenguaje). Aquello le sucedió por primera vez en una ocasión en la que su padre enfermó. Breuer descubrió que bastaba con recordar aquel momento para que Anna O. se liberase de sus desarreglos. Al método recién descubierto lo llamó *catarsis*.

---

[109] *Poetics*, Stephen Halliwell.

Sigmund Freud, sobrino político de Bernays y discípulo de Breuer, aplicó esas ideas a su teoría de la represión de las fantasías sexuales, y después a la del trauma de la seducción infantil, para conseguir la liberación *catártica* del paciente, pero no mediante la hipnosis, sino siguiendo el método de la «asociación libre». Con el tiempo, aquello derivó en lo que ya Ortega y Gasset supo ver en 1911:

> Ni más ni menos que esto es la psicoanálisis: la técnica de la purgación o Katharsis espiritual. Esto era y es, en el orden religioso, la confesión; ya veremos cómo no es la menor objeción que al psicoanálisis puede hacerse el considerarla como una justificación científica del confesionario.[110]

En definitiva, el psicoanálisis catártico o la confesión cristiana son maneras de purgarse o purificarse de lo que nos angustia, contándoselo a alguien, arrodillados en una iglesia o tumbados en el diván de una consulta psicoanalítica.

¿Tienen sentido estas interpretaciones? ¿Se relaciona la catarsis con el tratamiento de afecciones mentales o de traumas espirituales? Para responder, consultaremos los libros de biología de Aristóteles.

La catarsis en la medicina y la biología

En los tratados de biología de Aristóteles es donde más veces aparece la palabra catarsis o sus variantes, siempre relacionada con algún tipo de purgación o expulsión de material, generalmente líquido. En muchas ocasiones se refiere a la regla de las mujeres.

También en los *Tratados hipocráticos,* libros de medicina atribuidos

---

[110] «Psicoanálisis, ciencia problemática», en Ortega y Gasset, *Obras completas*, I. En aquellos años todavía se empleaba «la» psicoanálisis en español, y «Katharsis».

al médico Hipócrates o a su escuela, se menciona la catarsis una y otra vez, siempre en relación con algún tipo de expulsión, liberación, purgación o purificación, desde el semen de los hombres y la regla de las mujeres a la *catarsis* natural o provocada de material orgánico mediante vómitos o medicamentos que liberan «por arriba o por abajo».

Los tratados hipocráticos hacen compatibles los dos sentidos de catarsis, como en *Enfermedades de las mujeres,* cuando, tras una catarsis o «purgación» para lograr que la regla baje, una vez que se consigue se emplea de nuevo la palabra catarsis para describir el estado «purificado» en el que ahora se encuentra la mujer. Se pensaba, además, que la mujer se «purgaba» mediante la regla y que, al mismo tiempo, al terminar el ciclo, quedaba «purificada» en todos los sentidos, pues las mujeres tenían prohibido entrar en los espacios sagrados durante la menstruación debido a su «impureza».

La conclusión inevitable es que la larga polémica entre «purgación» y «purificación», que ha fatigado a tantos traductores durante varios siglos, no parece tener mucho sentido, pues las dos palabras son casi equivalentes si las aplicamos metafóricamente a artes imitativas como la tragedia. Podemos hablar de purgación de las pasiones, pero también de «purificación», en el sentido de alivio, liberación o eliminación de algo impuro, algo que nos inquietaba, atormentaba o «ensuciaba».

Un asunto muy diferente es el sentido de purificación mística, que es a lo que se refiere Ortega cuando dice que la catarsis es «un concepto sobre el que ha gravitado la mística de todos los tiempos». Esa interpretación no procede de Aristóteles, sino de Platón.

La catarsis como purificación del alma

Platón entiende la «catarsis» como un proceso que lleva a la purificación del alma:

> Purificarse es... habituar al alma a dejar la envoltura corporal... y a vivir como ella pueda, así en las circunstancias actuales como en las venideras, sola consigo misma, desatada de los lazos del cuerpo, como si estos fueran cadenas.[111]

Tanto en el *Fedón* como en el *Filebo*, Platón recomienda rechazar los placeres impuros (los corporales), para iniciar una ascesis o purificación que libere al alma. Esta idea, que ya anuncia aquello que en China llamaron la «superstición occidental», es decir, la separación de alma y cuerpo, tendrá una influencia inmensa, no solo en neoplatónicos y gnósticos, sino en el cristianismo, el islam e incluso el judaísmo, además de coincidir con doctrinas de la India o del budismo de Asia Oriental. Si para el judío Filón de Alejandría la «catarsis» lleva al alma a contemplar a Dios, para Platón la purificación se produce en vidas sucesivas, recuperando ideas órficas y pitagóricas de la reencarnación:

> En caso de que el alma participe en mayor medida del vicio o de la virtud por propia determinación... pasa a un lugar superior y sagrado en su totalidad, siendo transferida a otro lugar mejor.[112]

Este es uno de los sentidos que Platón da a la catarsis, un camino de purificación de las almas al pasar de un cuerpo a otro. Muchos de los equívocos se deben a que los intérpretes confunden este sentido místico con la «catarsis» de la *Poética*.

La catarsis como comprensión y alivio dramático

Durante mucho tiempo la interpretación terapéutica de la catarsis, popularizada por Jakob Bernays, fue la favorita de la mayoría de los ex-

---

[111] Platón, *Fedón*.
[112] Platón, *Las leyes*.

pertos, pero en las últimas décadas se ha producido un cambio de opinión, que ahora es probablemente mayoritario, con autores como Nussbaum, Lord, Janko, House, Golden o Halliwell, que entienden la catarsis aristotélica como algo muy semejante al aprendizaje, la comprensión, la clarificación, la educación intelectual y emocional o el placer estético a través de la ficción. Eso es, por cierto, más o menos lo que ya pensaba G. E. Lessing en el siglo XIX.

La *Retórica* es el texto aristotélico que apoya con más claridad esta interpretación, pues allí se habla del placer que experimentamos al contemplar imitaciones, y al darnos cuenta de que «esto es aquello», es decir, que un actor con máscara es Antígona, o que un panel pintado es el palacio de Jerjes[113].

Es bastante plausible que Aristóteles entendiera por catarsis narrativa algo semejante a un alivio psicológico de las emociones suscitadas por la trama.

Helena de Troya, experta en catarsis

Creo que un buen cierre de esta modesta investigación acerca de la catarsis es un pasaje de la *Odisea*, que no he visto señalado por ningún autor en las intensas discusiones acerca de la catarsis, ni siquiera por Stephen Halliwell en su exhaustivo *Éxtasis y verdad*.[114]

Se trata de una escena en la que la protagonista es Helena de Troya.

La historia tiene lugar en la *Odisea,* casi diez años después del fin de la guerra de Troya, cuando Telémaco visita Esparta en busca de noticias de su padre Ulises. Allí es recibido por Menelao y Helena, quienes, tras reconocer al joven, lloran con él por la larga ausencia del héroe. La pena profunda los domina por completo. Es entonces cuando

[113] Aristóteles, *Retórica*, 1371b.
[114] Stephen Halliwell, *Éxtasis y verdad*.

Helena recurre a una droga llamada *nepente*, que consiguió durante su estancia en Egipto:

> Al punto vertió en el vino que bebían una droga que borraba la pena y la amargura y suscitaba olvido de todos los pesares. Quien la tomara, una vez que se había mezclado en la crátera, no derramaba, al menos en un día, llanto por sus mejillas, ni aunque se le murieran su madre y su padre, ni si ante él cayeran destrozados por el bronce su hermano o un hijo querido y lo viera con sus ojos.[115]

Cuando han bebido la droga, Helena les cuenta historias de Ulises y todos experimentan, junto con la nostalgia, una cierta alegría.

Macrobio, en una lectura discutible pero muy ingeniosa del pasaje, nos dice que lo que limpió o purgó las penas de los amigos de Ulises no fue la droga *nepente:*

> Si analizas detenidamente la oculta sabiduría de Homero, aquel calmante que Helena mezcló con el vino, que aplaca el dolor y la cólera y hace olvidar todos los males, no era una hierba, tampoco una droga de la India, sino la ocasión de introducir un relato, que haciendo olvidar al huésped la tristeza, lo encaminó a la alegría.[116]

Y concluye:

> Exponiendo la gloria del padre y sus valerosas acciones una a una, hizo más alegre el corazón del hijo, y de este modo se creyó que había mezclado con vino un remedio contra la tristeza.[117]

Es una muestra del poder terapéutico de los relatos, que nos hace pen-

---

[115] Homero, *Odisea*, canto IV, 220.
[116] Macrobio, *Saturnales*.
[117] Ibid.

sar en los modernos estudios acerca de cómo el relato o *storytelling* provoca la descarga de ciertas hormonas que nos producen placer o empatía (y también ira o enfado). Macrobio, Aristóteles, y quizá también Homero, ya lo sabían:

> A unos los estimulas si les relatas ejemplos de valor, a otros de beneficios, a algunos de moderación y muchos, al escuchar esos relatos, «llegan a enmendarse.[118]

Los relatos, en fin, pueden ser un veneno muy peligroso en manos de un demagogo, pero una medicina en manos de una mujer sabia.

Es curioso que Sócrates pasara sus últimos días convirtiendo la prosa de Esopo en verso, para purificarse antes de su muerte, lo que nos recuerda prácticas terapéuticas como las del japonés Morita, que durante varios días solo permitía a sus pacientes disponer de un cuaderno y una pluma. Sócrates aseguraba que su *demon* o genio le ordenó componer *música* (se refiere al arte de las musas), por ejemplo, himnos y canciones:

> Después de que tuvo lugar el juicio y que la fiesta del dios retardó mi muerte, me pareció que era preciso componer esa música popular. Pues era más seguro no partir antes de haberme purificado[119] componiendo poemas y obedeciendo al sueño.[120]

Y así, después de componer un himno al dios Apolo, Sócrates decidió componer versos a partir de las fábulas de Esopo.

Como se ve, la catarsis se puede entender como purificación, comprensión, purgación, terapia psicológica, consuelo emocional o alivio

---

[118] Ibid.

[119] El verbo purificar es aquí traducción no de *katharsis*, sino de *aphosiosasthai* («cumplir una obligación religiosa»).

[120] Platón, *Fedón*, 61b.

de la tensión dramática. O quizá cualquiera de esas opciones, según la ocasión. La decisión queda en manos del lector. Sin embargo, no sería razonable que no ofrezca mi opinión, que es tan solo tentativa.

Una interpretación de la catarsis

Mi opinión es que Aristóteles considera que la tragedia, gracias a una trama o argumento que se presenta al espectador mediante el lenguaje, ya se trate de diálogos o cantos, despierta en el público diversas emociones. La primera y más obvia es el placer de asistir a una representación, el placer, que como explica Aristóteles en los primeros capítulos de la *Poética*, sentimos cuando imitamos o vemos imitaciones.

La imitación en que consiste la tragedia tiene como objetivo provocar dos emociones, el temor y la compasión. Temor por lo que pueda suceder a los personajes (y de manera especial al protagonista) y compasión por sus sufrimientos y desgracias[121]. Todo ello provoca tensión psicológica, pero no necesariamente *psicologista*. Es decir, el espectador se inquieta por lo que pueda suceder, pero no porque esté llevando a cabo algún tipo de terapia para aliviar sus propias pasiones. Esa tensión, finalmente, se resuelve o libera con el desenlace, que puede ser trágico como en *Edipo rey,* o feliz, como en *Ifigenia entre los tauros.* Tanto en uno como en otro caso, el espectador, gracias al cierre narrativo y la comprensión final que ofrece el desenlace, se libera o relaja de la tensión.

Se trata, en definitiva, de una liberación, purificación o alivio de la tensión dramática provocada por la propia obra. Frente a la curiosa imagen de un teatro lleno de pacientes que van a hacer terapia en grupo, o que se acaban de escapar en masa de un sanatorio mental, el espectador acude en un estado de salud emocional perfectamente nor-

[121] Ver el próximo capítulo «Compasión y temor».

mal y es la obra la que lo inquieta mediante las diversas herramientas narrativas.

Lo anterior no significa que el espectador no pueda sentir que las pasiones de los personajes le enseñan algo acerca de sí mismo, o que le permitan conocer mejor la psicología propia y ajena. Incluso puede sentir una emoción muy profunda que vaya más allá de la trama o argumento ficticio, que lo transforme de algún modo, como sucedió cuando el público no pudo soportar la emoción al ver *La toma de Mileto* de Frínico. El autor fue multado por haber despertado una emoción incontenible, lo que parece un buen indicio de que, por lo general, la tragedia no buscaba provocar tales conmociones emocionales, es decir, que no era una especie de psicodrama público.

Hay que recordar que el propósito de la tragedia es causar placer: «el placer que le es propio». No sufrimiento. El público no va al teatro a sufrir, sino a disfrutar, aunque en algunos momentos se entristezca, llore, se indigne, se asuste o sienta una intensa compasión. Se sufre por los personajes de la ficción, pero se disfruta al mismo tiempo, porque, como dice en otra ocasión, nos gusta ver representadas cosas feas y horribles que no querríamos contemplar si fueran reales, como bestias, cadáveres o muertes, conflictos e injusticias. La imitación poética hace que el espectador disfrute porque sabe que es ficticia. Al revelarse la coherencia del argumento sobreviene la comprensión y el alivio psicológico de la tensión que le ha provocado la trama, en un desenlace «sorprendente e inevitable», cuando se resuelve lo que los guionistas llaman un «interrogante activo».

Es la habilidad del dramaturgo en la construcción de la trama lo que va atrapando al espectador en una red de emociones, de inquietudes, de intrigas, a través de un proceso que es emocional, pero también racional, porque la hábil conexión de los episodios e incidentes logra que aumente la tensión narrativa, psicológica y, podríamos decir, cognitiva del espectador. Y finalmente se produce una liberación, nacida de la comprensión que pone fin a la tensión, en ocasiones con escenas que nos aterrorizan, como cuando descubrimos que Edipo se ha arrancado los ojos, o a los hijos de Medea ensangrentados tras ser sacrificados como corderos. Otras veces, la liberación de la tensión puede ser el desenlace feliz tras un momento de temor, como cuando Ifigenia parece que va a hundir el puñal en el pecho de su hermano, pero lo reconoce en el último instante, como sucede en *Ifigenia entre los tauros.*

Por lo tanto, ¿es la catarsis una liberación?

En cierto modo, pero nacida de la comprensión de la trama y su resolución más que de un proceso psíquico relacionado con algún tipo de trauma que lleve consigo el espectador.

¿Es una purgación, purificación o limpieza?

Tan solo en un sentido muy metafórico.

¿Es un alivio emocional?

Sin duda, pero es un alivio de la tensión emocional creada por la narración misma.

¿Significa esto que la catarsis solo tiene relación con lo que se cuenta en la tragedia y no con la vida y la psicología del espectador?

No, también puede tocar puntos sensibles de la psicología de cada espectador, puede recordarle momentos en los que sufrió, de manera especial si lo que se cuenta coincide con vivencias propias, como sucede casi sin excepción en la *Odisea* cada vez que alguien recuerda las hazañas de los héroes, de manera sobresaliente en el momento en el que Helena y Menelao reciben al joven Telémaco en su palacio de Esparta.

Una tragedia nos puede transformar, por supuesto, como también puede hacerlo un libro. Kafka despreciaba los libros que no conmocionan al lector. También puede cambiarnos de manera radical leer un poema o una noticia, observar algún acontecimiento o contemplar un paisaje, pero eso no significa que la misión de las noticias, los poemas, los viajes y los paisajes sea transformarnos o tener un efecto terapéutico.

Compasión y temor

En su definición de la tragedia, Aristóteles dice que se produce en el espectador una catarsis de las emociones de compasión y temor, o según algunos intérpretes, *a través de dichas emociones*. En un caso, la catarsis es la solución de las emociones que el espectador ha sentido, en el otro es la catarsis la que desencadena esas emociones.

Aunque existen muchas discusiones acerca de la interpretación de catarsis, no es tan frecuente que los intérpretes se pregunten por qué Aristóteles elige las emociones de temor y compasión, y no otras.

¿Por qué compasión y temor?

Las grandes preguntas que los expertos en la *Poética* se han hecho a lo largo de la historia giran casi siempre alrededor de la catarsis y la mímesis. Pero pocas veces se han preguntado por qué las emociones que debe provocar la tragedia son la compasión y el temor (piedad y conmiseración, o terror y miedo, según cada traductor).

Puede parecer una pregunta innecesaria, y eso es lo que han pensado casi todos los intérpretes, que dedican sus esfuerzos a explicar qué efectos pueden tener la compasión y el miedo, como generar empatía hacia el personaje e inquietud ante lo que va a suceder, algo que sin duda está muy bien, y que yo mismo hago en este libro. Pero no se han preguntado por qué Aristóteles no eligió otras emociones. Para intentar mostrar que no se trata de una pregunta banal, lo plantearé de otra manera.

La tragedia existía desde mucho antes de que Aristóteles escribiera la *Poética*. Los dramaturgos habían competido durante décadas en concursos públicos, ante audiencias de más de diez mil personas, y lo habían hecho en dos categorías, tragedia y comedia.

Se supone que había algún requisito para concursar, puesto que era una actividad patrocinada por el Estado y financiada por un corego, que se gastaba una fortuna.

En el caso de la comedia parece bastante obvio que la obra debía divertir y causar risa. Los requisitos no son tan obvios en la tragedia. No parece que sean «sufrir y hacer llorar». En ese *casting* o selección que se hacía de los tres concursantes de cada año, las obras se elegirían porque coincidirían con lo que se esperaba que fuera una tragedia. Es posible que dijeran alguna vez: «Es una obra excelente, pero como tragedia no da la talla». La pregunta, en definitiva, es: ¿qué criterio se seguía para considerar que una tragedia era una tragedia y no simplemente una representación sin más?

Podemos imaginar, pero tal vez nos equivoquemos, que tras el desastre de *La toma de Mileto*, la obra de Frínico que desencadenó la histeria del público, quizá las tragedias demasiado emocionantes, «catárticas» en el sentido moderno, no tenían muchas posibilidades de pasar el corte. ¿Se aplicó entonces el criterio de elegir obras con personajes mitológicos, que no se pudieran relacionar con momentos vividos por los espectadores? Sabemos que no, ya que Esquilo escribió y triunfó con *Los persas*, tragedia que recordaba un acontecimiento reciente, en el que habían muerto atenienses, pero que había sido una victoria y una gran hazaña histórica.

Aristóteles opina que los tragediógrafos recurrieron a personajes del mito, y en concreto a algunas familias desgraciadas, siguiendo un método de ensayo y error: se dieron cuenta de que ese tipo de temas daban buenos resultados y gustaban al público. Pero seguimos sin saber si el temor y la compasión jugaban un papel consciente en la escritura o en la selección de las tragedias.

Apenas contamos con información anterior a las reflexiones de Aristóteles, aunque varios autores escribieron acerca de la tragedia, como Critón, amigo de Sócrates, al que se atribuye un *Sobre la poética*, o Simón el zapatero, también amigo de Sócrates, con un *Sobre la poesía*. Probablemente lo hizo Sófocles, al que se atribuye una obra llamada *Sobre el coro*. También encontramos una descripción del poder de la poesía por el sofista Gorgias en la que se mencionan la compasión y el temor:

> A quienes la escuchan suele invadirles *un escalofrío de terror*, una *compasión desbordante de lágrimas*, una *aflicción por amor a los dolientes;* con ocasión de venturas y desventuras de acciones y personas extrañas, el alma experimenta, por medio de las palabras, una experiencia propia.[122]

Nos parece estar leyendo la *Poética,* aunque Aristóteles casi siempre intenta distanciarse de las ideas de Gorgias, influido por el desprecio de Platón hacia los sofistas.

Por fortuna, conservamos un texto que trata de la tragedia y que es anterior a Aristóteles. Fue escrito poco después de la muerte del tercer gran trágico, Eurípides. Es una estupenda paradoja que ese texto acerca de la tragedia sea una comedia.

Las ranas, de Aristófanes, manual para tragediógrafos

La comedia *Las ranas* se presentó en Atenas en un momento que nosotros sabemos que era el preludio de la humillación de la ciudad y su derrota definitiva en la larga guerra del Peloponeso, que ya duraba treinta años. Los atenienses no lo sabían y, aunque estaban preocupa-

[122] Gorgias, *Encomio de Helena*, en *Sofistas, testimonios y fragmentos.*

dos, todavía confiaban en la victoria. En la obra Aristófanes aconseja a sus conciudadanos que tomen las medidas adecuadas para asegurar la victoria contra Esparta.

La trama es sorprendente e ingeniosa. El dios Baco, es decir, Dioniso, el supuesto inspirador del género de la tragedia, desciende al Hades, el mundo de los muertos, para intentar que regrese a Atenas el dramaturgo Eurípides, muerto recientemente. ¿Por qué lo hace? Porque piensa que podrá salvar a la ciudad, gracias a sus obras y sus consejos.

Este aspecto, el de la educación de la sociedad y el ciudadano a través de la tragedia, se expresa con toda claridad, aunque es algo a lo que Aristóteles apenas presta atención. Cuando en la *Poética* se pregunta por el origen de la tragedia, ni siquiera llega a decir que la competición teatral fue instituida de manera oficial por el tirano Pisístrato, o que Pericles instauró un fondo *(theorikon)* para facilitar la entrada gratuita al teatro a los ciudadanos pobres. El teatro era la actividad más importante en la educación del pueblo.

Pues bien, Baco, acompañado de un esclavo que compite como bufón con el propio dios, llega al infierno dispuesto a llevarse con él a Eurípides, pero allí se ve enredado en una competición entre Esquilo y el propio Eurípides para decidir quién merece ocupar el trono de mejor tragediógrafo. Sófocles, por propia voluntad, ha renunciado a competir, mientras que Agatón vive feliz en la Isla de los Bienaventurados. De este modo se inicia una divertida competición entre Esquilo y Eurípides donde cada uno se burla de los defectos del otro. Es el anticipo más claro de una teoría acerca de la tragedia, pues se menciona cuál es su función social: educar al pueblo además de entretenerlo, que es lo único en lo que están de acuerdo los dos rivales. También podría coincidir Aristóteles, porque se trata de provocar un placer que puede incluir aprendizaje ético y político, pero que puede ser también simple y puro deleite.

En cuanto a las emociones de compasión y temor, apenas se mencionan por Esquilo o Eurípides, y tampoco en las intervenciones de

Baco o los diversos personajes de ultratumba. Las emociones y pasiones que se mencionan son la admiración, el ardor guerrero y el ansia de emulación, como presume Esquilo:

> Con *Los persas,* mi obra maestra, os inspiré un ardiente deseo de vencer siempre a los enemigos.[123]

Poco después, Esquilo enumera «los asuntos que deben tratar los poetas» (no solo los dramaturgos), en los que siempre descubrimos una utilidad:

> Orfeo nos enseñó las iniciaciones y el horror al homicidio; Museo, los remedios de las enfermedades y los oráculos; Hesíodo, la agricultura y el tiempo de las sementeras y recolecciones; y al divino Homero ¿de dónde le ha venido tanta gloria, sino de haber enseñado cosas útiles, la estrategia, las virtudes bélicas y la profesión de las armas?[124]

En cuanto a la tragedia, insiste en que es bueno que contribuya a excitar a los ciudadanos a imitar a sus héroes «en cuanto resuena el bélico clarín». Precisamente este propósito es lo que hará al final de la obra que Baco decida sacar de los infiernos a Esquilo en vez de a Eurípides, pues ese ardor guerrero es lo que necesita ahora Atenas.

Otra opinión de Esquilo podría ser compartida por Platón, que siempre critica que los poetas muestren los vicios y defectos de héroes y dioses:

> Un buen poeta debe ocultar el vicio y no sacarlo a la luz y ponerlo en escena, pues ha de ser para los adultos lo que para los niños los maestros. Nuestra obligación es enseñar solo el bien.[125]

---

[123] Aristófanes, *Las ranas.*
[124] *Las ranas.*
[125] Ibid.

Un dramaturgo, en definitiva, es un maestro de ciudadanos.

La única vez que se menciona la «compasión» es de una manera negativa, como un recurso fácil para seducir al público, pues Esquilo reprocha a Eurípides que vista «de harapos a los reyes para que inspiren más profunda compasión».

El temor, miedo o terror solo se menciona una vez, por Eurípides, para referirse al terror que causa en los espectadores las rebuscadas palabras que emplea Esquilo:

> Después de haberse pasado la mitad de la tragedia con estas vaciedades, soltaba una docena de palabrotas campanudas, muy fruncidas de entrecejo y empenachadas, ¡verdaderos espantajos que aterraban a los espectadores asombrados![126]

La ausencia del temor y la compasión en esta comedia de Aristófanes en la que se habla de lo que debería hacer una tragedia nos puede hacer pensar que es un poco caprichoso que Aristóteles elija esas y no otras emociones, pero contamos con otras dos fuentes de información para intentar resolver el enigma. La primera es lo que nos dice el propio Aristóteles en la *Retórica* cuando analiza las pasiones de la compasión y el temor.

Compasión y temor en la *Retórica*

En la *Retórica*, Aristóteles examina tanto la compasión como el miedo, que considera dos de las más importantes pasiones. En su definición del miedo podemos encontrar una buena clave para la *Poética:*

[126] Ibid.

> El miedo es un cierto pesar o turbación, que nace de la imagen de que es inminente un mal destructivo o penoso.[127]

Debe existir una sensación de cercanía, de inminencia, pues los males demasiado lejanos no dan miedo: todos sabemos que vamos a morir, pero mientras no se sienta como algo cercano no nos produce miedo. También dan miedo los signos que anuncian que lo terrible se acerca, pues llamamos «peligro» a la proximidad de lo temible. Y entonces Aristóteles une los conceptos de temor y compasión:

> Por decirlo simplemente, son, pues, temibles todas las cosas que, cuando les suceden o están a punto de sucederles a otros, inspiran compasión.[128]

Eso es precisamente lo que les sucede a los espectadores de la tragedia: sienten miedo por lo que temen que le va a pasar al personaje, pues perciben el peligro que le acecha.

Quizá esta explicación no nos da la clave de por qué Aristóteles elige el temor y la compasión, y no otras emociones, pero sí nos alerta de que existe una razón que no es ética, ni política, ni terapéutica, sino dramática. Es puramente narrativa. Como dijo el gran teórico del teatro William Archer: «El drama es anticipación más incertidumbre». El espectador sabe que va a suceder algo, tiene una expectativa, pero no sabe cuándo va a suceder exactamente, ni siquiera cómo sucederá.

El miedo, la sensación de peligro, es una de las mejores maneras de provocar ese sentimiento de expectativa y anticipación. Si el miedo es por lo que le puede pasar a otra persona, a la que sentimos cercana e inocente, alguien que ha cometido un error a causa de su ignorancia,

---

[127] Aristóteles, *Retórica*.
[128] Ibid.

entonces lo más razonable es que también sintamos compasión por lo que anticipamos que le va a suceder.

Existen otras maneras de crear anticipación o expectativa, como sugerir que va a suceder algo que nos interesa, como que los dos protagonistas en algún momento se besen. Es lo que en televisión se llama «tensión sexual no resuelta», porque la resolución, una vez creada la expectativa, se pospone una y otra vez. O las «causas suspendidas», cuando sucede algo (la causa) que nos hace anticipar los efectos que llegarán tarde o temprano.

Aristóteles define la compasión como «un cierto pesar por la aparición de un mal destructivo y penoso en quien no lo merece», que es lo que sentimos hacia el héroe trágico. Además, ese pesar nos afecta porque podría sucedernos a nosotros: «También cabría esperar que lo padeciera uno mismo o alguno de nuestros allegados».

Este es un asunto que interesa mucho a Aristóteles: la búsqueda del protagonista perfecto para la tragedia, aquel hacia el que más compasión podemos sentir.

Naturalmente, no podemos forzar a Aristóteles a compartir nuestras ideas acerca de la narrativa, ni traducir sus palabras para que encajen en nuestras suposiciones, pero los lectores de la *Poética,* una vez advertidos de esta posible interpretación, percibirán que en lo que dice Aristóteles cuando habla de compasión y temor y del placer propio de la tragedia se sugieren los ingredientes de William Archer: anticipación más incertidumbre.

Otros precedentes de la compasión y el temor

La idea de que las narraciones épicas o dramáticas deben provocar emociones de compasión y temor era un lugar común ya antes de Aristóteles. Steven Shankman explica que la compasión como emoción provocada por una narración aparece en la *Odisea* cuando en el canto

XVII Ulises, disfrazado de mendigo, intenta, con un relato inventado, provocar compasión en el más insolente de los pretendientes de Penélope, Antinoo.

En el diálogo *Ion* de Platón, el rapsoda Ion confiesa sentir el mismo miedo y compasión que sienten los espectadores al escuchar sus poemas:

> Cuando yo recito algo emocionante, se me llenan los ojos de lágrimas; si es algo terrible o funesto, ¡se me erizan los cabellos y palpita mi corazón![129]

Esto le parece ridículo a Sócrates, que lanza una nueva pulla a los poetas y rapsodas:

> Por consiguiente, oh Ion, ¿diremos que está en su razón ese hombre que, adornado con vestiduras llamativas y coronas doradas, se lamenta en los sacrificios y en las fiestas solemnes, sin que sea por habérsele estropeado algo de lo que lleva encima, o experimenta temor entre más de veinte mil personas que se hallan amistosamente dispuestas hacia él, y ninguna de ellas le roba o le hace daño?

Ion acepta dócilmente que la situación es bastante ridícula:

> ION: ¡No, por Zeus! En absoluto, oh, Sócrates, si te voy a hablar con franqueza.
>
> SÓCRATES: Tú sabes, sin embargo, que a la mayoría de los espectadores les provocáis todas esas cosas.
>
> ION: Y mucho que lo sé, pues los veo siempre desde mi tribuna, llorando, con mirada sombría, atónitos ante lo que se está diciendo.

---

[129] Platón, *Ion*.

Pero Ion admite que sabe que estas emociones son las que debe causar en su audiencia, en una respuesta que esconde sin duda una nueva crítica de Platón a los poetas:

> ION: Conviene que les preste extraordinaria atención, ya que, si los hago llorar, seré yo quien ría al recibir el dinero, mientras que, si hago que se rían, me tocará llorar a mí al perderlo.[130]

Como vemos, Ion se preocupa más por el dinero que por cualquier otra cosa, y una de las acusaciones favoritas de Platón para desprestigiar a sus rivales, y en especial a los sofistas, era decir que les interesa más el dinero que la verdad.

¿Quién siente compasión y temor?

Otra pregunta que debemos hacernos, aunque a primera vista parezca trivial, es ¿quién debe sentir temor y compasión?

Parece obvio que son los espectadores, aunque no deja de ser interesante observar que también las experimentan los personajes a medida que las tramas avanzan hacia el cambio de fortuna, sucediéndose peripecias, revelaciones y resoluciones o *catástrofes*.

Edipo siente temor a medida que el cerco de su investigación empieza a cerrarse sobre él. Su madre, Yocasta, siente puro terror. El adivino Tiresias parece experimentar una cierta compasión mezclada con deseo de venganza, porque conoce el destino fatal al que se encamina Edipo. Los ancianos y el pueblo de Tebas sienten temor e incluso espanto, pero también compasión y tristeza, al presenciar la caída de su admirado rey Edipo. También siente temor Orestes cuando va a ser sacrificado por su hermana en *Ifigenia entre los tauros;* y temor, miedo

[130] Platón, *Ion*.

y espanto siente Ágave cuando descubre que ha degollado a su propio hijo Penteo en *Las bacantes* de Eurípides, creyendo que era un animal salvaje.

Pero en casi todas las tragedias el mayor temor y compasión lo siente el coro, ya se trate de ancianos, mujeres o ciudadanos, que son dominados por estas emociones y expresan temor y compasión por lo que ha sucedido o va a suceder. Esta última observación nos ofrece una pista interesante.

Quizá podemos descubrir en las propias tragedias el origen de la importancia que Aristóteles da a la compasión y el temor, como si los dramaturgos le hubieran transmitido la idea, pero no por lo que dicen sus protagonistas, sino por lo que dice el coro.

El coro subliminal

Hemos visto hace bastantes páginas que no existe unanimidad acerca de cuál es la función exacta del coro en la tragedia. Algunos piensan que es la voz de la ciudad, otros que su función depende de la obra y los personajes a los que representa (mujeres, ancianos, marineros o ciudadanos); algunos consideran que es la voz del propio dramaturgo o un truco narrativo para crear expectativas (a veces falsas) en los espectadores; por su parte, Aristóteles sostiene que debe integrarse en la trama como un personaje más de la obra. Y hay quien, en fin, piensa que el coro representa la conciencia de los espectadores.

En mi opinión, el coro puede tener cualquiera de esas funciones, incluso en una misma obra puede ejercer variadas funciones y satisfacer distintos propósitos del dramaturgo.

Vamos a suponer a modo de hipótesis que el coro fue adquiriendo una utilidad cada vez mayor en manos de los dramaturgos y que podía desempeñar una función bastante útil: guiar las emociones del espectador.

Si así sucediera, entre esas emociones podrían estar la compasión y el temor. Si el coro mostrase temor ante lo que parece que va a suceder y si pensara que puede ser terrible para el personaje (anticipación e incertidumbre), entonces también podría sentir compasión hacia quien va a sufrir ese dolor. Y si expresara esas emociones, podría contagiar a los espectadores. Esta es la hipótesis que quise poner a prueba, examinando las tragedias y buscando qué tipo de emociones expresa el coro en cada una de ellas.

AUTOR	TRAGEDIA	EMOCIONES QUE EXPRESA EL CORO	CORO COMO ESPECTADOR PRIVILEGIADO
ESQUILO	*Los persas*	Temor, ansiedad, lamento, tristeza.	Expresa la preocupación del pueblo persa ante la derrota.
	Los siete contra Tebas	Temor, compasión, angustia.	Reflexiona sobre la guerra civil y el destino de los hermanos.
	Las suplicantes	Temor, desesperación, súplica, esperanza, angustia.	Se identifica con la situación de las Danaides y su búsqueda de protección.
	Agamenón	Desconfianza, temor, presentimientos, horror, indignación, compasión.	Comenta la acción y anticipa la tragedia.
	Las coéforas	Dolor, lamento, apoyo, aliento, compasión, temor.	Acompaña a Electra en su dolor y a Orestes en su venganza.
	Las Euménides	Ira, sed de justicia, resignación.	Participa en la persecución de Orestes y su posterior redención.
	Prometeo encadenado	Compasión, temor, admiración, asombro.	Reflexiona sobre el poder de Zeus y el destino de Prometeo.
SÓFOCLES	*Áyax*	Preocupación, incertidumbre, temor, compasión.	Intenta comprender las acciones de Áyax y lamenta su suicidio.

AUTOR	TRAGEDIA	EMOCIONES QUE EXPRESA EL CORO	CORO COMO ESPECTADOR PRIVILEGIADO
	Antígona	Conflicto moral, admiración, temor, compasión.	Reflexionan sobre la ley, la justicia y el destino.
	Edipo rey	Temor, incertidumbre, compasión, horror, consternación.	Acompañan a Edipo en su búsqueda de la verdad y su caída.
	Electra	Compasión, temor, esperanza.	Se identifica con el dolor de Electra y la apoya en su lucha.
	Filoctetes	Conflicto moral, compasión, lealtad.	Reflexiona sobre la moralidad del engaño y la justicia.
	Edipo en Colono	Temor, asombro, compasión, respeto.	Es testigo de la redención de Edipo.
	Las Traquinias	Compasión, temor, resignación.	Coro de mujeres que expresa compasión por Deyanira, la esposa de Heracles.
EURÍPIDES	*Alcestis*	Tristeza, lamento, admiración, compasión.	Reflexiona sobre el sacrificio y la mortalidad.
	Los heráclidas	Compasión, temor, ansiedad, alivio y alegría.	Compasión de los ancianos por los heráclidas y temor por la guerra y porque Atenas sea vencida.
	Ion	Curiosidad, admiración, compasión, tensión, incertidumbre, alegría y alivio.	Compasión por Creúsa.
	Medea	Compasión, temor, horror.	Se identifica con el sufrimiento de Medea y cuestiona sus acciones.
	Las bacantes	Éxtasis, frenesí, temor, asombro.	Participa en la acción y advierte sobre los peligros de la represión.

AUTOR	TRAGEDIA	EMOCIONES QUE EXPRESA EL CORO	CORO COMO ESPECTADOR PRIVILEGIADO
	Hipólito	Compasión, temor, horror.	Se identifica con la inocencia de Hipólito y lamenta su destino.
	Las troyanas	Dolor, lamento, desesperación, ira, resentimiento.	Se convierte en un símbolo del sufrimiento humano ante la guerra.
	Andrómaca	Compasión, temor, indignación.	Se identifica con el sufrimiento de Andrómaca y cuestiona la justicia de los vencedores.
	Hécuba	Dolor, lamento, desesperación, ira, sed de venganza.	Se convierte en un símbolo de la resistencia humana ante la adversidad.
	Las suplicantes	Dolor, lamento, súplica, esperanza, gratitud.	Se convierte en un símbolo de la fuerza del amor maternal.
	Heracles	Admiración, horror, consternación.	Es testigo de la caída de un héroe.
	Ifigenia en Áulide	Compasión, temor, indignación, esperanza.	Se identifica con el sufrimiento de Ifigenia y cuestiona la moralidad del sacrificio.
	Ifigenia entre los tauros	Compasión, temor, esperanza.	Las esclavas sienten compasión por Ifigenia, se identifican con el dilema moral de Ifigenia y anticipan la resolución de la tragedia.
	Helena	Compasión, alegría, esperanza.	Se identifica con la inocencia de Helena y celebra su reencuentro con Menelao.
	Electra	Compasión, horror, indignación.	Se identifica con el sufrimiento de Electra y la acompaña en su venganza.
	Orestes	Compasión, temor, ansiedad.	Se identifica con el sufrimiento de Orestes y lo acompaña en su lucha.

AUTOR	TRAGEDIA	EMOCIONES QUE EXPRESA EL CORO	CORO COMO ESPECTADOR PRIVILEGIADO
	Las fenicias	Temor, ansiedad, lamento, tristeza.	Es testigo de la destrucción causada por la guerra civil.
	Reso	Temor, compasión, lamento, tristeza, anticipación (ansiedad y presentimientos).	Anticipa y teme la muerte de Reso a manos de Diomedes y Ulises.
	El cíclope	Temor, repugnancia, compasión, alegría y alivio.	El coro de sátiros expresa temor ante el cíclope, compasión por Ulises. (Es el único drama satírico conservado en su totalidad.)

Lo que me ha sorprendido de este análisis de las emociones que el coro expresa de manera explícita es que el temor y la compasión están presentes en casi todas las obras, incluso en las que no lo he señalado, por limitarme solo a casos indiscutibles. El coro, en definitiva, además de otros cometidos, está indicando a los espectadores lo que tienen que sentir. No siempre existe una coincidencia exacta y hay casos en los que espectadores y coro piensan y sienten de manera opuesta, pero lo más frecuente es que se dé una inmediata identificación entre las emociones de unos y otros.

En este sentido, podríamos concluir que Aristóteles, como buen observador, se dio cuenta, quizá inducido subliminalmente por el coro, de que la presencia del temor y la compasión era casi connatural a la tragedia y a la mayoría de las tramas.

¿Por quién siente temor el espectador?

Dejando aparte la investigación anterior –que quizá no carece de importancia–, cuando Aristóteles habla de temor y compasión se refiere a las emociones que experimenta el público que presencia el espectáculo, o que lee o escucha la tragedia.

La nueva duda que se suscita y que ha dado nacimiento a interpretaciones enfrentadas es: ¿por quién sienten temor los espectadores?

Los espectadores sienten temor y compasión por los personajes al contemplar sus desgracias, pero también podrían sentir temor y compasión por sí mismos, al experimentar esas emociones y pensar que todo eso podría sucederles a ellos.

Ya hemos visto, al examinar la catarsis, que la interpretación terapéutica de la tragedia, y en especial las diversas variantes psicoanalíticas, incluyendo a Jakob Bernays y a Joseph Breuer, nos dice que la tragedia despierta emociones de temor y compasión (o incluso traumas reprimidos) en los espectadores *porque se identifican con los personajes.* De este modo, la *catarsis* sería una especie de purgación o liberación de las emociones del espectador, que en cierto modo se cura o al menos mejora desde el punto de vista psicológico, gracias a la descarga de tensión emocional. En la interpretación freudiana, el espectador que ve *Edipo rey* experimenta por personaje interpuesto, Edipo, su propio trauma reprimido: la rivalidad con su padre y el amor hacia su madre. De esta forma, con la resolución de la tragedia, se enfrenta a sus propios impulsos de una forma segura.

Esta interpretación de la catarsis y lo que experimenta el público que propuso Jakob Bernays ha sido, como ya dije, descartada, al menos como interpretación de lo que entendía Aristóteles por *catarsis.* No se cree que pensara que el público acudía al teatro con sus propios traumas y que se liberaba de ellos al ver las tragedias.

Más bien parece que el temor y la compasión los siente el espectador por el personaje, y que la catarsis, ya la entendamos como liberación, purgación o comprensión moral, intelectual o narrativa, se produce gracias a la resolución de la trama, que libera la tensión dramática y el temor y la compasión hacia los personajes que la obra ha provocado.

En definitiva, la compasión y el temor son experiencias emocionales del espectador, pero que se relacionan con el personaje, no con él mismo.

Lo anterior no impide aceptar que muchos espectadores pueden sentirse identificados con una trama que les recuerda algo que han vivido. Y también es posible que una película, un libro o una obra de teatro nos sirva como aprendizaje moral o ético, así como intelectual y narrativo. Se podrían dar muchos ejemplos de cómo una obra de ficción ha cambiado la manera de pensar e incluso la manera de vivir.

Pero, aunque todo eso sea verdad, esa no es la función que Aristóteles asigna a la tragedia. Otro asunto es si algún dramaturgo griego tenía esas intenciones. En el caso de Sófocles quiere educar al ciudadano de Atenas en el sentimiento democrático y en valores éticos; mientras que Eurípides enseña cierto escepticismo acerca de las ideas establecidas.

Tras el análisis del temor y la compasión, debemos enfrentarnos al que probablemente es el objetivo máximo de la tragedia, que puede resultar un poco paradójico después de hablar de la compasión y del temor, porque ese propósito es el placer.

El placer

Aristóteles probablemente no negaría la influencia que el teatro o la épica pueden tener en el ciudadano, en su educación y en su vida política, pero al contrario de quienes ponen por delante las consideraciones éticas, como su maestro Platón o como modernamente hizo Bertolt Brecht, considera que el propósito de las artes imitativas no es ético, educativo ni político, sino que consiste en producir placer. Placer en los espectadores. Este propósito está por encima de cualquier otro y nos permite perdonar cualquier error del narrador.

El placer propio de la tragedia

Recuperemos una vez más el pasaje que contiene tantas ideas y conceptos relacionados de algún modo con la esencia de la tragedia:

> Debe tratarse de una acción completa que tenga un principio, secciones intermedias y un fin, para que como un organismo vivo, único y entero produzca el placer propio de su naturaleza.[131]

Ahora la clave no está en que la obra deba ser como una unidad u organismo, sino en la frase final: que «produzca el placer propio de su naturaleza».

¿A qué placer se refiere Aristóteles?

Al placer que proporciona una tragedia, por supuesto. Un placer

[131] *Poética*, c20.

que, como ya hemos visto, tiene que ver con emociones como el temor y la compasión y con algo llamado *catarsis*, que también hemos intentado descifrar. Pero quedémonos ahora con el placer, pues para Aristóteles lo más importante es el placer que la obra puede y debe producir en los espectadores. Todo lo demás es secundario.

Quizá parece una interpretación radical. ¿Es que después de tanto teorizar y hablar de decenas de recursos narrativos ahora resulta que Aristóteles sostiene el polémico principio del filósofo de la ciencia Paul Feyerabend: «Todo vale»?

La respuesta es en gran parte afirmativa. No es que Aristóteles considere inútiles todos los consejos y análisis que nos ofrece. Son muy importantes y conviene seguirlos, es cierto. Pero quizá no todos. O quizá no siempre. Tal vez podemos desviarnos de la técnica perfecta en algún momento. Eso sí, siempre y cuando tengamos algo mejor que ofrecer.

Todo vale siempre y cuando se cumpla el objetivo de la tragedia: producir el placer que le es propio, es decir, despertar emociones como el temor y la compasión y producir una *catarsis.* Se debe intentar que la obra sea como un organismo, por supuesto, ya que entonces será más fácil que se produzca ese placer.

Como ya anticipamos al examinar las cuatro causas aristotélicas, ese placer es la causa final, es el *para-qué.* ¿Para qué escribimos una novela, una obra de teatro o una película? No para fabricar estructuras ni para emborronar folios o bombardear con fotones la pantalla de un ordenador. La escribimos con una intención. Es difícil que una actividad humana no tenga detrás una intención, y en el caso de las obras artísticas, esto resulta todavía más claro. Para Aristóteles, lo importante de la narrativa es el placer que quiere y debe producir. Si se consigue, se pueden perdonar ciertos fallos, incoherencias e imperfecciones, como las que él mismo perdona a *Edipo rey* o a las obras de Homero:

> En la *Odisea*, los elementos irracionales del relato, cuando dejan a Ulises en la playa, serían insoportables escritos por un poeta mediocre. Sin embargo, las excelencias de Homero ocultan el absurdo y hacen aceptable el episodio.[132]

En esta y otras ocasiones, Aristóteles acepta errores en las tramas o en los personajes, porque, a pesar de ello, el talento de Homero consigue provocar placer. Si propusieran a Aristóteles elegir entre una obra que sea como un organismo pero que no produzca placer y otra que no sea como un organismo, pero que produzca placer, elegiría la segunda opción.

Aquí surge una nueva pregunta, ese placer, ¿quién debe sentirlo?

El espectador aristotélico

> Aristóteles nos está ofreciendo una poética de la recepción, una poética basada en el espectador, en el receptor, una poética que considera el valor estético de una poesía en función del efecto que produce en sus receptores.
>
> ANTONIO LÓPEZ EIRE

En opinión de Aristóteles, el placer que produce la tragedia lo debe sentir el espectador o lector, de eso no cabe ninguna duda. Es cierto que hoy en día algunos guionistas, al menos cuando se enfrentan a su primer proyecto, no se interesan apenas por el efecto que puede provocar en el espectador. Su placer o su *para qué* es el suyo, el placer (o el sufrimiento) del autor.

Considerar el arte como una autoexploración o incluso como una terapia psicológica para exorcizar los traumas o las insatisfacciones es

---

[132] *Poética*, c20.

una decisión legítima para quien lo necesite o se lo pueda permitir. Pero recordemos que Aristóteles no habla en la *Poética* de los autores, no habla de Sófocles, Eurípides o Esquilo ni de sus motivaciones para escribir o para vivir. Lo que le interesa es el placer que puede provocar una tragedia una vez escrita. El placer que provoca una tragedia que se lee o se contempla en un teatro.

Que los autores hayan disfrutado o sufrido durante la creación de la obra es un asunto interesante, pero no es lo que Aristóteles quiere analizar. No se trata de preguntar al autor por qué escribió la obra desde un punto de vista personal, sino el *para qué* sirve la obra.

Y en esto Aristóteles no tiene ninguna duda: la tragedia y cualquier obra de arte tiene una finalidad muy clara: causar placer al espectador, lograr que se conmueva, que experimente emociones y deleites. Que disfrute al asistir a una imitación, que ya sabemos que es una de las cosas que más nos gustan a los seres humanos, que se maraville por el uso del lenguaje que maneja el poeta (sin que eso le distraiga de la trama)[133], que se contagie del ritmo y los movimientos de los danzantes, que le emocionen las canciones, que le domine la curiosidad por saber qué va a suceder, y que experimente, en fin, una catarsis, que aunque no sabemos qué significa aplicada al teatro, podemos entender como algún tipo de satisfacción, un broche de oro perfecto a la sesión de *mímesis* poética.

Ahora bien, muchos de estos placeres se dan también en la comedia y otros géneros de representación, pero cada género tiene un placer «propio», que lo distingue de los otros. Del mismo modo que hoy distinguimos géneros como «policíaco», «ciencia ficción», «comedia» o «terror», Aristóteles mira hacia el espectador y observa el efecto que cada tipo de obra provoca, distinguiendo entre comedia, sátira, épica o tragedia. En el caso de la tragedia descubre dos emociones fundamentales, la compasión y el temor. En el de la comedia quizá pensaba que eran la risa y la diversión.

---

[133] *Poética*, c20.

La finalidad de la tragedia es producir un efecto en el receptor. A esa finalidad debe someterse todo lo demás: la trama, el lenguaje, el espectáculo y la música:

> Esta finalidad determina la forma sustancial de la tragedia, su estructura formal y de contenido.[134]

El espectador acude a ver una tragedia para disfrutar, pero disfruta de distinto modo que cuando va a ver *Las ranas* de Aristófanes, pues quiere gozar de la inquietud, el temor, la tristeza, el terror y la compasión, contemplando sufrimientos *(pathos)* que quizá le harán llorar, pues también se puede disfrutar del sufrimiento, sobre todo si le sucede a otro en una obra ficticia. Ese es el poder de la narrativa.

---

[134] Antonio López Eire, *Poéticas y retóricas griegas.*

Una desafortunada serie de confusiones

Antes de comenzar la lectura de la *Poética*, vale la pena recordar algunas de las interpretaciones que el libro ha recibido, o las afirmaciones que se atribuyen a Aristóteles y que él, o bien no defiende, o bien no lo hace de manera dogmática.

Interpretaciones de la *Poética*

La *Poética* es un texto difícil debido a que no era un ensayo destinado al público, sino unas notas que servían a Aristóteles para desarrollar sus clases, o tal vez los apuntes tomados por algún alumno. Los estudiosos han detectado pasajes que parecen escritos por comentadores posteriores, o quizá por Aristóteles o alguno de sus discípulos. Se han considerado espurios capítulos enteros y cada nueva traducción de la *Poética* elimina o corrige palabras o párrafos casi en cada página. A la naturaleza compleja del texto hay que sumar su accidentada transmisión a lo largo de los siglos, que nos ha hecho perder la segunda parte, dedicada a la comedia y al drama satírico, se supone.

Sin embargo, no se trata de un texto tan caótico o deslavazado como suele decirse, y es fácil seguir su argumentación si se ofrece al lector algo de ayuda, como he intentado hacer en los comentarios que acompañan mi versión de la *Poética*.

La *Poética* ha recibido tan variadas interpretaciones, tantas lecturas diferentes, que la comparación entre las versiones que he consultado en idiomas modernos como el inglés, el francés, el italiano, el portugués y el español ofrecen divergencias que en ocasiones nos hacen dudar de que estemos ante el mismo texto. Eruditos de probada perspicacia discrepan de manera vehemente acerca de cada frase o palabra. Se podría escribir una historia fascinante acerca de estos desencuentros, ya desde las primeras interpretaciones que se hicieron en el Renacimiento. Es entretenidísima, por poner un ejemplo, la historia del intento de Gerald Else de reinterpretar de manera radical la *Poética*, que le llevó años y culminó en una propuesta exhaustiva y extensa, que, sin embargo, fue casi dejada a un lado poco después, entre otros por George Whalley, que mantuvo con Else una intensa relación de admiración y rechazo. Recientemente se produjo una polémica entre los que muchos consideran los mayores expertos vivos en el texto aristotélico, Richard Janko y Stephen Halliwell. Algo parecido podríamos decir, en el caso español, si examinamos la traducción trilingüe de Valentín García Yebra, que sigue la que se consideraba hasta hace poco la mejor edición del texto griego, la de Rudolf Kassel, pero que se separa de él en más de doscientas lecciones o interpretaciones. Eso sí, cuando García Yebra compara su traducción con la de Juan David García Bacca, que durante unas décadas pasó como la mejor en español, encuentra, calculando por las muestras que ofrece, no cientos de correcciones, sino probablemente miles. Al contrario que los eruditos que poseen un conocimiento profundo del griego clásico, no me he permitido ninguna modificación sobre el texto que suele transmitirse.

En definitiva, todos estos vaivenes en la interpretación nos obligan a adoptar una inevitable modestia y rehuir cualquier dogmatismo. Las interpretaciones de la *Poética* han sido fructíferas e incluso en ocasiones un error ha dado lugar a una teoría interesante. Sin embargo, creo que también vale la pena mencionar algunas interpretaciones erróneas de la *Poética* que han dado lugar a teorías casi siempre dogmáticas, desde la idea de las tres unidades a la de los tres actos, o la verdaderamente llamativa de que los dramaturgos griegos seguían las teorías aristotélicas al escribir sus obras.

Influencia de Aristóteles en el teatro griego

En contra de lo que suele decirse, los dramaturgos del teatro clásico, y en especial Esquilo, Sófocles y Eurípides, no escribían sus obras siguiendo los consejos de Aristóteles. La razón es que todos ellos habían muerto antes de que naciera Aristóteles, con lo que es improbable que leyeran la *Poética*.

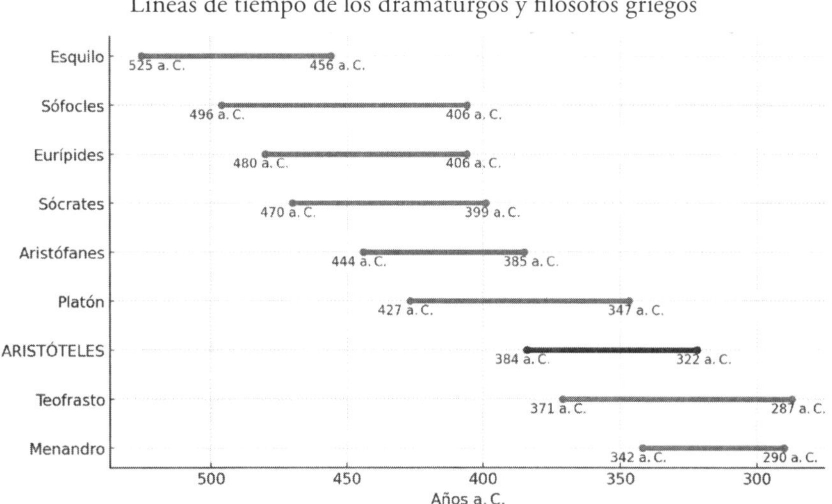

Aristóteles no coincidió con los grandes dramaturgos y tampoco llegó a conocer la Comedia Nueva de Menandro, que estrenó sus primeras obras tras la muerte de Aristóteles.

En la *Poética,* Aristóteles nos habla de un teatro que ya no existía y que solo se representaba en ciertas ocasiones, recuperando obras célebres y amadas por el público. No sabemos si vio en escena las tragedias que comenta, si leyó más de las que menciona o si poseía ejemplares de las obras. Por su manera de referirse a pasajes concretos, da la sensación de que sus alumnos conocían esas obras.

Es posible, pero es solo una hipótesis basada en ciertos indicios, que algunos autores de la llamada Comedia Nueva, y en concreto Menandro, conocieran las ideas de Aristóteles y que estudiaran o colaboraran con alguno de sus discípulos, como Teofrasto:

> Según cuenta Pánfilo en el libro treinta y dos de sus *Recuerdos*, fue profesor de Menandro, el poeta cómico.[135]

Sin embargo, a falta de nuevos descubrimientos, se cree que la *Poética* apenas fue conocida en la Antigüedad, al menos hasta que los textos de Aristóteles fueron recuperados tras un silencio de unos doscientos años, pues, tras la muerte de Teofrasto, su discípulo Neleo los llevó a Escepcis, en Asia Menor, y los escondió para que no se apropiaran de ellos los coleccionistas de la biblioteca de Pérgamo. Después de unos doscientos años, en el siglo primero antes de nuestra era, Apelicón de Rodas los llevó a Atenas, y finalmente Andrónico de Rodas los organizó y publicó. Entonces se hicieron muy conocidos, aunque la *Poética* apenas llamó la atención, hasta el punto de que, incluso ya en el siglo III, cuando decenas de comentaristas se vuelcan por fin en las obras de Aristóteles, no se interesan por la *Poética*, que consideran un libro menor y que incluso desprecian. En la impresionante colección de comentadores de Aristóteles, dirigida por Richard Sorabji, que alcanza ya más de cien volúmenes, apenas encontramos alguna mención a la *Poética*, lo que demuestra lo poco que interesó este texto durante siglos.

Las únicas excepciones de importancia son los pensadores islámicos Al-Farabi (872-950) y Averroes (1126-1198), quien tradujo y dedicó un extenso comentario a la *Poética*, a pesar de que no sabía qué era el teatro e interpretó la tragedia y la comedia como poesía elogiosa o satírica. A pesar de ello, fue el comentador más influyente hasta que la recuperación del texto durante el Renacimiento dejó a un lado sus ideas e impu-

[135] Diógenes Laercio, *Vidas de los filósofos más ilustres.*

so una nueva interpretación a partir de la edición impresa de 1508 en la imprenta veneciana de Aldo Manuzio. A partir de entonces la *Poética* influyó de manera decisiva en el teatro y situó el libro de Aristóteles como el más importante tratado acerca del teatro y la narrativa.

La conclusión es que las teorías de Aristóteles acerca del teatro apenas tuvieron eco en el mundo grecolatino, al menos por lo que sabemos. Más influyente fue el *Arte poética* del latino Horacio, escrita en verso. Los expertos opinan que Horacio quizá había oído hablar de la *Poética* pero que es casi seguro que no la leyó[136]. En cuanto a las coincidencias entre los dos textos, algunas de ellas son comprensibles, puesto que analizan a los mismos autores, y de manera especial a Homero. Otras similitudes fueron exageradas porque se quiso encontrar en todo lo que decía Horacio la huella de Aristóteles, lo que obligó a una posterior revisión y depuración[137].

La regla de las tres unidades

> Una acción sola presentada sea
> en solo un sitio fijo y señalado,
> en solo un giro de la luz febea.[138]
>
> MANUEL JOSÉ QUINTANA (1791)

A los traductores y comentadores de la *Poética* del Renacimiento italiano se les llama «preceptistas», porque no se limitaron a opinar, sino que dictaron preceptos y normas que se debían seguir obligatoriamente. Su lectura hizo más dogmático a Aristóteles de lo que era, como en el caso del tiempo, el lugar y el espacio de la representación.

---

[136] El título original no era *Arte poética*, sino *Epístola a los Pisones*.

[137] Ver *Historia de la teoría literaria. 1. La Antigüedad grecolatina,* de María del Carmen Bobes Naves y Gloria Baamonde.

[138] «Febea», es decir, de Febo Apolo, identificado con el Sol: que la acción dure un día.

La unidad de tiempo fue mencionada por primera vez por Agnolo Segni en el año 1549 y fijada en veinticuatro horas, mientras que la unidad de lugar la estableció Maggi en 1550. Finalmente, en 1570 Ludovico Castelvetro estableció la «regla de las tres unidades», al asegurar que en la *Poética* se exigía que la tragedia transcurriera en un único lugar, con una única acción fundamental y que el tiempo fuera el de un día. La regla se impuso en el teatro italiano y fue adoptada por los clasicistas franceses, de manera notable por Racine. Molière y Corneille fueron más flexibles, tras las críticas por la inverosimilitud de que la acción de *El Cid* de Corneille transcurriera en un tiempo y lugar tan limitados.

Pues bien, esta regla no se encuentra en Aristóteles, que tan solo dice que en la tragedia debe existir una única acción.

Por otra parte, los clasicistas franceses añadieron una cuarta regla, la del «decoro», de la que también habló Castelvetro, imponiendo normas de moralidad y de conducta, en especial haciendo que los reyes hablaran «como reyes» y los villanos como tales, aunque nunca de manera indecorosa o grosera. También se evitaba sobre el escenario cualquier violencia o inmoralidad, que, como mucho, podía ser narrada por un personaje.

Aunque en el teatro griego se rechazaba mostrar la violencia o la muerte en escena, no se exigía una moralidad tan estricta, y tampoco lo hace Aristóteles. En la tragedia *Áyax* de Sófocles, el héroe, dominado por la locura, se suicida en escena; en el *Prometeo encadenado* de Esquilo, el titán experimenta una situación de tortura.

La regla de las tres unidades fue seguida con bastante intensidad por la mayoría de los dramaturgos durante trescientos o cuatrocientos años, aunque fue desobedecida en España, Inglaterra, Perú y México.

En el teatro español, Lope de Vega se opuso a la regla de las tres unidades en su *Arte nuevo de hacer comedias*, que influyó en los dramaturgos de Nueva España (México), como Juana Inés de la Cruz, que, en *Los empeños de una casa*, no solo se salta la unidad de tiempo, porque la obra dura más de un día, y la de lugar, al desplazarse por patios y habitaciones, sino que ni siquiera respeta la unidad de acción, con tramas y subtramas que se enredan. También en el virreinato del Perú se desobedeció a los preceptistas, por ejemplo, con la obra *Ollantay,* escrita en quechua y de autor desconocido, que narra una historia de amor entre un plebeyo y una princesa, que transcurre en varios lugares, como Ollantaytambo y Cuzco, y a lo largo de varios años.

Los tres actos

Este es uno de los errores más repetidos, en especial en el mundo de la teoría del guión y el cine. Desde que en 1979 Syd Field dijo que Aristóteles exigía que una obra debía tener tres actos, lo que coincidía con su «paradigma» (una estructura con tres actos y dos puntos de giro), la idea se ha convertido en universal y resulta muy difícil convencer a los teóricos de la narrativa audiovisual y a los guionistas de que Aristóteles nunca habló de tres actos[139]. La mala lectura de Syd Field procede de párrafos como este: «Debe tratarse de una acción completa, con un principio, medio y fin».

Aristóteles, ya lo sabemos, habla tan solo de principio, medio y fin, no de actos o partes definidas, ni siquiera de planteamiento, desarrollo o nudo y desenlace[140]. Cuando se refiere a las partes de una obra, se inclina por dos, por cuatro, por cinco, o incluso más, si contamos todas las intervenciones del coro (estásimos) y todos los episodios. Para deshacer la mala interpretación, los lectores pueden observar que Aristóteles habla a veces de principio, medio y fin, pero que en el párrafo al que recurre Field y otros partidarios de los tres actos la traducción precisa es:

---

139 Syd Field, *El libro del guión.*

140 Ver el capítulo «La estructura de la tragedia» (pp. 93 y ss.), donde he explicado con detalle once maneras de contemplar la estructura por parte de Aristóteles.

> Una acción completa que tenga un principio, secciones intermedias y un fin.[141]

Secciones intermedias deja claro que no se trata de tres bloques definidos, sino de una distinción lógica que tiene que ver con la decisión del autor acerca de qué parte de la historia quiere seleccionar como inicio de su tragedia y de qué manera quiere que termine.

La hybris

Este es otro de los conceptos que se dice que propone Aristóteles en la *Poética*, pero la hybris (ὕβρις) no es mencionada a lo largo del libro. Ahora bien, como muchas de las tragedias que menciona Aristóteles giran, en efecto, en torno al concepto de *hybris,* entendido como un orgullo desmedido que hace al personaje traspasar los límites que los dioses le han marcado, es razonable atribuir a Aristóteles la idea implícita de que la hybris es importante en la tragedia.

Se puede considerar que es *hybris* lo que lleva a Prometeo a dar el fuego a los humanos, porque eso estaba prohibido por Zeus. También es *hybris* que Edipo quiera revelar enigmas como los de la Esfinge, o que pretenda conocer lo que los dioses han puesto fuera de su alcance, como su propia identidad. Es *hybris* el deseo del doctor Frankenstein de crear vida, algo que solo puede hacer Dios.

No cabe duda de que esta idea de sobrepasar un límite y por ello ser castigado o precipitarse en la fatalidad se encuentra en muchas de las tragedias. Curiosamente, sí se refiere a la *hybris* en la *Retórica*, pero le da un sentido completamente distinto al que hoy consideramos habitual y propio del teatro griego, pues dice que la *hybris* es cuando alguien avergüenza a otra persona, a su víctima, por el puro placer de hacerlo:

[141] *Poética*, c5.

> Causar vergüenza a la víctima, no para que algo te suceda, ni porque algo te haya sucedido, sino simplemente para tu propia gratificación. La *hybris* no es la retribución de las injurias pasadas; esto es venganza. En cuanto al placer de la *hybris*, su causa es esta: los hombres ingenuos creen que maltratar a los demás hace que su propia superioridad sea mayor.[142]

Para Aristóteles, como se ve, la *hybris* es algo así como un sadismo intelectual.

La catástrofe

Un error menor, pero muy repetido, es atribuir a Aristóteles el uso de la palabra catástrofe (καταστροφή, *katastrophḗ)* para referirse al desenlace, por lo general desgraciado, de una tragedia, que sobreviene tras la *peripecia* y/o la *anagnórisis.*

Aunque Aristóteles menciona en diversas ocasiones el desenlace trágico cuando habla del cambio de fortuna *(metabolé),* de la *peripecia* (giro dramático e irónico de los acontecimientos) o de la resolución *(lysis),* nunca emplea la palabra catástrofe en la *Poética,* que se empleó tiempo después, entre los gramáticos de la época helenística.

La mímesis como imitación de la naturaleza

Como ya se ha explicado, la manera en la que Aristóteles entiende la mímesis va más allá de imitar la naturaleza. Aunque es cierto que elogia la imitación de la naturaleza, ya se trate del canto de los pájaros por un flautista, de un rostro humano por un pintor o de acciones llevadas

[142] Aristóteles, *Retórica* 1378b.

a cabo por personas, como hace un dramaturgo, su visión es más amplia. En primer lugar, porque a veces la imitación no lo es de algo que existe o que ha sucedido, sino que puede tratarse de algo imaginario. En segundo lugar, y más importante, porque la mímesis también consiste en imitar el poder creativo de la naturaleza, incluso completando lo que la naturaleza es incapaz de crear.[143] Por lo tanto, la mímesis no se limita al arte realista o figurativo. Por otra parte, Aristóteles acepta la idea platónica de que el arte puede imitar o mostrar lo ideal, aunque esa no sea su única función.

Personaje y trama

Ya hemos visto que Aristóteles dice claramente que en una tragedia lo importante es la trama y no los personajes.

En este sentido, se opone a la mayoría de los teóricos actuales del teatro, que prestan una atención intensa a la construcción de los personajes, más en el teatro de vanguardia que en el comercial. Partidarios de la profundidad psicológica del personaje frente a la trama serían Tennessee Williams y Antón Chéjov, y de la trama David Mamet.

Los teóricos del guión cinematográfico y televisivo consideran que la estructura es fundamental para escribir un guión, pero que desde el punto de vista dramático lo importante es el personaje.

Ahora bien, hay que recordar que Aristóteles no exige estructuras dogmáticas, al estilo de la mayoría de los teóricos de guión, sino una trama con las acciones de los personajes. Esas acciones, físicas o diálogos, son las que van definiendo la psicología, es decir, el carácter *(ethos)* y el pensamiento *(dianoia),* por lo que insistir en la trama no implica que personajes como Edipo, Medea o Electra carezcan de profundidad psicológica.

---

[143] Como ya se ha explicado en «El complejo sentido de la mímesis aristotélica» (pp. 46 y ss.).

En definitiva, tan solo en los extremos encontramos obras de pura trama, sin ninguna profundidad psicológica, o bien de personajes sin apenas trama, como las imitaciones de caracteres que hacía Sofrón.

Ahora bien, es difícil construir una obra sin trama, pero es bastante fácil hacerlo sin caracterización de los personajes. A eso se refiere Aristóteles cuando dice que los dramaturgos primerizos hacen bien la caracterización, pero fallan en la construcción de la trama, o que puede haber tragedia sin caracteres (sin caracterización de los personajes) pero que no puede haber tragedia sin trama. Si no estamos de acuerdo con Aristóteles, podemos preguntarnos: ¿cómo sería una tragedia sin trama?

Tal vez podría ser un largo monólogo de un personaje que se lamenta, que piensa en cómo salir de su inacción, pero que no se decide a emprender ninguna acción. Incluso en este caso tendríamos una cierta acción o trama en los lamentos que emite, pero podríamos llegar a aceptar que esas palabras lo único que hacen es caracterizarlo. Sería algo así como si *Hamlet* fuese tan solo un largo monólogo alrededor del ser o no ser. Quizá podríamos incluir en las tragedias sin trama algunas de las célebres propuestas del siglo XX como *Esperando a Godot* de Samuel Beckett, que aparentemente no tiene trama, al menos en el sentido aristotélico, aunque ya hemos visto que las ideas acerca de la trama de Aristóteles combinan el carácter y las acciones. Pero, claro, también es dudoso que los personajes de Beckett tengan profundidad psicológica.

Aunque los ejemplos anteriores son obras *representables,* no cumplen, sin embargo, con las características de la tragedia tal como la define Aristóteles, por lo que quizá tiene razón George Steiner cuando asegura que la tragedia solo existió en Grecia, y que otras obras a las que llamamos «tragedia» son otro género teatral, incluidas, según él, las «tragedias shakesperianas», una conclusión quizá en exceso radical[144].

---

[144] George Steiner, *La muerte de la tragedia.*

La paradoja del actor aristotélico

La *Poética* está dedicada casi íntegramente al estudio de la tragedia, del teatro dramático. En sus páginas se habla continuamente de imitación y de representación. De cómo se imita o representa la realidad, o incluso cómo se hace creíble y verosímil una fantasía. Pero la paradoja del actor aristotélico es que no existe.

A Aristóteles apenas le interesa cómo los actores interpretan o imitan a los personajes y apenas presta atención a la representación que tiene lugar sobre el escenario. La imitación a la que se refiere es la del dramaturgo, que se hace mediante el lenguaje. Lo demás es espectáculo. La conclusión es que afirmar que la *Poética* tiene que ver con el teatro en cuanto arte sobre un escenario es, si no un error, sí muy discutible.

La casi exclusiva atención que Aristóteles presta al texto y su desdén por la actuación y el espectáculo hacen que a veces se mantenga en un dificilísimo equilibrio, pues por un lado distingue la épica del teatro y dictamina a favor de la tragedia, porque en la épica se *narran* acciones mientras que en la tragedia y la comedia se *reproducen,* pero después se conforma con leer o escuchar las tragedias, en vez de contemplarlas, con lo que la manera de experimentarlas es casi idéntica a la de un oyente o lector de una obra épica.

Tan solo en algún pasaje aquí y allá parece acordarse de lo que los actores aportan al texto, como cuando dice:

> Las palabras y las acciones expresan el carácter y dan a entender la *intención con la que se actúa*, que será buena o mala según sea su naturaleza.[145]

La imitación de personajes se expresa mediante palabras y acciones. Ese es el trabajo de los actores y la manera en la que los espectadores

---

[145] *Poética*, c12.

perciben o deducen lo que piensan los personajes y cuál es su carácter. La aportación del actor no está en las palabras, puesto que ya están en el texto, sino por las acciones. La intensidad, tono, intención, volumen de la voz y la gestualidad del actor, que pueden revelar al espectador matices o contrastes entre lo que el personaje dice y lo que piensa. Por ejemplo, si el héroe amenaza a su enemigo de palabra, pero, al mismo tiempo, arroja lejos su espada. O como suponemos que sucedía en la *Medea* de Eurípides, cuando dice: «Pareceré haber aceptado lo que dices, y pareceré haber cedido, pero dentro tengo otros planes»[146]. Puesto que el actor que hacía de Medea llevaba una máscara, su gesto no podía revelar sus intenciones, como sí puede hacer el teatro actual o, incluso con más claridad, el cine. Tenía que decirlo.

El moderno audiovisual dispone de otras herramientas para revelar el pensamiento de los personajes, que no se limitan a las acciones, los gestos y los diálogos o la entonación, puesto que en el cine también los objetos pueden «hablar». Los espectadores de la primera parte de *El padrino* pueden darse cuenta de la presión mental que sufre Mike cuando se dispone a matar a un policía y a un mafioso en un restaurante cuando se oye el ruidoso traqueteo de un tren: ese sonido nos «muestra» el pensamiento de Mike.

Algo parecido sucede en el primer capítulo de la serie *Breaking Bad* cuando al protagonista le diagnostican un cáncer incurable, pero nosotros escuchamos un farfullar ininteligible del médico, lo que nos revela la impresión devastadora que esas palabras tienen en la mente de Walter White.

Efectos parecidos podrían darse en el teatro clásico, y tal vez se empleaban (¿quién sabe?), aunque es obvio que el uso de máscaras por los actores limitaba las posibilidades de expresar el pensamiento mediante la gestualidad facial.

Un asunto interesante, que no desarrollaré aquí, es que el poeta

[146] *Medea,* de Eurípides (vv. 869-870).

imita por partida doble, porque las palabras son una imitación: el «sol» con sus tres letras no es el sol que vemos, y una «vaca» no es una vaca en el campo. Las palabras son símbolos de las cosas. Mediante estos símbolos, los poetas imitan por segunda vez, al construir acciones con palabras: «La vaca mira hacia el sol». Y después los actores, quizá uno disfrazado de vaca, convierten algunas de esas dobles imitaciones en una acción nueva sobre el escenario. Este es un asunto complejo y fascinante que nos podría llevar a la sagaz repulsa de Borges hacia el simbolismo poético, pues si las palabras ya son símbolos de las cosas, añadirles un segundo significado es caer en la redundancia.

La tragedia ideal para Aristóteles

Como conclusión al exhaustivo examen de los aspectos relacionados con la estructura y los elementos de la tragedia, podemos resumir las características que debe tener una buena tragedia. Algunas tienen que ver con la trama, otras con los protagonistas (con esos personajes no mencionados, pero tan presentes en la *Poética);* otras son elementos o herramientas dramáticas.

Naturalmente, se trata de la tragedia ideal aristotélica, por lo que pocas o quizá ninguna de las tragedias conservadas reúnen todas las características enumeradas.

Características de la tragedia ideal

1. Debe tener una extensión que permita a los espectadores mantener en su mente el argumento completo de principio a fin.
2. Debe contarse mediante la imitación de acciones (tanto físicas como diálogos).
3. Aunque la caracterización de los personajes puede ser enriquecedora, lo importante es la trama. Tanto el carácter como el pensamiento se deben mostrar a través de acciones (diálogos y gestos).
4. La trama debe ser como un organismo, en el que todas las partes contribuyan al mismo fin, que es proporcionar placer al espectador (ver el punto 23).
5. La trama y todos los episodios e incidentes deben resultar verosímiles. Lo importante no es la verdad de lo que se cuenta, sino que resulte verosímil para los espectadores.

a) De manera especial, el cambio de la buena a la mala fortuna debe ser verosímil en relación con la trama.

6. Debe seleccionarse con atención tanto el principio como el final de la obra, no intentando abarcar demasiado.
7. No debe ser *episódica* a la manera de la épica, sino que debe tratarse de una única acción.
8. Se debe evitar una trama que se base en un personaje en vez de en una acción o serie de acciones.
9. Debe ser una trama compleja.
   a) Con *anagnórisis* o reconocimiento.
   b) Con peripecia.
   c) Con reconocimiento y peripecia.
10. No debe construirse de manera forzada un final doble (que los buenos triunfen y los malos sean castigados).
11. La trama debe producir temor o miedo en el espectador.
12. La trama debe producir compasión o piedad en el espectador.
13. Los personajes deben ser mejores que nosotros en el sentido de que sus historias sean dignas de ser contadas.
14. Los personajes deben ser también «como nosotros», evitando que sean perfectos: debe producirse cierta identificación entre los personajes y los espectadores.
15. Los personajes deben reunir ciertas características: coherencia, adecuación, ser apropiados y ser excelentes.
16. El lenguaje de los personajes debe estar en un término medio entre lo coloquial y lo extraordinario: ni vulgar ni incomprensible.
    a) Se debe tener cuidado con el lenguaje brillante que pueda desviar la atención del espectador de lo que está sucediendo.
17. Los protagonistas deben sufrir una desgracia no merecida.
18. A ser posible esa desgracia se debe a un error que han cometido sin intención y casi siempre sin saberlo *(hamartia* o error trágico).

19. El cambio o *metabolé* debe producirse de la buena a la mala fortuna.
20. Como se dice en el punto anterior, el desenlace será por lo general fatal, puesto que se trata de pasar de la felicidad a la desgracia, pero puede suceder que, una vez que se ha caído en la desgracia, se produzca una resolución con final feliz (que se justifique por la lógica de la trama y que no sea un *deus ex machina).*
21. No se debe recurrir a lo inexplicable o lo sobrenatural y la intervención de los dioses se debe o bien evitar o bien situar fuera de la obra misma.
22. No se debe recurrir a artificios mecánicos o narrativos que solucionen la trama de una manera fortuita y que no se deduzcan de lo que ha sucedido.

    Debe producir una catarsis final en el espectador a través de las emociones de temor y compasión. (Acerca de en qué consiste esta *catarsis* hay mucha discusión, como se puede ver en el capítulo de *Una nueva* Poética dedicado íntegramente a la *catarsis).*
23. El objetivo de la obra es que el espectador experimente placer al contemplarla, incluso aunque ese placer esté teñido de temor, incertidumbre o tristeza.

El oficio del poeta aristotélico

El poeta aristotélico, ya lo hemos visto, imita acciones mediante el lenguaje. Podemos llamarlo dramaturgo, novelista, guionista o narrador sin más. Los autores de epopeyas imitan acciones, aunque las *narran* en vez de *mostrarlas* o *reproducirlas* en un escenario. Y ¿cómo logra este narrador su objetivo de conmover al público?, ¿cuáles son las reglas de su oficio?, ¿en qué consiste la técnica poética?

Aunque la *Poética* es la reivindicación de la poesía como técnica *(téchne),* no es un manual para escribir tragedias o epopeyas. O quizá sí, si tomamos lo que dice Aristóteles no como una valoración de crítico literario, sino como consejos y métodos.

Porque, cuando alguien hace una valoración, al mismo tiempo está ofreciendo una prescripción, siempre que su valoración no se limite a sentenciar que algo es bueno o malo, o que le gusta o no le gusta. Si digo que los espectadores no logran empatizar con el personaje de una película porque no saben nada de él, ni de su vida cotidiana, ni de sus intenciones o deseos, en cierto modo estoy aconsejando que un guionista debe informar al espectador acerca de la vida y los deseos de un personaje.

Del mismo modo, Aristóteles nos dice qué finales son los mejores, qué tipo de personajes son excelentes, qué peripecias son más emocionantes o efectivas, o insiste en que el arte del narrador no consiste en la escritura de «hermosos versos» ni la representación de caracteres, sino en la construcción de la trama, algo que los narradores novatos tardan en dominar, como sigue sucediendo hoy en día.

En cada uno de esos análisis y valoraciones podemos descubrir consejos acerca de cómo construir revelaciones y peripecias, además de, por supuesto, darnos cuenta de que *hay que usar peripecias y revelaciones.* Algunos de esos recursos ya los he examinado, aunque se encontrarán muchos más en la *Poética* y los comentarios.

Las once maneras de entender la estructura también están llenas de enseñanzas narrativas. De manera especial la décima, que no puede ser más práctica, con el ejemplo de *Ifigenia entre los tauros:* la construcción de un esquema de pasos[147].

La anterior no es la única ocasión en la que Aristóteles menciona técnicas que puede aplicar el narrador. En otro momento recomienda que los poetas se contagien en cierto modo de lo que cuentan, que se impliquen en la trama que están construyendo, que intenten sentir las emociones de los personajes y que incluso se dejen dominar por el entusiasmo, como esos poetas inspirados de los que se burlaba Platón. Este es un consejo que sin duda aprobaría la sala de guionistas de *Breaking Bad,* pues, según sus propios testimonios, cuando tenían que escribir acerca de un tema difícil buscaban en sus propias vidas experiencias similares a las que querían narrar y las exponían sin pudor ante los compañeros. Esta implicación emocional explica que hacia el año 2000 las series de televisión se hicieran más complejas e interesantes, porque los guionistas empezaron a escribir acerca de las cosas que les inquietaban o les enojaban, como David Simon en *The Wire* y *Treme,* David Chase en *Los Soprano* o Matthew Weiner en *Mad Men.*

Eso sí, tras la emoción viene la revisión, el examen cuidadoso, el no conformarse con las primeras intuiciones y cuestionar una y otra vez cada posibilidad narrativa. ¿Con qué objetivo? El de ofrecer algo diferente e inesperado al espectador y manejar sus emociones.

También Aristóteles es consciente de la necesidad de aplicar la razón a lo que hemos creado llevados por la pasión. En efecto, a pesar de la pasión y las diversas emociones que pueda sentir, el dramaturgo

[147] Ver «Once propuestas de Aristóteles acerca de la estructura» (pp. 93 y ss.).

debe conservar la capacidad crítica y poner distancia entre la emoción que vuelca en su trabajo y la revisión posterior, porque para Aristóteles toda pasión debe ser regulada por la razón, no solo en el terreno de la creación artística. Podemos encontrar una defensa moderna de este punto de vista, que combina entusiasmo y sentido crítico en *El crítico artista* de Oscar Wilde.

En otro momento ofrece Aristóteles un consejo que cualquier guionista o dramaturgo, pero especialmente cualquier director, echa de menos cuando lee un guión o una obra de teatro y comprende que el autor no ha llegado a «ver» lo que cuenta cuando lo escribía:

> El poeta debe componer las tramas y trabajarlas junto con el lenguaje, colocándolas cuanto se pueda ante los ojos. De este modo las verá con toda claridad, como si se representaran ante su mirada, para distinguir lo que es adecuado y descubrir las inconsistencias.[148]

Cuántos malos ratos en el plató nos habríamos ahorrado los directores si los guionistas (o nosotros mismos en esa tarea) hubieran aplicado ese consejo, y no se hubieran limitado a juntar palabras, sino a imaginar y «ver» en qué se convertirán esas palabras.

También recomienda, en una de las pocas menciones al trabajo de los actores, que el dramaturgo «debe pensar en las posiciones y gestos».

En definitiva, la *Poética* está llena de consejos acerca del oficio del narrador, a veces explícitos y prácticos, otras implícitos en descripciones y valoraciones acerca de cómo deben ser los personajes, las tramas, los cambios de fortuna y los finales. Por eso, la *Poética* necesita una lectura inteligente y atenta, que permitirá descubrir al lector mucho más de lo que aparece a simple vista, ideas que yo mismo no he visto a pesar de las intensas relecturas que durante meses me han llevado a desmenuzarla frase a frase.

---

[148] *Poética*, c14.

Aristóteles

Poética

Esquema de la obra

La *Poética* original no estaba dividida en capítulos o secciones, aunque existe un cierto consenso en dividirla en veinticuatro o veintiséis capítulos. Por mi parte, la he dividido en veintidós capítulos, intentando separar los temas. No siempre es fácil, porque a menudo un asunto se interrumpe para reanudarse en un capítulo lejano, o se mezclan asuntos diferentes de manera inesperada. Sin embargo, no he recolocado secciones, como hacen algunos traductores. Cuando existen conexiones entre temas separados se mencionan en los comentarios o en notas a pie de página.

El texto no es tan caótico o deslavazado como a veces se dice y se puede distinguir un cierto orden de exposición, aunque a veces da la impresión de que faltan pasajes o que ciertos temas quedan interrumpidos o incompletos.

La división de la *Poética* aceptada universalmente es la Bekker, creada por August Immanuel Bekker, que editó las obras completas de Aristóteles entre 1831 y 1836. Es una numeración continua que sigue las páginas de esa edición. Así, la *Poética* empieza con la numeración **1447a8**, que significa:

> Página **47**
> Columna **a** de la página (hay dos columnas, a y b)
> Línea **8** de la columna

La costumbre, sin embargo, es prescindir de las dos primeras cifras (14) y dar por supuesto que el lector ya sabe que estamos en las páginas 1400 y pico, por lo que se entiende que **47a** significa **1447a**.

Aunque esta versión no pretende ser académica, se incluye la numeración de cada pasaje para consultas rápidas o comparaciones con otras versiones.

División de la *Poética* en capítulos

(Los capítulos y títulos no se encuentran en la *Poética* original.)

1. Poesía, poética y mímesis
2. El origen de la tragedia, la comedia y la épica
3. La tragedia
4. Los seis elementos fundamentales de la tragedia
5. La trama: duración y unidad
6. La poesía y la historia
7. Tramas y episodios
8. Tramas simples y complejas. Peripecia y reconocimiento
9. Partes formales o visibles de una tragedia
10. Las mejores tramas
11. El placer propio de la tragedia
12. Los objetivos en la caracterización
13. La *anagnórisis* o revelación
14. Cómo escribir una tragedia
15. Tipos de tragedia
16. El pensamiento y el lenguaje
17. El lenguaje: dicción
18. Clases de nombres
19. El lenguaje adecuado
20. La épica
21. Críticas a la poesía
22. Comparación entre tragedia y épica

El título

El título original es *Peri poietikes* (Περί ποιητικῆς), es decir, *Sobre la poética.*

Poietike implica la palabra *téchne,* que significa «arte» en griego, pero que también tiene el significado de «técnica», como es obvio. Es decir, el libro está dedicado a la técnica poética, a las reglas que los poetas siguen para dar forma y contenido a sus obras.[149]

Con esta advertencia, podemos iniciar la lectura de la *Poética,* que es también, en cierto modo, una respuesta a la crítica de Platón a la poesía por no ser una técnica. La *Poética* es, entre otras cosas, una reivindicación de la técnica de los poetas, y de manera entusiasta de los autores de tragedias, de aquello que Platón llamó «la teatrocracia» que había acabado con todos los otros géneros de la *mousike* (la poesía unida a la música)[150].

Una fuente de equívocos inevitable al leer la *Poética* es que Aristóteles llama *poiesis* y *poiética* a algo que no es exactamente lo que nosotros llamamos *poesía* y *poética,* como veremos en los primeros capítulos[151].

---

[149] Acerca del significado de *téchne* y su relación con el arte, ver «Platón contra los poetas» (p. 42).
[150] Platón, *Leyes*, 710a.
[151] El tema lo he tratado intensamente en «La poesía y la mímesis» (pp. 33 y ss.).

Capítulo 1
Poesía, poética y mímesis

Comienza el libro, como es habitual en Aristóteles, definiendo el terreno por el que se va a mover la investigación: el estudio de la poesía. La primera sorpresa con la que nos encontramos es que Aristóteles no entiende por «poesía» lo mismo que nosotros. También intenta descubrir las razones por las que nos gusta tanto la imitación en sus muy diversas formas.

INTENCIÓN DE LA *POÉTICA*

Hablaremos de la poesía en sí y de sus variedades, así como de las posibilidades que ofrece cada una de ellas, y de cómo se tienen que construir las tramas *(mythoi)* si se quiere componer buena poesía. También del número y la naturaleza de los elementos de la poesía y del resto de los asuntos relacionados con esta investigación. Para proceder de manera natural, comenzaremos por los principios generales. (1447a8-1447a13)

El propósito de la investigación

A primera vista, cualquiera pensaría que Aristóteles se va a ocupar del estudio de lo que hoy llamamos poesía, pero enseguida descubrimos que no es así, puesto que entiende algo muy diferente por «poesía». Más adelante conoceremos su definición.

Es importante destacar que Aristóteles considera indiscutible que la poesía tiene una técnica propia, algo que Platón niega en diversos lugares, como el diálogo *Ion*[152].

[152] Ver «Platón contra los poetas» (p. 42) para el ataque de Platón a la poesía y por qué y cómo la defiende Aristóteles.

Cuando habla de variedades (*εἴδη, eide)*, especies o tipos de poesía se refiere a los géneros poéticos, como la tragedia, la comedia, los ditirambos y la épica, entre otros.

La palabra «mito» *(mythos)* no se refiere aquí a los relatos míticos, sino a la trama o fábula. No a la historia de Edipo, sino a la trama del *Edipo rey* de Sófocles[153].

«Elementos de la poesía»: aunque a veces se traduce la palabra μορίων *(moriōn)* por «partes», es mejor evitar cualquier confusión y emplear «elementos», porque Aristóteles no se refiere a las partes, segmentos o actos en los que se divide una obra, sino a elementos como la música, la trama, los personajes y otros que enseguida conoceremos.

Las artes imitativas

> La epopeya y la tragedia, junto con la comedia, la poesía ditirámbica y gran parte de la música con flauta y cítara, son formas de *imitación (mímesis)*. Pero se diferencian en tres aspectos: porque en la imitación emplean medios diferentes, porque imitan distintos objetos, o porque realizan esa imitación de diferente manera. (1447a14-1447a18)

En este pasaje se introduce uno de los asuntos más discutidos de la *Poética*, la *mímesis*, que se suele traducir por imitación o representación. La *mímesis* es, junto con el examen de la tragedia, quizá el asunto central de la *Poética*. En su interpretación más popular, *mímesis* es la imitación de la realidad: el artista imita lo que ve, pero en las últimas décadas se prefiere «representación» a «imitación». En algunos contextos una u otra traducción son equivalentes, pero hay importantes matices que iremos descubriendo.

Aristóteles nos dice que las artes que ha mencionado (épica, trage-

---

[153] Ver «La trama» (p. 57).

dia y en parte la música) son representacionales y que la imitación se distingue:

- Por los medios que emplea.
- Por las cosas que imita.
- Por la manera en la que se imita.

Estas diferencias se explicarán en los siguientes apartados.

Con epopeya o épica se refiere a obras como la *Ilíada* y la *Odisea*, que cuentan las aventuras y hazañas de los dioses y de los héroes.

Las tragedias son las obras teatrales de carácter dramático o serio. Su tono dio origen al adjetivo «trágico» para referirse a una narración en la que los personajes sufren desgracias. Las comedias eran también obras teatrales, pero cómicas o humorísticas.

Los ditirambos son cantos dedicados a Dioniso, que evolucionaron desde un tono religioso y solemne, aunque relacionado con el vino y la fiesta, hacia un carácter burlesco, como este fragmento de un ditirambo de Baquílides dedicado al héroe Teseo:

> Rey de la sagrada Atenas, señor de los jonios de vida refinada, ¿por qué ha poco hizo sonar la trompeta de broncínea boca un canto de guerra? ¿Acaso algún enemigo de nuestra tierra las fronteras rodea, un varón conductor de ejércitos? ¿O bandidos maquinadores de males contra la voluntad de los pastores se llevan rebaños de ovejas por la fuerza?[154]

Las flautas podían ser de diversos tipos, como la flauta doble o *aulos* (αὐλός), que es la que se menciona aquí, y que jugaba un papel fundamental en las tragedias, aunque también se empleaba en las comedias y en los ditirambos.

El nombre para referirse a la poesía que se cantaba con acompaña-

[154] Baquílides, *Odas y fragmentos*.

miento musical alude a la lira («lírica»), pero el instrumento que más se empleaba en la tragedia era el *aulos,* una flauta doble, hecha de dos tubos con lengüeta doble. El sonido era parecido a un oboe o a la chirimía medieval. Podía ser tocada por una misma persona, como ha demostrado el músico gallego Abraham Cupeiro, y como se puede ver en las representaciones en vasijas griegas, a menudo con intérpretes femeninas.

El sonido del *aulos* se asociaba a la embriaguez, el frenesí, las orgías e incluso la locura. Es otro de los elementos de la tragedia que muestra una conexión con Dioniso, pues se cuenta que fue inventado por un sátiro o sileno llamado Marsias, aunque él lo recogió del suelo cuando la diosa Atenea lo arrojó, tras descubrir que sus mejillas se hinchaban de manera ridícula al tocarlo. Marsias desafió a Apolo, para demostrar que su *aulos* era mejor que la lira del dios. Las Musas dictaminaron que había ganado Apolo, permitiendo alguna irregularidad, como que el dios uniese el canto a su interpretación, algo que Marsias no pudo hacer, ya que tenía que soplar su instrumento. El castigo al perdedor fue espantoso, pues Apolo lo despellejó vivo y clavó su piel en un árbol.

En cuanto a la cítara *(κιθάρα, khitara),* era un instrumento de cuerda que se considera el lejano origen de la guitarra.

Imitación por medios diferentes

Algunos, gracias a la técnica o a la práctica, imitan muchas cosas con colores y figuras, mientras que otros lo hacen mediante la voz.

En las artes que acabamos de mencionar (épica, tragedia y ditirambos) se lleva a cabo la imitación mediante ritmo, lenguaje o melodía, ya sea empleando todos estos medios a la vez o solo algunos.

Por ejemplo, los flautistas y citaristas, o quienes emplean las siringas, recurren a la melodía y el ritmo.

Los que danzan pueden hacer sus imitaciones solo con el ritmo, sin

> armonía, pues con las figuras de la danza son capaces de representar caracteres, emociones y acciones. (1447a19-1447a29)

La imitación se puede hacer empleando diversos medios. En la pintura, el medio son las formas o figuras (σχήματα, *schímata)* y los colores (χρώματα, *kromata).* En otros casos se usa la voz (φωνή, *phone).* Los expertos discuten si se refiere a la voz misma más que al sonido, o al lenguaje y la palabra dotada de sentido. Parece que se trata del uso de la voz. Por ejemplo, alguien que imita el canto de un pájaro, o quien imita a otra persona, más por el tono de voz o el acento que por el significado en sí de las palabras.

Sea cual sea la respuesta, Aristóteles añade que la tragedia, la épica y los cantos ditirámbicos son artes que usan el lenguaje, y en esta ocasión sí que está claro que se refiere a palabras no solo como emisiones de sonido, sino dotadas de sentido.

Vale la pena subrayar que cuando se refiere a los «medios» de la imitación no está hablando de instrumentos o herramientas, como el pincel y la espátula, o la lira y la flauta. Tampoco de materiales como la pintura y los pigmentos, o la tinta y el papiro. A lo que se refiere es a lo que el artista *crea* con esos instrumentos y materiales. Es decir, lo que el espectador u oyente puede ver o escuchar: las figuras y los colores, las palabras que pronuncia un rapsoda, las melodías que interpreta un flautista. Es obvio que quien mira un pajarillo pintado por Zeuxis también puede observar el tipo de pintura o el pincel que ha empleado, pero su verdadero interés será contemplar el pajarillo.

«Algunos, gracias a la técnica o a la práctica, imitan muchas cosas»: es interesante que Aristóteles admita dos maneras de aprender a componer poesía: técnica y práctica. El artista puede adquirir maestría gracias a la práctica constante; pero también siguiendo las reglas de una técnica ya existente, es decir, aplicando un método.

Por otro lado, la palabra que emplea Aristóteles es *téchne* (τέχνη), por lo que parece preferible emplear «técnica» y evitar usar «arte» (como se hace a menudo), para resaltar el hecho de que Aristóteles no aplica una concepción de «arte» etérea o no racional, un asunto fundamental, en especial en su polémica con Platón[155]. Si se traduce «gracias al *arte* o a la práctica...», puede dar la impresión de que se refiere a algún tipo de genio innato o inspiración por parte del poeta.

En cuanto a que el poeta adquiera su maestría mediante la práctica, Aristóteles admitirá que un artista puede no ser capaz de explicar cómo crea algo, pero puede «aprender haciendo» *(learn by doing).* Es muy razonable, pues se puede aprender mediante ensayo y error, sin teoría previa. En cualquier caso, no cree que la poesía surja por inspiración divina o por un don natural, aunque admite –incluso recomienda– que es bueno dejarse dominar por cierto entusiasmo al componer una obra[156].

Existen artes imitativas como la danza, que mediante figuras y movimientos representan o imitan acciones, personajes y caracteres. Puede parecer extraño que se imite mediante la danza, pero imaginemos a un bailarín que representa a un personaje que muestra su fatuidad con saltos acrobáticos y gestos exagerados y que, a continuación, se lleva la mano a la cadera, hace una mueca de dolor, se desploma y pide auxilio con las manos. Con esas figuras y movimientos está representando a un personaje o carácter y, al mismo tiempo, una acción y una emoción.

En cuanto a los flautistas y citaristas, emplean la música o melodía (μέλος, *melos)* y el ritmo (ῥυθμός, *rhythmos).* En este caso, puede referirse tanto a la música instrumental como a la música que acompaña al canto o la recitación, pues en ambos casos se considera que son artes imitativas, ya que la música instrumental evoca emociones, sensaciones e incluso ideas. En cuanto al ritmo, se refiere probablemente tanto al de los movimientos del bailarín como a la propia música.

---

[155] Ver «Platón contra los poetas» (p. 42).

[156] Ver el capítulo 14 de la *Poética.*

Poco a poco se va definiendo el sentido de *mímesis* o imitación, que, como se ve, puede ser muy variada.

En cuanto a las siringas, es un instrumento conocido también como «flauta de Pan», hecho con cañas de diversas longitudes. La leyenda cuenta que el dios Pan perseguía a la ninfa Siringa y que ella, en su huida, se escondió en un río e imploró ayuda a los dioses, que la trasformaron en cañas. Pan cortó varias de esas cañas y las unió con cera para crear la siringa, que tiene un sonido más suave y propio de ambientes bucólicos.

El arte sin nombre

> El arte que imita solo con palabras, en prosa o en verso, empleando los mismos o diversos metros, no tiene nombre todavía.
>
> No tenemos un nombre único para referirnos a los *mimos* de Sofrón y Jenarco o a los *diálogos socráticos*, ni a las obras que se escriben en trímetros yámbicos o dísticos elegíacos o en cualquier otro tipo de versos. (1447b-1447b12)

El arte que no tiene nombre

Aristóteles enumera composiciones que imitan solo con palabras, tanto en prosa como en verso, y dice que el arte que las engloba no tiene nombre. ¿A qué arte se refiere?

Examinemos los géneros que menciona.

Mimos de Sofrón y Jenarco: son textos en prosa que imitan la manera de hablar de personajes característicos o peculiares.

Diálogos socráticos: diálogos, reales o ficticios, en los que Sócrates dialoga con diversos interlocutores. El más famoso autor de diálogos socráticos es Platón, pero existieron otros, casi todos anteriores, como Antístenes, Jenofonte, Fedón de Elis, Euclides de Megara, Esquines de Esfeto y probablemente Simón el Zapatero.

Traductores como Gallavotti ven en la comparación entre los mimos de Sofrón y los diálogos de Sócrates una pulla contra Platón, puesto que atacó a los poetas pero también escribió diálogos socráticos, que serían, según Aristóteles, un arte poético. Además, podría estar insinuando que los diálogos de Platón son ficticios (lo que es casi seguro). Si Platón es un poeta, entonces no tendría permitido el paso a su República ideal, puesto que los poetas están excluidos (aunque Platón dice en *Las leyes* que, si los poetas se educan en lo que no se debe decir, entonces sí podrán entrar en esa sociedad utópica).

Obras en trímetros yámbicos: se refiere al teatro, como la tragedia y la comedia.

Obras en dísticos elegíacos: la poesía lírica, aunque tal vez aquí esté la clave para solucionar el dilema del «arte sin nombre», como veremos.

Los expertos proponen diversas opciones para descubrir el arte sin nombre al que se refiere Aristóteles: literatura, creación, ficción o incluso poesía. Examinemos los pros y los contras de cada posibilidad.

Literatura: parece una buena opción, aunque hoy en día dudamos de si un libro de filosofía es literatura, Aristóteles incluye los diálogos socráticos en «las artes que imitan mediante la palabra». Eso no significa que cualquier texto filosófico sea poesía, ni siquiera los que están escritos en verso, pero algunos sí lo son.

Algunos traductores, como Grube, apuestan por esta solución.

Creación: el arte sin nombre sería la creación mediante el lenguaje, lo que es un poco ambiguo e indefinido. Todo arte crea de alguna manera, pero ¿crea un periodista cuando hace una crónica de un suceso? ¿Y un historiador?

Ficción: otra posibilidad es que se refiera a la ficción. En las bibliotecas se ordenan los libros en dos grandes secciones: ficción y no ficción. Entre los ejemplos que da Aristóteles algunos encajan en «ficción», como el teatro, pero otros, como los diálogos socráticos, estarían en no ficción, y en filosofía en concreto. En cuanto a la poesía lírica parece merecer otra sección, ni ficción ni no ficción.

Todas estas interpretaciones tienen algo de verdad, pero quizá la respuesta sea que ese arte sin nombre es la poesía.

Poesía: puesto que estamos leyendo la *Poética*, ese arte sin nombre podría ser el arte que estamos estudiando, la poesía *(poiesis).* Hoy en día llamamos poesía casi de manera exclusiva a la poesía lírica, o al menos a todo aquello que está escrito en verso, pero Aristóteles ha citado varias obras en prosa, como los diálogos socráticos. De acuerdo, pero enseguida descubriremos que para Aristóteles «poesía» *no significa escribir en verso*, y que excluye a la poesía lírica de la «poesía», porque es un arte que no imita[157].

El único problema es que Aristóteles ha incluido en el arte sin nombre las obras escritas en dísticos elegíacos y eso parece señalar a la poesía lírica. Es cierto, pero, hay razones para dudar de que se refiera a la lírica. En primer lugar, porque está hablando de artes «que *imitan* mediante el lenguaje» y la poesía lírica no imita (como enseguida nos aclarará). En segundo lugar, tal vez está jugando al equívoco, como cuando considera poesía los diálogos socráticos. Puede que mencione un tipo de verso que se asocia a la poesía lírica, pero que también pueda emplearse en composiciones que sí imitan o representan, como en «El baño de Palas Atenea», de Calímaco cuando el niño Tiresias ve desnuda a la diosa Atenea y asistimos a un diálogo que podrían mantener dos actores sobre el escenario:

> Y, sin querer, vio lo que no era lícito ver. Aunque llena de cólera, alcanzó a decirle Atenea: «¿Qué genio malo te condujo por tan funesta ruta, oh Everida? Vas a salir de aquí con las órbitas vacías». Habló, y la noche se apoderó de los ojos del niño. Se quedó quieto, mudo; el dolor trabó sus rodillas y la impotencia apagó su voz.
>
> Y la ninfa gritó: «¿Qué le has hecho a mi hijo, señora? ¿Es así como demostráis vuestra amistad las diosas? Me has quitado los ojos de mi

[157] La definición aristotélica de poesía también se ha tratado en «La poesía y la mímesis» (pp. 33 y ss.).

hijo. ¡Niño mío, desventurado! Has visto el pecho y los costados de Atenea, pero ya nunca más verás el sol».[158]

Por último, y esto es lo más significativo, ¿por qué iba Aristóteles a referirse a un arte sin nombre y después olvidarse de él y seguir examinando intensamente la poesía?

Si la poesía es el nombre que Aristóteles asigna a ese arte que es la imitación mediante el lenguaje, al mismo tiempo, iniciaría con este libro la disciplina que lo estudia, la «poética», o en términos modernos, la teoría literaria.

La poesía no consiste en escribir versos

Es cierto que se suele llamar poetas a quienes emplean distintos tipos de versos, y a unos los llaman poetas elegíacos y a otros épicos. De este modo, se define a los poetas no por la imitación, sino porque usan versos diferentes. Incluso se suele llamar poetas a los que escriben en verso acerca de medicina o de física.

Sin embargo, excepto porque escriben en verso, Homero y Empédocles no tienen nada en común. Homero merece el nombre de poeta, pero Empédocles el de físico.

Del mismo modo, si hace la imitación mezclando todos los versos, al modo del *Centauro* de Queremón, también se lo debe considerar poeta. (1447b12-1447b23)

Poetas que no son poetas

Homero era el poeta épico más importante de Grecia, autor de la *Ilíada* y la *Odisea*, mientras que Empédocles era un *físico* (φυσικός, *physikos)* o filósofo de la naturaleza.

[158] Calímaco, *Himnos y epigramas*.

A pesar de que ambos escribieron en verso, Aristóteles solo considera poeta a Homero, porque la esencia de la poesía consiste en la imitación *(mímesis)* y no en escribir en verso.

Aquí queda claro lo que ya se insinuaba: ser poeta no consiste en escribir en verso, sino en *imitar acciones o personajes mediante la palabra.* Aristóteles es consciente de que la costumbre era llamar poeta a cualquiera que escriba en verso, pero rechaza esta opinión. En eso coincide, y probablemente sigue, la opinión de su maestro Platón, que, cuando habla de los poetas en la *República,* en el *Ion* o en otros diálogos, da a entender casi siempre que por «poesía» entiende «imitación» o «representación», y no versificación, pues se refiere a autores de tragedias, comedias y épica, no de poesía lírica.

La métrica griega

La métrica griega era cuantitativa y no cualitativa. Es decir, no se mide por acentos o número de sílabas, sino por la duración silábica: sílabas largas y breves. Era costumbre usar versos de una medida determinada para cada tipo de poesía. La épica usaba el hexámetro dactílico; la elegía, el dístico elegíaco (combinando hexámetro y pentámetro dactílico), y la tragedia solía emplear el trímetro yámbico en los diálogos.

El *Centauro*

En cuanto al *Centauro* de Queremón, se cree que era un poema cómico de tono burlesco en el que se mezclaban todo tipo de versos, lo que no parece gustar a Aristóteles. Sin embargo, puesto que imita acciones, Queremón también es un poeta en el sentido aristotélico (y no porque escriba en verso). En la *Retórica*, Aristóteles elogia a Queremón, del que solo se conservan fragmentos de obras dramáticas o poemas rapsódicos, es decir, para ser recitados más que interpretados, como el *Centauro.*

Algunos prefieren titular la obra de Queremón *Hipocentauro*, pero parece que Aristóteles se refiere al *Centauro* por el carácter híbrido debido a esa mezcla de versos.

Conclusión a los medios que se usan en la imitación

En cuanto a lo ya examinado, valen estas distinciones según los medios mencionados.

Pero existen algunas imitaciones que emplean todos los medios: ritmo, canto y verso, como la poesía ditirámbica y la gnómica, y también la tragedia y la comedia. Algunas los usan todos al mismo tiempo y otras según la ocasión.

Las anteriores son las diferencias entre las artes en función de los medios con los que hacen la imitación. (1447b25-1447b30)

Métrica o versificación frente a mímesis o imitación

Aristóteles nos ha revelado con toda claridad lo que entiende por poesía y poética.

La poesía no tiene nada que ver con escribir en verso, pues la *Ilíada* se podría escribir en prosa, que es lo que se hace hoy en día en ediciones de la *Ilíada* y la *Odisea*. Del mismo modo, una obra en prosa, como los diálogos socráticos, se podría escribir en verso.

Por lo tanto, la poesía para Aristóteles *no consiste en versificar, sino en imitar.*

Se puede escribir en verso, como hizo el filósofo Empédocles, pero eso no merece el nombre de poesía. La poesía es mímesis o imitación mediante el lenguaje, pero de acciones, y no solo de sentimientos, como hacen los poetas líricos.

Tras examinar los diferentes medios que emplean las artes imitativas y las artes que imitan mediante la palabra, dejando claro que la poesía consiste en imitar, Aristóteles se dispone a examinar otras dos diferencias entre las diversas artes imitativas: según el objeto representado y según la manera de imitarlo.

Imitación según los objetos representados

Puesto que los imitadores presentan a personas en acción, estas personas tendrán que ser excelentes, vulgares o semejantes a nosotros, porque el carácter se manifiesta en estas cualidades y las personas se diferencian por la virtud y el vicio.

También los pintores distinguen de esta manera a las personas. Polignoto pintaba a personas superiores, Pausón a las inferiores, y Dionisio a los semejantes a nosotros.

En consecuencia, es evidente que cualquier tipo de *mímesis* reflejará este tipo de caracteres y que serán diferentes según las características de los objetos que imiten.

Se encuentran estas diferencias en la danza y la música de flauta o lira, así como en las artes que emplean solo el lenguaje, tanto en prosa como en verso. (1448a1-1448a12)

Imitadores de personas en acción

Aunque no lo diga de manera explícita, Aristóteles no quiere hablarnos de cualquier tipo de imitador, como los pintores o los bailarines, sino de los que imitan mediante la palabra, es decir, los poetas.

A partir de este momento, nos va a hablar de la imitación según el objeto que se pretende representar, pero insistirá en que los poetas no imitan a personas, sino *las acciones de esas personas*[159].

Los personajes tienen carácter, pensamiento y lenguaje: piensan en función de su carácter y sus intenciones, pero lo importante son sus acciones: lo que dicen, cantan o hacen, pues esa es la única manera de conocer su personalidad y su pensamiento. De ahí la importancia que da Aristóteles a la trama[160].

---

[159] Como ya se ha dicho, es muy importante distinguir entre caracteres y personajes. Ver «Los caracteres y los personajes» (p. 59).

[160] Tanto para la distinción entre caracteres y personajes, como para la comparación entre personajes (o caracteres) y trama, ver «La tragedia y sus seis elementos fundamentales» (pp. 51 y ss.).

Excelentes, vulgares o semejantes

Lo habitual es traducir que los personajes pueden ser «mejores», «peores» o «semejantes» a nosotros, pero hay que tomar con prudencia «mejores» y «peores», porque no tienen (o no siempre) un matiz moral, ni siquiera valorativo en el sentido de bueno o malo. Parece preferible «excelente» para *spoudaioús* (σπουδαῖος) y «vulgares» para *phauloús* (φαύλους), aunque también podrían servir palabras como *virtuosos, dignos, relevantes*, por un lado, y *mediocres, insignificantes* o *inferiores,* por el otro.

Si nos detenemos a observar a los personajes de las tragedias, vemos que no todos son mejores, pues algunos son malvados, mezquinos o monstruosos. Clitemnestra, que asesina a su marido Agamenón, es despiadada; Medea es cruel y vengativa; Áyax vengativo, soberbio y desquiciado; las erinias o furias que acosan a Orestes son aterradoras y espantosas.

Pero los personajes de la tragedia proceden casi siempre del fondo mitológico griego, que está asociado a la fama y la grandeza. Son algo así como arquetipos, o al menos personajes a los que se mira con atención. Eso sí, hay excepciones, como en *Los persas* de Esquilo, pues son los consejeros del rey persa Jerjes, su esposa la reina Atosa, los nobles ancianos persas e incluso el fantasma de Darío. En estos casos, aunque no se trate de semidioses o héroes, pertenecen a la nobleza.

Sin embargo, en todas las tragedias aparecen personajes comunes, en especial los mensajeros. Se sabe también, porque lo dice Aristóteles, que el dramaturgo Agatón creó tragedias con personajes comunes.

En definitiva, podríamos decir que, salvo alguna excepción, la grandeza de estos personajes no consiste en sus características personales, sino en la propia grandilocuencia y solemnidad que les presta el género de la tragedia. Aunque incluso en esto podríamos encontrar excepciones, como la *Helena* de Eurípides, donde Menelao es reflejado de manera más bien burlona, lejos de cualquier grandeza.

En cuanto a los personajes peores, inferiores, insignificantes, comunes, irrelevantes, mediocres, vulgares o como queramos llamarlos, son los protagonistas de la comedia, que carecen de la grandeza de los personajes trágicos. Pero, de nuevo, es más por el tono que les da el género que por sus propias características, porque los personajes excelentes de la tragedia dejan de serlo cuando aparecen en la comedia. En *Las ranas* de Aristófanes aparece el dios Dioniso, en *Las nubes* el filósofo Sócrates y en *Los acarnienses* el general Lámaco. Todos ellos, a pesar de su prestigio, nobleza o fama, son ridiculizados.

En cuanto a personajes semejantes o «como nosotros», se entiende que se refiere a la humanidad promedio, ni muy virtuosos o excelentes ni muy vulgares o mediocres. Este tipo de personajes aparecen más en la comedia que en la tragedia, aunque los mensajeros y a veces el coro pertenecen a esta categoría. En cualquier caso, Aristóteles seguirá desarrollando la distinción entre tipos de personajes en los siguientes pasajes.

«Las personas se diferencian por la virtud y el vicio»: con virtud (ἀρετή, *areté),* Aristóteles se refiere a la excelencia moral, que es algo claramente positivo. En cuanto al vicio (κακία, *kakia),* implica defectos y deficiencias morales, y es algo negativo.

La intención de este pasaje parece doble. Por un lado, nos dice que la virtud y el vicio definen el carácter de los personajes, es decir, que sean excelentes, vulgares o comunes. Por lo tanto, los poetas deben tener en cuenta la excelencia y la virtud o la vulgaridad y el vicio al crear a sus personajes. Pero también nos dice que las acciones de los personajes son lo que nos permite saber si son virtuosos o viciosos.

Mejores, peores o semejantes

Homero representa a los mejores, Cleofonte a los semejantes a nosotros y Hegemón de Taso, primer autor de parodias, y Nicocares, autor de la *Diliada*, representaron a los inferiores.

Eso mismo puede hacerse en los ditirambos y en los *gnomos*, porque podríamos representar a los cíclopes a la manera de Timoteo o a la de Filoxeno.

Y precisamente esa es la diferencia que existe entre la tragedia y la comedia, pues la comedia imita a los inferiores, mientras que la tragedia representa a hombres superiores. (1448a12-1448a18)

Mejores, peores o semejantes

Aristóteles antes empleó las palabras *spondaioús* y *phauloús,* que tradujimos como excelentes y vulgares. Sin embargo, ahora emplea mejores (βελτίους, *beltíous)* y peores (χείρους, *cheírous).* Aunque cada término implica matices diferentes, la intención es la misma, pues se establece una comparación entre cómo los dramaturgos y autores de epopeyas representan los tres tipos de caracteres y cómo lo hacen los pintores. Porque los pintores pueden representar a personas excelentes, o superiores, como hacía Polignoto, o a personajes inferiores o peores, al estilo de Pausón, que ridiculizaba a los personajes que retrataba. En cuanto al pintor Dionisio, representaba con más fidelidad a sus modelos.

Los poetas también imitan a los mejores, como Homero; a los semejantes a nosotros, como Cleofonte; y a los peores, como Hegemón de Tasos, a quien se atribuye la invención de la parodia, o como Nicocares, que en la *Dilíada* hacía una parodia y burla de la *Ilíada*, situando la acción en la isla de Delos en vez de en Troya o Ilión *(Ilíada).*

Ya hemos hablado de los ditirambos (*διθύραμβος*), cantos corales en honor a Dioniso que celebran el vino y la fiesta, pero también lo heroico y lo místico. Poco a poco adquirieron un carácter más burlesco, y por eso Aristóteles menciona a dos autores muy diferentes: Timoteo de Mileto, que representó a los cíclopes con respeto y grandeza, frente a Filoxeno de Citera, que los ridiculizó en *El cíclope*.

Al traducir *mímesis* como «imitación» hay que recordar que su sentido va más allá de copiar algo que ya existe. Imitación suele implicar que hay un modelo que copiar, pero estamos descubriendo que la mímesis también puede crear algo que no existe[161].

Los gnomos o nomos son breves textos que suelen tener un trasfondo moral y didáctico. Podemos asimilarlos a las máximas, proverbios o sentencias. A veces se atribuyen a personajes como los siete sabios de Grecia; otras veces proceden de un oráculo, como el célebre «Conócete a ti mismo». Algunos autores recopilaron o crearon sentencias o máximas (lo que podríamos llamar aforismos, al estilo de Lichtenberg o Nietzsche), como Terpandro, o el autor de comedias Menandro, de quien se conservan decenas de gnomos, aunque se sospecha que muchos no son suyos. Estos son algunos:

> ¡Qué agradable es para quien se ha salvado acordarse de sus fatigas!
>
> Los préstamos hacen esclavos a los hombres libres. Mantente libre y dueño de ti mismo.

O este que nos recuerda una sentencia de Confucio: «¡De qué poco sirve aprender si no le acompaña la inteligencia!». Dijo Confucio: «Aprender sin pensar es inútil. Pensar sin aprender, peligroso».

Imitación según la manera empleada

> Queda aún la tercera diferencia, que es la de cómo se puede imitar cada objeto. Porque con los mismos medios se pueden imitar los mismos objetos, pero de manera diferente:
>
> 1) Narrando a través de diferentes personajes que se intercalan, como lo hace Homero.
> 2) Cuando es el propio poeta quien habla.
> 3) Representando a los personajes como si estuvieran actuando y en acción. (1448a19-1448a23)

[161] Ver «El complejo sentido de la mímesis aristotélica» (p. 46).

La manera en la que se imita

Se puede imitar mediante *narración*, cuando es el poeta quien habla y relata los acontecimientos y las acciones de los personajes, o mediante *representación de acciones*.

Aristóteles está comparando dos tipos de imitación mediante el lenguaje, el de los poetas o narradores épicos y el de los poetas o narradores dramáticos.

Los poetas épicos *narran* las situaciones o acciones de los personajes, mientras que los dramaturgos «repiten» o «vuelven a hacer visibles» esas acciones en el escenario a la vista del público. No se cuentan las acciones, sino que se *repiten* o *representan*.

Es cierto que existen algunos matices, que Aristóteles señalará, pues también podemos leer una obra de teatro, en vez de verla en un escenario. En ese caso tendremos que imaginar la situación o acción imitada, como cuando leemos la *Ilíada* o una novela.

Conclusión a las tres formas de la imitación

En definitiva, estas son las tres formas en las que se puede imitar: por los medios, por los objetos y por la manera.

Homero y Sófocles coinciden en que imitan a personas mejores que nosotros. Pero Sófocles también se parece a Aristófanes, pues ambos representan a sus personas en acción. (1448a24-1448a27)

Sófocles se parece a Homero, pero también a Aristófanes

Tras señalar tres formas de la imitación, según el medio empleado (la palabra, la pintura), según el objeto imitado (personas mejores, peores o semejantes) y según la manera (narración o representación), Aristóteles señala que Homero *narra*, mientras que Sófocles *representa*, pero los dos coinciden en imitar a personas mejores.

Ahora bien, enseguida añade que Sófocles representa a personas mejores y Aristófanes a peores o semejantes, pero los dos coinciden en representar a personas en acción.

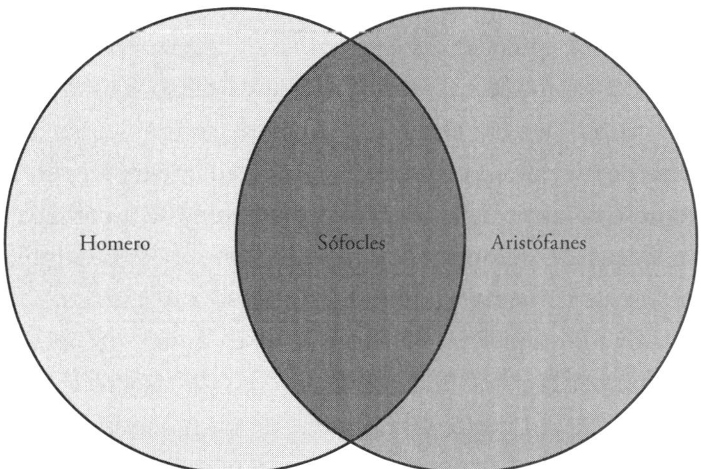

Imitar acciones nobles

Imitar mediante la reproducción de acciones

> Sófocles y la tragedia son superiores a la épica de Homero porque no narran, sino que representan acciones, y son superiores a Aristófanes y a la comedia porque imitan acciones nobles o dignas de ser recordadas.

En cuanto al calificativo de *mejores* o *peores*, asunto que ya hemos discutido en la tragedia y la comedia, no parece del todo coherente tampoco en la épica, pues podemos pensar en el Tersites de la *Ilíada*, un hombre al que todos desprecian, o Pándaro, que dispara una flecha y rompe el pacto entre aqueos y troyanos. Por no hablar de los propios dioses, que engañan y manipulan constantemente. No se puede decir que esos personajes sean siempre mejores que nosotros. Parece más adecuado, en vez de mejores o peores, pensar en personajes «más grandes», «míticos», «fabulosos», sin que eso tenga un sentido moral. Podríamos decir que estos personajes eran lo que hoy llamamos arquetipos, figuras ideales, pero no por eso buenas o malas, ni mejores o peores.

Por el contrario, cuando Aristóteles habla de personajes «peores» que nosotros en la comedia, es como si hablara de estereotipos, ese tipo de personajes que tanto juego ha dado en el humor, desde los criados de Plauto a la comedia del arte italiana y francesa, los bufones de Shakespeare o la moderna *sitcom*. Son esos personajes que repiten siempre el mismo patrón: el tonto, el listo, el astuto, o el Augusto y el Carablanca de los payasos. Personajes exageradamente torpes, gruñones, ingeniosos o astutos. Estereotipos que, como se recordaba en un cartel de la sala de guionistas de la serie *Seinfeld:* «No cambian, no aprenden, no escarmientan». Son siempre igual a sí mismos.

En cuanto a los semejantes a nosotros, podríamos compararlos con una película realista y costumbrista, como las del neorrealismo italiano: personajes que ni llegan a las alturas de los arquetipos ni caen en los rasgos extremos del estereotipo. Tal vez esta interpretación no coincide plenamente con las palabras que emplea Aristóteles, pero sí parece coincidir con las descripciones que hace aquí y allá de estos personajes.

Capítulo 2
Origen de comedia, tragedia y épica

Tanto la comedia como la tragedia son imitaciones, pero ¿cuál es el origen de cada una de ellas y cómo evolucionaron hasta adquirir su forma definitiva?

Origen dorio de la comedia y la tragedia

Se dice que estos poemas se llaman «dramas» porque representan a personas «haciendo cosas» o «que actúan». Es por esa similitud fonética por lo que los dorios dicen haber inventado la tragedia y la comedia.

También los megarenses reivindican la creación de la tragedia, tanto los de Megara, pues dicen haberla creado durante la democracia, como los de Sicilia, porque allí nació el poeta cómico Epicarmo, mucho más antiguo que Cónidas y Magnes.

La tragedia también la reivindican en el Peloponeso, porque los dorios dicen que ellos llaman *komai* («comarca») a las aldeas vecinas, mientras que los atenienses las llaman demos («pueblos»). Así que los comediantes no tomaron el nombre por la palabra *komazein* («deleitar»), sino debido a su dispersión por las comarcas, puesto que eran despreciados en las ciudades y vagaban por las aldeas.

Además, al *obrar* llaman ellos *hacer (dran),* mientras que los atenienses usan *prattein.*

En fin, de las diferencias de la imitación y de cuántas y cuáles sean, es bastante con lo dicho. (1448a28-1448b2)

Los dorios en el origen de la tragedia y la comedia

Los dorios eran una de las cuatro tribus griegas, junto a jonios, eolios y aqueos. La afirmación de que los dorios crearon la tragedia se debe a que usan la palabra *dran* (δρᾶν)[162] con el significado de «actuar» o «hacer cosas», y eso es lo que sucede en un drama (δρᾶμα). Como los dorios emplean esta palabra, mientras que los atenienses, que son jonios, emplean la palabra *prattein* para «hacer», eso indicaría un origen dorio.

Los megarenses y los sicilianos reclaman la tragedia por su poeta Epicarmo. Los megarenses también son dorios, tanto los de la ciudad de Megara, situada en el istmo de Corinto, como los de las colonias de Sicilia, como Epicarmo.

En cuanto a la reivindicación que hacen de la comedia los habitantes del Peloponeso, Aristóteles se refiere a la gran península que está unida al resto de Grecia por el istmo de Corinto. Desde que en 1893 se construyó el canal de Corinto, se puede decir que el Peloponeso es una gran isla, pues la región ahora está separada físicamente del continente. En el Peloponeso había varias regiones, que ya se mencionan en la *Ilíada,* como Mesenia, Arcadia, Lacedemonia, Acaya y la Argólida, pero Aristóteles se refiere a las poblaciones dorias. Se cree que los dorios invadieron el Peloponeso hacia el año 1200 antes de nuestra era, expulsando o sometiendo a los aqueos. La población doria más célebre es la de los espartanos de la región de Laconia o Lacedemonia.

En definitiva, todos los que presumen de haber inventado la tragedia o la comedia que menciona Aristóteles son de origen dorio.

La reivindicación doria se basa en diversas etimologías o en la mención al siciliano y dorio Epicarmo, y debía resultar muy molesta para los atenienses porque ellos presumían, con razón, de ser los máximos representantes del teatro cómico y dramático. Los dorios aseguraban que Epicarmo era anterior a los atenienses Cónidas (siglo VI a. C.) y Magnes (siglo V a. C.), a los que se consideraba dos de los primeros

[162] *Dran* aparece en el texto griego en su forma δρῶσι, drosi, «que actúan». José Alsina Clota señala que de *dran* deriva *drama*.

autores de comedia o sátira. Ya se ha explicado la etimología de drama *(dran),* que probablemente se refiere tanto a la comedia como a la tragedia antes de que se diferenciaran claramente.

Además, los dorios del Peloponeso decían que «comedia» no procede de la palabra jonia *komazein* («deleitar»), sino de la doria *komai* («comarca»), lo que se explica de la siguiente manera: los comediantes eran expulsados de las ciudades y se veían obligados a vagar por la «comarca». Es una explicación que nos recuerda la prohibición de Platón a los poetas o dramaturgos de entrar en su República ideal. Platón era un gran admirador de la muy doria Esparta y de sus estrictas costumbres, pero probablemente se trata de una coincidencia casual. De todos modos, se dice que el legislador ateniense Solón expulsó de la ciudad a Tespis, supuesto inventor de la tragedia, porque con sus obras pervertía las costumbres y la moral, por lo que se vio obligado a ganarse la vida por la comarca.

Los filólogos dudan de todas estas etimologías y creen que se trata de similitudes casuales. Incluso cuestionan que la palabra *dran* sea de origen dorio. Tampoco parece que Aristóteles esté convencido de esas etimologías y quizá solo se limita a mencionarlas.

¿Por qué imitamos?

Parece cierto que dos causas, ambas naturales, han contribuido al origen de la poesía. Imitar es connatural al hombre desde la infancia, y en esto se diferencia de los demás animales: le gusta la *mímesis* y gracias a ella comienza su aprendizaje.

A todos nos gustan las imitaciones. La prueba de ello es que las cosas que miramos con dolor en la realidad, las contemplamos con placer cuando las vemos representadas, como las figuras de animales salvajes y los cadáveres.

La razón es que obtenemos mucho placer cuando aprendemos algo, no solo los filósofos, sino también los demás, aunque estos últimos lo experimentan en menor medida.

Por eso, las personas disfrutan al contemplar imágenes, porque cuando las miran aprenden y comprenden qué es cada cosa, como cuando se dan cuenta de que *esto* es *aquello*. Y, en caso de no conocerse el original, el placer no proviene de la semejanza, sino del color, de la manera en la que se ha hecho o de cualquier otra causa.

Siendo desde el principio para nosotros natural la imitación, la melodía y el ritmo (la métrica es claramente parte del ritmo), los más interesados en este tipo de imitación fueron improvisando y mejorando poco a poco. (1448b4-1448b24)

La mímesis nos hace humanos

En su búsqueda de las causas por las que nos gusta tanto la épica, la tragedia, la comedia, los ditirambos, las estatuas o las pinturas que representan animales, personas o paisajes, Aristóteles llega a la conclusión de que imitar es una característica del ser humano que nos diferencia de otros animales. No le falta razón, porque el gusto o la pasión por la imitación es algo que nos distingue de casi todas las especies, que no es que sean incapaces de ello, en especial en los primeros meses de vida, pero que están muy lejos de la pasión que despierta en nosotros.

Una vez establecido que somos un animal imitador, el origen de la poesía, es decir, de la imitación mediante el lenguaje, fue un proceso natural.

La presencia de improvisadores en todas las culturas, desde los repentistas de las islas Canarias al moderno rap, parece probar la tendencia natural del ser humano a darle ritmo, medida y melodía al lenguaje y jugar con las infinitas combinaciones que nos permite.

¿Evolución determinista o selección por ensayo y error?

En definitiva, el nacimiento de la poesía se debe «al azar», aunque está claro que no se trata de un azar sin medida, sino más bien de algo parecido a lo que hoy llamamos método de ensayo y error. Aquellos a los que les gustaba imitar empleando un lenguaje con ritmo, es decir, con versos medidos, probaban algunas cosas, conservaban y mejoraban algunas, repetían las que más gustaban y descartaban otras, «improvisando y mejorando poco a poco».

Esta evolución cultural cuestiona las interpretaciones que presentan la evolución aristotélica de la tragedia y la comedia como un camino inevitable hacia la perfección, como sostiene Richard Janko[163]. Es cierto que existe una poderosa razón para sugerir tal idea, dada la importancia que Aristóteles concede a la causa final o teleológica: el fin u objetivo por el que se hace algo. Es cierto también que un dramaturgo escribe su obra para provocar algún tipo de placer en los espectadores, pero cuando Aristóteles nos habla de la evolución de la tragedia, la comedia, la poesía e incluso la mímesis, emplea demasiado a menudo expresiones como «azar», «probar» o ensayar, desechar y mejorar. Pocas o ninguna vez habla de «necesidad» o de un camino inevitable que conduzca a la tragedia perfecta.

Aunque es posible que tuviera presente la causa final, creo que sus explicaciones coinciden más con una selección cultural, que se podría comparar con la selección natural de los seres vivos, como hizo Richard Dawkins en *El gen egoísta* al proponer los *memes* o replicadores culturales (que no tienen nada o poco que ver con los *memes* de internet). Según esta hipótesis, las propuestas culturales más efectivas o que tienen más éxito reciben más atención y son mejoradas y perfeccionadas constantemente.

Por otra parte, Aristóteles admite que la tragedia experimenta una cierta decadencia, debido al mal gusto del público, lo que demuestra que no se trata de un proceso determinista, sino que está sujeto a muchos vaivenes. Es interesante recordar que para Platón las artes poéti-

---

[163] Richard Janko, *Aristotle. Poetics. With The Tractatus Coislinianus and fragments of On the Poets.*

cas, que también consideraba que consistían en la imitación y no en el uso de versos, entraron en decadencia con la llegada de la «teatrocracia»[164], es decir, cuando la tragedia y la comedia sustituyeron a los himnos, y cuando el teatro adoptó ideas de los sofistas y jugó un gran papel en la educación política. El carácter político del teatro, ya desde que el tirano Pisístrato instauró las competiciones dramáticas, o su uso por la democracia y por Pericles, está ausente en la *Poética* y en la breve historia del origen y evolución de la tragedia, lo que resulta bastante llamativo.

Homero en el origen de la tragedia y la comedia

Con el tiempo, la poesía se dividió en función del carácter de los autores, porque los más serios prefirieron imitar las acciones nobles de sus semejantes con himnos y encomios, y los más ordinarios prefirieron imitar a los más ridículos con versos satíricos. Es verdad que antes del *Margites* de Homero no podemos mencionar este tipo de invectivas, aunque es probable que hubiese muchas.

Pero, empezando con Homero, bien podemos mencionar su *Margites* y otros parecidos. El verso yámbico se creó porque era muy adecuado para este tipo de poesía, y precisamente se llama *yámbico* porque con estos versos se burlaban *(iambizein)* unos de otros.

Homero fue el mejor entre los poetas serios y destaca tanto por lo bien que escribió como porque dramatizó sus imitaciones. También fue el primero en probar las diferentes formas de la comedia, pero no mediante invectivas, sino mediante lo risible. Por eso, su *Margites* tiene mucha relación con la comedia, del mismo modo que la *Ilíada* y la *Odisea* la tienen con las tragedias. (1448b24-1449a1)

---

[164] *Leyes*, III.

Lo serio y lo ridículo

En esa evolución del arte mimético o imitativo a través del lenguaje, Aristóteles distingue dos grandes corrientes: la que lleva a la tragedia y la que conduce a la comedia.

Los imitadores más serios prefirieron imitar las acciones nobles con himnos y encomios, mientras que los más ordinarios se inclinaron hacia la sátira. Aunque se traduce εὐτελέστεροι *(eutélesteroi)* como «ordinarios», al examinar los personajes y dramaturgos que menciona Aristóteles, descubrimos que no es un término tan despectivo como lo que hoy en día asociamos con «ordinario».

También está claro que no se trata de poetas serios y ordinarios, puesto que Aristóteles refuta esa opinión al decir que Homero fue serio con la *Ilíada* y la *Odisea* y ordinario con el *Margites*. Por lo tanto, un mismo poeta puede ser ordinario o serio según lo que decida componer en cada momento. Algo parecido se puede aplicar a los personajes llamados «vulgares» (αἶσχος, *aischos),* por lo que parece preferible emplear «ridículos», porque esta sí que es una característica de casi todos los personajes de la comedia.

Aristóteles considera que el poema *Margites,* atribuido a Homero, es el primero de carácter satírico, aunque no descarta que existieran otros antes. Sea como sea, el azar parece haber deparado que Homero esté en el origen tanto de lo trágico, con la *Ilíada* y la *Odisea,* como de lo cómico, con el *Margites*.

Hoy en día se pone en duda que Homero sea autor del *Margites,* a pesar de que otros autores de la Antigüedad también se lo atribuyeron, como el estoico Zenón de Citio, que excusó a Homero por escribir un poema lleno de vulgaridades, justificándolo como una obra de juventud. El Pseudo Plutarco sostiene que no es obra de Homero[165], mientras que Proclo no se pronuncia a favor o en contra, pero admite que se le atribuyó[166].

---

[165] Pseudo Plutarco, *Vida de Homero.*

[166] *Vida de Homero,* de Proclo (atribuida).

Resulta difícil decidir, pero no encuentro buenas razones para desconfiar del criterio de Aristóteles, pues parece extraño que se equivocara en un asunto de tanta trascendencia. Eso no significa que el *Margites* lo escribiera Homero, porque ni siquiera podemos asegurar que alguien llamado Homero escribiera la *Ilíada* o la *Odisea*. Puede que las tres obras fueran compuestas por una escuela de poetas conocidos como los «homéridas». Es imposible saberlo y también juzgar la calidad del *Margites*, pues los fragmentos que se conservan de este poema caben en unas líneas, por lo que podemos citarlos íntegros:

> Llegó a Colofón un anciano y cantor divino, servidor de las Musas y del certero flechador Apolo, llevando en sus manos una lira de grato sonido.
>
> Los dioses no lo hicieron cavador, ni labrador, ni hábil para cosa alguna. Fracasaba en toda clase de trabajo.
>
> Sabía muchas cosas, pero todas las sabía mal.[167]
>
> Muchas cosas sabe la zorra, pero el erizo una grande.[168]

Curiosamente, lo último que se dice de que la zorra sabe muchas cosas pero que el erizo sabe solo una, pero muy importante, que también se atribuye al poeta Arquíloco, fue la inspiración del filósofo Isaiah Berlin para comparar a dos tipos de pensadores: los que se parecen a las zorras por su inventiva sin fin y los que se parecen al erizo, que sabe una cosa pero la sabe muy bien y que avanza con firmeza por ese único camino. Zorras serían, en opinión de Berlin, Shakespeare y Aristóteles, mientras que Platón y Dante serían erizos.

Esa única cosa que sabe el erizo es defenderse con su escudo de pinchos impenetrables, mientras que la zorra tiene que idear mil y una maneras para escapar del peligro[169].

---

[167] Platón, *Alcibíades*.

[168] «Margites» en *Fragmentos de épica griega arcaica*.

[169] Isaiah Berlin, *The Hedgehog and the Fox*.

Aparte de los fragmentos citados y alguno más en estado fragmentario, lo poco que sabemos del personaje Margites es que era considerado un imbécil redomado, un tonto entre los tontos, estúpido y bobo a más no poder. Se dice que contaba las olas del mar, como aquel tonto del pueblo de la canción de Françoise Hardy que se pasa un día tras otro contando las ondas que hacen las piedras en el agua[170]. Un día le preguntó a su madre si le había parido ella o su padre. Cuando se casó no sabía qué había que hacer en la noche de bodas, por lo que su esposa tuvo que decirle que «se había herido en las partes bajas y que ninguna medicina la beneficiaría más que si él acomodaba allí sus partes viriles». En fin, se afirma que era tan tonto que ni siquiera le afectaban el sufrimiento y las penurias, lo que nos recuerda al *Cándido* de Voltaire, aunque Cándido, más que tonto, es seguidor fanático de la idea de Leibniz de que vivimos en el mejor de los mundos posibles.

A Homero también se le atribuyó otro poema burlesco, la *Batracomiomaquia (La batalla entre los ratones y las ranas),* un terrible conflicto entre las ranas y los ratones en forma de epopeya al estilo de la *Ilíada*. En este caso se conserva el texto casi íntegro. La obra, burlesca y paródica, es bastante notable, como en este pasaje en el que el ratón responde a la curiosidad de la rana:

> ¿Por qué me preguntas mi linaje? Notorio es entre todos los hombres, los dioses y los celestes volátiles. Se me llama Robamigas, soy hijo de Roepán, un padre magnánimo. Mi madre es Lamemolinos, hija del rey Roejamón. Me parió en una cueva y me ocultó entre higos, nueces y alimentos de todas clases para que me alimentara.[171]

---

[170] «Des ronds dans l'eau.»

[171] *Himnos homéricos* y *Batracomiomaquia*.

Los yambos

El verso yámbico es el habitual de la comedia y la sátira, pero también en las partes recitadas de la tragedia. Está compuesto por una sílaba breve seguida de una larga.

En opinión de Aristóteles, los yambos (ἴαμβοι, *iamboi)* se adoptaron en las obras cómicas y satíricas porque eran perfectos para la burla. Esa sería la causa de su nombre, pues «iambizein» significa burlarse, ridiculizar y criticar. Arquíloco o Hiponacte son famosos por sus yambos, entendidos como un género burlesco, como en este célebre poema en el que Arquíloco desprecia el código del honor que exigía que nunca se debe abandonar el escudo («Regresa con escudo o sobre él», decían las madres espartanas):

> Un tracio[172] se vanagloria con mi escudo, que, junto a un arbusto,
> arma impecable, abandoné contra mi voluntad.
> Pero me salvé, ¿qué me importa ese escudo?
> ¡Que se vaya! Conseguiré de nuevo otro no peor.[173]

Diferencias entre comedia y tragedia

Una vez que surgieron la comedia y la tragedia, cada uno se aficionó a lo que coincidía con su naturaleza. Algunos se convirtieron en comediógrafos a partir de los creadores de yambos, mientras que otros, en lugar de epopeyas, compusieron tragedias. Porque la comedia y la tragedia son más grandes y estimadas que los yambos y las epopeyas.

Si la tragedia ya ha alcanzado la perfección, tanto considerada en sí misma como en relación con su público, es otro asunto. (1449a2-1449a9)

---

[172] En el original se menciona a un sayo, tribu tracia.

[173] *Poesía arcaica griega. I. Poesía parenética.*

Cómo se perfeccionaron la comedia y la tragedia

En opinión de Aristóteles, se produjo una evolución que llevó de componer los originales versos satíricos en yambos a algo más elaborado, como las comedias. En paralelo, se produjo una evolución desde la épica o epopeya hacia la tragedia.

Aristóteles plantea un dilema al que no da respuesta: si la tragedia ya ha llegado a su perfección, tanto en lo que se refiere al género mismo como a la relación con su público.

Resulta difícil saber qué es lo que opina Aristóteles. Algunos autores dan por seguro que creía que la tragedia había alcanzado la perfección, mientras que otros piensan que le parecía que todavía tenía que recorrer un camino hasta alcanzar la excelencia.

No parece que la pregunta sea si existe una tragedia perfecta, como la que más le gusta a él, el *Edipo rey* de Sófocles, sino que se refiere al género trágico en general. Lo de «en relación con el público» probablemente se refiere a si la tragedia ha logrado provocar en los espectadores las emociones o la *catarsis* adecuadas, asuntos que examinará más adelante, para que presenciar una tragedia sea una experiencia plena.

La influencia de lo dionisíaco

Al principio, tanto la comedia como la tragedia surgieron a partir de improvisaciones. La tragedia de los líderes de los ditirambos, la comedia de los líderes de los cantos fálicos, que todavía hoy se representan en muchas ciudades.

Ambas se desarrollaron poco a poco y, tras muchos cambios, la tragedia logró alcanzar su propia naturaleza. (1449a10-1449a15)

La influencia del dios Dioniso y el origen del teatro

A pesar de que Aristóteles afirmaba que la tragedia evolucionó a partir de la épica o epopeya, ahora nos dice que fue a partir de los ditirambos, gracias a los corifeos o líderes del coro, mientras que la comedia habría adquirido su forma también por la evolución de los corifeos, en este caso los de los cantos fálicos. Tanto los ditirambos como los coros fálicos eran en honor al dios Dioniso. De este modo, mediante sucesivas improvisaciones y el método de ensayo y error, poco a poco se fueron definiendo tragedia y comedia.

La estrecha relación entre obras dedicadas a Dioniso y la comedia y la tragedia fue defendida por diversos autores en la Antigüedad, algo en lo que coincidieron Friedrich Nietzsche y muchos historiadores. La influencia parecía directa e indiscutible, puesto que los concursos de comedias y tragedias tenían lugar en celebraciones en honor al dios, como las Grandes Dionisias y las Pequeñas Dionisias, o las Leneas.

Ahora bien, las explicaciones que sitúan el origen del teatro en celebraciones religiosas tienen mucho de verdad, siempre y cuando no exageremos el componente religioso. Las murgas de Cádiz o los carnavales de Río de Janeiro se celebran en el contexto de fiestas religiosas, pero no son actividades religiosas en sí. Tragedias, comedias, ditirambos y otras representaciones debieron tener lugar durante festividades religiosas, como las Grandes y las Pequeñas Dionisias. Las Pequeñas Dionisias se celebraban en el mundo rural mientras que las Grandes tenían lugar en Atenas y duraban cinco días. En ellas competían tres dramaturgos, que se habían ganado el puesto en una preselección. Cada uno presentaba cuatro obras, que en principio estaban relacionadas entre sí: tres tragedias y una obra satírica. En otras fiestas dedicadas a Dioniso, como las Leneas, competían obras cómicas, aunque en el año 432 a. C. se admitieron también tragedias.

Por lo tanto, la relación con el dios Dioniso es clara, pero quizá no tan profunda como se ha creído, en especial por Nietzsche y su obsesión con el conflicto entre lo dionisíaco y lo apolíneo. En gran parte estas interpretaciones se basan en las pezuñas de las cabras, en concreto las de los sátiros y silenos, que indicarían un origen dionisíaco, por ser estas criaturas acompañantes del dios Dioniso. La asociación de la cabra con los sátiros y el burlesco Sileno quizá no sea errónea, pero hay que tener en cuenta que estos personajes más que pies de cabra tenían cascos de caballo, al menos en su origen. Varios indicios indican que la tragedia nació con la intención de diferenciarse de los cantos a Dioniso, ya desde que un tal Tespis, o su discípulo Frínico (maestro a su vez de Esquilo), dio más importancia al corifeo o líder del coro y empezó a contar historias míticas llenas de patetismo y desgracias.

En la Antigüedad circulaba el dicho «Nada que ver con Dioniso», que parece mostrar lo poco que tenía que ver la tragedia con el dios, quien tan solo aparece en una de las tragedias conservadas, *Las bacantes* de Eurípides. Como recuerda Plutarco:

> A Frínico y Esquilo, al conducir por primera vez la tragedia al terreno de los mitos y lo patético, se les censura con lo de: «¿Qué tiene que ver esto con Dioniso?».[174]

La expresión se hizo célebre no solo para referirse a que las tragedias tuvieran poco o nada que ver con el patrón de las fiestas, sino más tarde en todo tipo de contextos, por ejemplo, para llamar la atención a quienes se desvían del tema que se está tratando en un debate y hablan de cualquier otra cosa, aunque no tenga la menor relación.

En la *Suda*, una enciclopedia bizantina, se ofrece una explicación parecida a la de Plutarco, aunque se señala una cierta evolución:

> Primero escribieron para Dioniso y compitieron con canciones llamadas *satyrika;* luego, pasando a escribir tragedias, gradualmente recurrieron a tramas ficticias o históricas, sin tener ya ningún recuerdo de Dioniso.[175]

[174] Plutarco, *Moralia* I, 5.
[175] *Suda* (en *Suda online:* https://www.cs.uky.edu/~raphael/sol/sol-html/).

Se ha supuesto que incluir una sátira como cuarta pieza en los concursos de tragedia tenía la intención de recuperar el carácter dionisíaco, pues en los dramas satíricos, que eran burlescos y tenían final feliz, el coro estaba compuesto por alegres y traviesos sátiros:

> *Nada que ver con Dioniso.* El proverbio se dice de quienes dicen cosas que no tienen relación con el tema que se trata. Porque al principio los coros acostumbraban a cantar un ditirambo en honor de Dioniso, y los poetas, luego, apartándose de esta práctica, comenzaron a escribir *Ayantes* y *Centauros.* De ahí que los espectadores, burlándose, dijesen «nada que ver con Dioniso». Por eso luego decidieron introducir a los sátiros, para que no pareciera que se olvidaban del dios.[176]

Existe un personaje, del que ya hemos hablado, pero que no menciona Aristóteles, al que se atribuye el origen del teatro y que ha sido tan influyente que los actores y los dramaturgos británicos se consideran sus herederos.

El carro de Tespis

En el mundo del teatro es célebre la imagen del «carro de Tespis». En los países de habla inglesa todavía se emplea la palabra *thespian* (tespio o tespiano) para referirse a un actor o actriz, y existen diversas asociaciones *tespianas* de dramaturgos, actores o productores de teatro. Curiosamente, Aristóteles no lo menciona en la *Poética,* aunque parece que lo hizo en alguna obra (quizá en *Sobre los poetas)* que leyó uno de sus comentadores, Temistio, en el siglo IV de nuestra era[177].

De Tespis se dice que comenzó escribiendo ditirambos pero que fue el primer autor de tragedias. También se le atribuye el uso de máscaras, aunque al principio se pintaba la cara con tiza blanca o albayalde y más

[176] Menandro, *Proverbios griegos y sentencias.*
[177] Themistis, *Oratio* 26.

adelante se la cubría o teñía con hojas de verdolaga. Finalmente, decidió fabricar máscaras de lino.

En cuanto al «carro de Tespis», la explicación podría ser que el legislador Solón, tras ver una tragedia de Tespis, «prohibió a Tespis representar sus tragedias porque consideraba perjudicial la ficción»[178], y que Tespis se vio obligado a viajar con su carro, en el que llevaba las máscaras, los trajes y a sus compañeros del coro, representando sus obras por los pueblos. La escena nos recuerda los viajes del teatro itinerante de Molière por Francia y los de Federico García Lorca con la Barraca por España.

En el diálogo *Minos* de Platón, Sócrates se refiere a Tespis y a Frínico, pero duda de que sean los primeros tragediógrafos:

> La tragedia aquí es antigua, y no empezó, como algunos piensan, con Tespis y Frínico, sino que, si se te ocurre pensar en ello, te darás cuenta de que se trata de un hallazgo muy antiguo de nuestra ciudad. Por otra parte, de entre los géneros poéticos, la tragedia es la que más deleita al pueblo y la más seductora.[179]

Esta opinión coincidiría con un testimonio que se menciona en la *Suda*, según la cual Tespis no fue el primer trágico, sino el segundo, o ni más ni menos que el número dieciséis:

> Tespis, de Icarion en Ática, poeta trágico, situado en el puesto dieciséis desde el primer compositor de tragedias Epígenes de Sición, pero, según algunos, segundo después de Epígenes.[180]

[178] Diógenes Laercio, *Vidas de los filósofos más ilustres.* Recordemos que esa expulsión de los cómicos es lo mismo que Aristóteles atribuye a los dorios del Peloponeso. Plutarco cuenta en la *Vida de Solón* la misma anécdota y el enfado del legislador tras asistir a una obra de Tespis.

[179] Platón, *Minos*, en *Diálogos VII*, Gredos.

[180] *Minor Greek Tragedians.*

Por otra parte, en el llamado *Mármol de Paros*, una cronología de Atenas que va desde el año 1582 hasta el 299 a. C., que fue descubierta en el siglo XVII, se recuerdan los comienzos de varios géneros teatrales y se mencionan como premios un macho cabrío (para la tragedia) y un cesto de higos y vino (para las obras cómicas):

> *En torno al 580 a. C.* Primer coro de actores cómicos en Atenas, inventado por el poeta Susarión, donde se premiaba al vencedor con un cesto de higos y un odre de cuarenta litros de vino.
>
> *536/5 a. C.* Puesta en escena de la primera obra dramática de Tespis, donde se propuso como premio para el vencedor un macho cabrío.
>
> *509/8 a. C.* Primer certamen de coros de hombres (ditirambos), donde venció Hipódico de Calcis.
>
> *494/3 a. C.* Victoria de Melanípides en Atenas (ditirambos).

Esta cronología contradice la idea aristotélica de que la tragedia nació a partir de los ditirambos, pues la primera obra dramática de Tespis tuvo lugar casi treinta años antes que el primer certamen de ditirambos y los actores cómicos ya competían cincuenta años antes de Tespis. Hay que tener en cuenta que estamos hablando de concursos oficiales y cabe la posibilidad de que la práctica popular de los ditirambos fuera anterior a su institución oficial, pues tenemos testimonios acerca de la existencia del ditirambo en el siglo VII a. C., como en Arquíloco: «Porque yo sé dar arranque a la bella canción del soberano Dioniso, al ditirambo, cuando mi mente ha quedado fulgurada por el vino»[181]. En cualquier caso, el *Mármol de Paros* parece confirmar la curiosa etimología de tragedia, que vendría de *tragos*, macho cabrío, pero no, como se supuso a menudo, porque se trate de obras relacionadas con los silenos o los sátiros porque estos personajes tenían patas de cabra, sino porque el premio para el ganador era una cabra:

[181] Arquíloco, en *Poesía arcaica griega. I. Poesía parenética.*

> La fiesta ancestral de las Dionisíacas era antiguamente una procesión popular y alegre: había un ánfora de vino y una rama de vid, luego alguien arrastró un macho cabrío, alguien más lo siguió trayendo una cesta de higos secos; después de todo lo demás, estaba el falo.[182]

El ánfora de vino, el macho cabrío y la cesta de higos coinciden con los premios para tragedia y comedia mencionados por el *Mármol de Paros*. Tal vez el premio tenía algún doble sentido, pues se ha dicho que se sacrificaba una cabra a Dioniso debido a que este animal tenía la mala costumbre de mordisquear las vides que el dios protegía.

Ateneo de Náucratis ofrece una etimología diferente de «tragedia» basada en las vides, pues dice que procede de *trygos* (vendimia) y *oda* (canción), por lo que la tragedia habría recibido su nombre porque se representaba durante el tiempo de la vendimia.

> Evolución de la tragedia
>
> Esquilo fue el primero en añadir un segundo actor y disminuir la importancia del coro, concediendo al discurso hablado el papel principal.
>
> Sófocles introdujo un tercer actor y la decoración escénica.
>
> En cuanto a la magnitud, se comenzó con tramas pequeñas y lenguaje risible debido a su origen satírico, hasta que adquirió gran solemnidad. (1449a15-1449a22)

Esquilo y Sófocles, innovadores

Aristóteles nos dice que, cuando la tragedia ya alcanzó una forma propia, aunque no todavía la perfección, se produjeron constantes innovaciones, como añadir un segundo actor y reducir la intervención y la importancia del coro, cosa que hizo Esquilo. Por su parte, Sófocles intro-

[182] Plutarco, *Sobre el amor a la riqueza.*

dujo un tercer actor y prestó más atención a los decorados, aunque la invención de la escenografía como técnica se atribuye a Agatarco de Samos.

En cuanto a que los incidentes breves se hicieron más extensos y los pasajes burlescos fueron desapareciendo para adquirir mayor solemnidad, se supone que se refiere a autores como Esquilo y Sófocles, aunque tal vez ese cambio ya se produjo con Frínico, si recordamos que conmovió a toda su audiencia con *La toma de Mileto*.

La métrica adecuada

En lo que se refiere a la métrica, el trímetro yámbico sustituyó al tetrámetro, que se había utilizado al principio, cuando la poesía era más satírica y adecuada para el baile.

Pero cuando se desarrollaron las partes habladas, su propia naturaleza encontró la métrica propia, porque de todos los versos el yambo es el más adecuado para los diálogos, ya que empleamos muchísimos yambos en nuestras conversaciones, pero muy pocos hexámetros (y eso solo cuando abandonamos el tono habitual de la conversación).

Por último, en cuanto al número de episodios y la manera en la que se han desarrollado el resto de los elementos de la tragedia, los daremos por tratados, porque sería una tarea muy larga discutirlos uno a uno. (1449a23-1449a30)

El verso para la tragedia es el trímetro yámbico

Aristóteles considera que el verso de la épica es el hexámetro, mientras que el trímetro yámbico es el que se adecua perfectamente a la tragedia. Sin embargo, parece que también se produjo una evolución y que en su origen se empleaba el tetrámetro trocaico, que parece que combinaba mejor con la sátira y el baile. La razón de que se adoptara el trímetro yámbico es que es el tipo de medida que más se emplea en el lenguaje corriente, de manera espontánea, por lo que cuando aumentó el diálogo, con el primer, segundo y tercer actor, se adoptó un tipo de versificación más cercana al habla cotidiana.

Episodios y otros elementos

Aristóteles renuncia a explicar cómo evolucionó el número de episodios y otros elementos, para no extenderse demasiado. Pero en los próximos capítulos hablará del empleo habitual de los episodios y otros elementos de la tragedia.

La evolución de la comedia

La comedia, como ya se ha dicho, es una imitación de personas ridículas, pero no completamente viciosas. Lo ridículo es un cierto tipo de error o fealdad, pero que no es dolorosa ni destructiva, como la máscara cómica, que es fea y deforme, pero no hace daño.

En cuanto a los cambios de la tragedia y quién los hizo lo sabemos, pero en lo que se refiere a la comedia, como nadie se preocupó por ella al principio, su desarrollo es más oscuro. Tan solo recientemente se emplearon fondos públicos para producir comedias, pues antes eran representadas por aficionados, y sus diversas formas ya se habían desarrollado antes de que surgieran los primeros autores cómicos.

No sabemos quién introdujo las máscaras, los prólogos, los diferentes actores y todo lo demás. Pero sí sabemos que las primeras tramas cómicas nacieron en Sicilia con Epicarmo y Formis.

En Atenas, Crates fue el primero que abandonó la sátira yámbica para componer relatos universales y tramas que pudieran interesar a todos. (1449a31-1449b8)

La máscara cómica y la fealdad

Como ya se dijo, la afirmación de que la tragedia representa a personas mejores que nosotros, mientras que la comedia representa a personas peores, necesita muchas aclaraciones. Aquí Aristóteles nos advierte de que no confundamos la expresión «inferiores» (o «ridículos») con «viciosos», es decir, con «inmorales» o «malvados». Se trata de personajes ridículos, pero lo ridículo tiene que ver de alguna manera con la fealdad, pero no con el horror o con lo que es «doloroso de ver». Pone el ejemplo de la máscara cómica, que presenta expresiones grotescas, feas o ridículas, pero que no es desagradable a la vista o al ánimo, sino más bien al contrario.

Este es un pasaje interesante, porque Aristóteles parece dar a entender que antes de él hubo historiadores o analistas de la tragedia, pero que nadie se ocupó de la comedia.

En cuanto a la comedia, podemos encontrar ciertos análisis muy interesantes espigando aquí y allá, en especial en las obras de Aristófanes.

El propio Aristóteles incluye interesantes observaciones en la *Ética a Nicómaco* acerca de cómo la burla cómica evolucionó desde lo bufonesco y lo vulgar, desde los insultos y groserías, hasta alcanzar la agudeza y la ironía, y artificios narrativos como el enredo, el doble sentido y la confusión, que aquí llama «suposición»:

> Puede verse esta diferencia en las comedias antiguas y en las nuevas: pues, en las primeras, lo cómico era el lenguaje obsceno, y en las segundas, la suposición.[183]

Los primeros comediógrafos: Epicarmo, Formis y Crates

Aunque no conocemos la evolución de la comedia y sus diversos elementos, lo que sí sabemos, nos dice Aristóteles, es que las primeras tramas cómicas nacieron en Sicilia, creadas por Epicarmo y Formis, que eran dorios.

En Atenas, territorio jónico, fue un tal Crates, que al parecer era actor en la compañía cómica de Cratino, el que dio el paso de abando-

[183] *Ética a Nicómaco,* IV, 8.

nar la sátira burlesca para componer obras más ambiciosas, tanto en su construcción como en el interés para un público más amplio que el que disfrutaba de las piezas burlescas, pues trataba temas «más universales».

> ÉPICA Y TRAGEDIA
>
> En cuanto a la épica, coincide con la tragedia en que es una imitación en verso de personajes ilustres, pero se distingue en que emplea tan solo un tipo de verso y es narrativa. (1449b9-1449b12)

La forma narrativa

Aristóteles considera que la épica tiene mucha semejanza con la tragedia. La más llamativa es que aparecen personajes ilustres, moralmente dignos o mejores que nosotros. Son los personajes de la mitología: dioses, semidioses y héroes. O, si se prefiere, arquetipos, pero no interpretados a la manera jungiana, sino como modelos o referentes.

La gran diferencia es que la épica tiene forma narrativa, es decir, no representa o imita las acciones de los personajes, como sucede en el teatro, sino que lo que hace es narrar o explicar esas acciones.

Aristóteles es consciente de que algunas obras épicas se encuentran en una frontera difusa y ambigua y, por ejemplo, elogia a Homero porque describe las acciones de sus personajes de manera vívida y les deja hablar, sin interferir en la acción, al contrario que otros autores de epopeyas que intervienen y no dejan espacio a los personajes.

Por otra parte, añade, la épica utiliza un único tipo de versos: los hexámetros y por eso suele referirse a este género como «El arte de imitar en hexámetros».

La duración

También se diferencia la épica de la tragedia en su duración, ya que la tragedia intenta limitarse a una revolución del sol o un poco más, mientras que el tiempo de la épica es ilimitado. Sin embargo, antiguamente las tragedias trascurrían en un tiempo más extenso. (1449b13-1449b16)

Los límites temporales

Dice Aristóteles: «La tragedia intenta limitarse a una revolución del sol o un poco más». Este pasaje hizo que los preceptistas italianos del Renacimiento llegaran a la conclusión de que exigía que las obras tuviesen una duración cercana a un día. Es decir, que la trama trascurriese en un día o incluso que coincidiese el tiempo de la representación para el espectador y el de la historia contada. Es lo que se llamó la «unidad de tiempo».

Aristóteles señala que muchas obras duran un día, aunque pueden durar «un poco más», y añade que no siempre fue así, pues antes transcurrían en un tiempo más extenso. No estamos seguros de si cuando dice «antiguamente» se refiere a la época de Sófocles, Esquilo y Eurípides, que ya quedaba lejos, o a un tiempo incluso anterior a los tres grandes, lo que parece improbable. En cualquier caso, se trata de otra diferencia entre épica y tragedia: en la épica el tiempo es ilimitado.

Sea como sea, Aristóteles no dice que esta sea una norma obligada, sino que se limita a observar que así sucede en muchas tragedias.

Conclusión a la comparación entre la épica y la tragedia

En algunos elementos coinciden tragedia y épica, pero otros son propios de la tragedia. Por eso, quienes saben juzgar tragedias superiores e inferiores también pueden hacerlo con la épica.

Porque todos los elementos de la épica están en la tragedia, pero no sucede lo mismo a la inversa.

La épica y la comedia las analizaremos más adelante.

Hablaremos a continuación de la tragedia, para definir su esencia, teniendo en cuenta lo que hasta ahora hemos dicho. (1449b17-1449b23)

Similitud entre tragedia y épica

La conclusión es que tragedia y épica son similares, en especial porque tratan de personajes mejores que nosotros, los protagonistas de las historias míticas. Casi todas las tragedias que conservamos están basadas en mitos de la época micénica, aunque hay excepciones, como *Los persas*. La comparación entre tragedia y épica no termina aquí, porque se retoma en los últimos capítulos, para decidir qué arte es superior.

La epopeya y la comedia en la *Poética*

El párrafo final («La épica y la comedia las analizaremos más adelante») nos revela que en la *Poética* completa se examinaba la comedia. Varios de los capítulos de la obra se ocupan de la épica, pero lo que no se ha conservado es la parte dedicada a la comedia.

Capítulo 3
La tragedia

Definición de la tragedia

La tragedia es la *mímesis* de una acción digna de ser recordada, completa y de cierta duración, mediante un lenguaje embellecido, y con cada clase de adorno empleada de manera diferente en cada una de sus partes. Se cuenta, no de modo narrativo, sino mediante la imitación de acciones, y a través de la compasión y el temor logra la *catarsis* de estas emociones.

Por lenguaje embellecido me refiero al que tiene ritmo, armonía y melodía. Cuando digo «en cada una de sus partes» me refiero a que algunas partes emplean solo métrica, mientras que otras incluyen también el canto. (1449b24-1449b31)

El pasaje más polémico y enigmático

Este es el párrafo más discutido de la *Poética*, que ha provocado no ya los tópicos ríos, sino océanos de tinta. Ya me he ocupado de cada uno de los asuntos que Aristóteles menciona, pero es inevitable explicar aquí de manera sintética las ideas fundamentales[184].

Mímesis*:* «imitación» o «representación», aunque no se emplea siempre con el mismo sentido. Whaley prefiere mantenerlo siempre en su transliteración griega: *mímesis*, pero creo que es mejor traducirlo según el contexto, como *mímesis*, *imitación*, *representación* o *reproducción*.[185]

«Se cuenta mediante acciones y no de modo narrativo»: Platón, ya

[184] Ver «Un pasaje legendario» (p. 51).

[185] La mímesis se trata en «La poesía y la mímesis» (pp. 33 y ss.).

había distinguido entre *diégesis* o narración simple, donde es el escritor quien cuenta las cosas, como en los relatos históricos de Heródoto o Tucídides; o *diégesis mixta* de Homero, donde la voz del narrador se combina con lo que dicen los personajes, como si estuviéramos escuchándoles; y *mímesis*, en la que son los personajes los que hablan y el autor no se muestra ni opina.

Hoy en día empleamos «diégesis» de una manera bastante diferente a la de Platón, pues nos referimos a todo aquello que pertenece al mundo de la narración: lo que dicen los personajes y lo que hacen en el mundo ficticio en el que habitan. Y llamamos «extradiegético» a lo que no pertenece al mundo de la ficción en sí, como la banda sonora en la que se escucha a una orquesta, los rótulos que se superponen a la imagen o la voz de un narrador que nos habla desde algún lugar situado más allá de lo que estamos viendo. En definitiva, cuando empleamos *diégesis* en el cine nos referimos a lo contrario que Platón, pero también a lo que Aristóteles llamaría *mímesis* del teatro, es decir, a la *representación o imitación mediante acciones.*

«Acción digna de ser recordada»: lo más frecuente es traducir «La tragedia es la mímesis de una *acción seria», «elevada», «grandiosa»,* o *«acciones esforzadas, perfectas, grandiosas»,* o bien «acciones memorables». Me parece que un buen sinónimo es «acción digna de ser recordada», que quizá no sea tan exacto con respecto a la expresión griega, pero que es muy fiel a los ejemplos que nos ofrece Aristóteles a lo largo de la *Poética.*[186]

Lenguaje embellecido: la tragedia emplea un lenguaje elaborado que busca la belleza, por ejemplo, gracias al uso del ritmo (ῥυθμός, *rhythmos),* que se consigue mediante la medida de los versos. Además, este lenguaje puede ir acompañado de *armonía* (ἁρμονία, *harmonía),* la entonación que se da a los versos, que puede ser casi melódica, como

[186] En «La diferencia entre épica y tragedia» (pp. 52 y ss.) defiendo el sentido de esta traducción.

en los recitativos de la ópera moderna. Por último, está la *melodía* en sí misma (μέλος, *melos),* un uso del lenguaje casi exclusivamente musical, en los coros o las canciones.

Y a todo esto hay que añadir, para completar la idea de «lenguaje embellecido», recursos como las metáforas o las palabras inusuales, que Aristóteles analizará en próximos capítulos. Los otros conceptos que aparecen en la definición de la tragedia, como la idea de que se trata de una acción completa de una cierta duración, se examinan más adelante, así que no vale la pena anticiparse a lo que Aristóteles explicará mejor.

Compasión y temor: acerca de la razón por la que Aristóteles considera fundamentales estas dos emociones, ver «Compasión y temor»[187].

Catarsis: en cuanto a la catarsis y lo que significa para Aristóteles aplicado a la tragedia, es el gran misterio de la *Poética*, pues no volverá a mencionarla excepto de manera muy indirecta. Remito a los lectores interesados en conocer más a fondo este enigma al capítulo dedicado a la catarsis[188].

---

[187] En pp. 135 y ss.

[188] «La catarsis» (p. 121).

Capítulo 4
Elementos fundamentales de la tragedia

Aristóteles examina los seis elementos más importantes de cualquier tragedia: espectáculo, trama, carácter, lenguaje, pensamiento y canto.

ELEMENTOS FUNDAMENTALES: CANTO Y LENGUAJE

Como los poetas hacen su imitación a través de acciones, un elemento necesario en la tragedia es el espectáculo.

A continuación, vienen el canto y el lenguaje, ya que estos son los métodos que se utilizan en la imitación.

En cuanto al lenguaje, me refiero a la escritura misma de los versos, mientras que lo del canto resulta obvio para todos. (1449b32-1449b36)

Espectáculo: el primero de los elementos es el «espectáculo» (ὄψις, *opsis),* que por el momento no define. Es lo audiovisual del teatro, lo que los espectadores ven y oyen: los actores y el coro cuando se mueven, hablan y cantan; o las máscaras, los decorados y los diversos objetos. En algunos contextos la traducción más cercana sería «puesta en escena», pero también podría ser la producción teatral en su conjunto, incluyendo la dirección de actores y la interpretación de los actores. A pesar de que el rasgo definitorio del teatro es que las obras se representan en escena, considera que el espectáculo es el menos importante de los seis elementos. Más adelante profundizaremos en esta llamativa opinión.

Canto: cuando habla de este elemento a veces emplea la palabra *melopea* (μελοποιία, *melopoiía),* que podría traducirse como «composición musical» y, de manera específica, «composición del canto», pero a lo largo de la *Poética* prefiere casi siempre la palabra *melos* (canto), que puede referirse a las canciones de los actores o a las partes corales (las intervenciones del coro), e incluso a la música que acompaña a los recitados o su entonación melódica. También había partes exclusivamente instrumentales, que Aristóteles quizá incluiría en el espectáculo[189]. En definitiva, el canto, ya sea las partes del coro o las canciones de los personajes, también es lenguaje *(lexis)* y expresa la trama, aunque es cierto que suele tener la intención explícita de generar emociones.

A pesar de que el canto está hecho de palabras, Aristóteles lo distingue del lenguaje, porque el canto coral o las canciones eran un género en sí mismo, que podía interpretarse y disfrutarse sin integrarse en una tragedia.

Lenguaje: el lenguaje (λέξις, *lexis)* son los versos de la obra, que pueden presentarse en forma de recitado o monólogo, diálogo o canción solista o del coro. Es habitual traducir *lexis* como «dicción» o «elocución», palabras que han quedado bastante anticuadas y pueden resultar confusas, pues elocución parece referirse a la palabra que pronuncia el actor, pero Aristóteles se refiere casi siempre a la palabra escrita. «Lenguaje» no es una opción perfecta, porque no se trata de palabras sin más, sino de lo que dicen y cómo lo dicen los personajes o el coro (ya sea en la imaginación de un lector u oyente o sobre un escenario). Una alternativa puede ser «expresión verbal», pero suena demasiado técnica. Hoy en día diríamos «diálogo», a pesar de que en el teatro o el cine no solo hay diálogo, sino también monólogos, órdenes imperativas y textos extradiegéticos (como «Chicago, 1938») o diegéticos, como un letrero que leen los personajes.

Aunque, con «lenguaje» se refiere a los versos de la obra, el hecho de que se trate de versos es circunstancial, pues era lo propio del teatro

[189] Ver «El espectáculo, el elemento menos importante» (p. 79).

clásico, pero si ese lenguaje estuviera en prosa, como en el teatro moderno, nada cambiaría en el concepto, aunque se perderían en gran parte cualidades como el ritmo y la melodía.

Elementos fundamentales: carácter y pensamiento

Puesto que lo que se representa son acciones, que son interpretadas por actores, los personajes han de tener rasgos de carácter y pensamiento, que se supone que son la causa de sus acciones.

El carácter y el pensamiento son las dos causas que explican las acciones de los personajes, y es debido a sus acciones por lo que triunfan o fracasan.

Llamo carácter a aquello que nos lleva a atribuir ciertas cualidades a las personas que actúan.

El pensamiento está presente en todo lo que dicen para aclarar un asunto o expresar una opinión. (1449b37-1450a4)

¿Carácter o personaje?

En la enumeración de los elementos fundamentales de la tragedia a primera vista da la impresión de que uno de ellos es el personaje, que se podría identificar con el «carácter». Es comprensible que muchos intérpretes de la *Poética,* y yo mismo en más de una ocasión, hayamos aceptado o adoptado la equiparación entre *personaje* y *carácter,* porque Aristóteles muestra una gran ambigüedad en varios momentos, saltando entre «personajes», «actores» y «caracteres». No solo cuando define estos términos, sino cuando analiza a los diferentes personajes de las tragedias, como *Edipo rey* o *Medea.* Para profundizar en este fascinante asunto del personaje, el carácter y la trama, los lectores pueden leer, si no lo han hecho ya, el análisis de *Una nueva* Poética [190]. Y, por su-

[190] Ver «La tragedia y sus seis elementos fundamentales» (pp. 51 y ss.).

puesto, que sigan leyendo lo que se dice a continuación acerca del carácter y el pensamiento, los dos rasgos más importantes de ese huidizo «personaje».

Carácter y pensamiento

Dice Aristóteles:

> El carácter y el pensamiento son las dos causas que explican las acciones de los personajes, y es debido a sus acciones por lo que triunfan o fracasan.[191]

Pensamiento (διάνοια, *dianoia)* es los sentimientos, las ideas, las intenciones y los deseos. El pensamiento se expresa mediante el lenguaje y se muestra a través de acciones, puesto que los espectadores no pueden leer la mente de los personajes ni de los actores.

Queda claro que se refiere al pensamiento de los personajes, no al de los actores, aunque ellos sean quienes lo muestran mediante acciones: lo que dicen y lo que hacen. Más adelante veremos si Aristóteles se ocupa de esta diferencia.

Finalmente, Aristóteles insiste en que no es el pensamiento, sino las acciones, las que hacen que las personas (o los personajes) triunfen o fracasen.

Elementos fundamentales: la trama

> La imitación de las acciones es la trama, porque doy el nombre de trama a la ordenación de los distintos incidentes. (1450a5-1450a8)

[191] Aunque en esta cita aparezca literalmente la palabra «personaje», lo que dice Aristóteles es «los que actúan», pero ya sabemos que es más razonable y sensato adoptar para un texto actual la traducción «personaje».

La trama o argumento

La imitación o representación de las diversas acciones que llevan a cabo los personajes es la trama *(mythos),* que es el más importante de los elementos. A pesar de que la palabra «mito» nos hace pensar en la mitología, con la que, por supuesto, tiene una relación directa, Aristóteles la emplea en la *Poética* para referirse a la trama o argumento de la tragedia.[192]

Tras esta breve mención, en los próximos apartados, y en especial en el capítulo 5, Aristóteles va a dedicar sus mejores esfuerzos al análisis de la trama, que considera el elemento fundamental de la tragedia.

Conclusión a los elementos fundamentales de la tragedia

> En consecuencia, toda tragedia se compone de estos seis elementos: trama, carácter, lenguaje, pensamiento, espectáculo y canto.
>
> Dos de los seis elementos se refieren a los medios con que se hace la imitación: lenguaje y canto.
>
> Uno se refiere al modo en que se imita: el espectáculo.
>
> Tres, en fin, tienen que ver con las cosas u objetos que se imitan: trama, carácter y pensamiento.
>
> Y aparte de estos seis elementos, no hay ninguno más.
>
> Casi todos los poetas emplean estos elementos y toda tragedia, por lo tanto, tiene espectáculo, carácter, trama, lenguaje, canto y pensamiento. (1450a9-1450a14)

Los seis elementos fundamentales y las tres formas de la imitación

Aristóteles ha enumerado, aunque no explicado con detalle, los seis elementos fundamentales de la tragedia, que pone en correspondencia con lo que dijo en el primer capítulo acerca de las tres formas de la

[192] Ver «La trama» (p. 57).

imitación: los medios con los que se realiza la imitación, los objetos que se imitan y la manera en la que se imita:

> Medios: lenguaje y canto.
> Manera: el espectáculo o puesta en escena.
> Cosas u objetos que se imitan: trama, carácter y pensamiento.

Estos seis son los elementos fundamentales de la tragedia y no hay ninguno más, nos asegura con firmeza.

La acción, el ingrediente secreto

Aunque la acción (πρᾶξις, *praxis)* no se menciona de manera específica como uno de los seis elementos fundamentales de la tragedia, es un elemento o ingrediente clave, casi me atrevería a decir que es al que Aristóteles da más importancia de manera implícita o explícita, como cuando dice:

> La tragedia es la *mímesis* de una *acción* digna de ser recordada, completa y de cierta duración.

La cita anterior, además de señalarnos la importancia de la acción *(praxis)* nos revela que por «acción» Aristóteles entiende un evento o incidente que forma parte de la trama, aunque en otras ocasiones significa el conjunto de todas las acciones de la obra, es decir, la trama misma. Conviene tener en cuenta que la palabra «acción», no solo en la *Poética* de Aristóteles, sino en las lenguas latinas, pero también en inglés, alemán e incluso en turco, se entiende de muchas maneras, aunque todas cercanas en intención o significado:

- *Actuación:* el trabajo del actor sobre el escenario representando a un personaje.
- *Actor:* es el que actúa, el que lleva a cabo acciones.

- *Acción:* algo concreto que hace el actor, desde el punto de vista del personaje.
- *Acción:* algo concreto que hace el actor, desde el punto de vista del arte de la actuación.
- *Acción* o *incidente:* evento, acontecimiento o incidente dentro de la trama, lo que hoy llamaríamos un paso narrativo. No siempre depende de un actor, pues podría ser, por ejemplo, el sonido de truenos y la visión de rayos que nos anuncian que va a suceder algo extraordinario, como la aparición de un dios.
- *Trama* o *argumento,* es decir, el conjunto de acciones o estructura narrativa, aunque para este último sentido Aristóteles suele emplear «mito».

Trama y carácter

El elemento más importante de los seis es la estructuración de los hechos, puesto que la tragedia es una imitación, pero no de personas, sino de sus acciones y su vida.

La felicidad y la desgracia están en las acciones, y el fin de la vida es algún tipo de actividad, no una cualidad.

Los hombres son de un cierto tipo según sea su carácter, pero felices o desgraciados por sus acciones. No actúan para imitar los caracteres, sino que el carácter se manifiesta a través de sus acciones.

En consecuencia, los incidentes, es decir, la trama, son el fin de cualquier tragedia, y el fin es siempre lo más importante de todo. (1450a14-1450a23)

Trama frente a personaje o ¿trama frente a carácter?

Se da inicio aquí a una de las cuestiones más polémicas, tanto en el teatro como en el cine, las series de televisión o las novelas y los cuentos. Se trata del dilema de si en una obra es más importante la trama o el personaje.

A muchos intérpretes de la *Poética* les resulta paradójico que Aristóteles considere que es más importante la trama, puesto que en la tragedia griega encontramos una impresionante galería de personajes: Medea, Fedra, Antígona, Clitemnestra, Electra, y quizá el más notable de todos ellos, Edipo. Además, Aristóteles declara que su obra favorita es el *Edipo rey* de Sófocles. ¿Cómo se explica entonces que elija la trama como el más importante de todos los elementos de la tragedia?

En este pasaje se empiezan a descubrir las razones. Poco a poco entendemos por qué, en contra de la tendencia actual entre los teóricos del teatro y el cine, Aristóteles da más importancia a la trama que al carácter y al pensamiento, a lo que hoy llamamos la «psicología del personaje». No porque niegue que existan personajes dotados de caracteres interesantes, sino porque la única manera que tiene el espectador de ver ese carácter y pensamiento es *a través de lo que hace y lo que dice*, de sus acciones. En este sentido, Aristóteles coincide con la descripción que se hacía del cine en sus inicios como un arte conductista: no podemos saber lo que piensan los personajes, pues lo único que vemos son sus acciones, ya sean gestos, acciones físicas o palabras, pero sí podemos, por supuesto, deducirlo o suponerlo[193].

Caracterización y trama en la tragedia

Sin acción no puede haber tragedia, pero puede haber tragedia sin carácter. Las tragedias de muchos poetas recientes carecen de caracterización.

Con los poetas sucede lo mismo que entre los pintores Zeuxis y

[193] Acerca de la polémica entre personajes y tramas, ver «La tragedia y sus seis elementos fundamentales» (p. 51), donde también planteo que el descuido de los personajes por parte de Aristóteles es solo aparente y que se debe a la comprensible confusión entre «carácter» y «personaje», provocada por la ambigüedad del propio Aristóteles.

Polignoto. Mientras que Polignoto es un excelente pintor del carácter, la pintura de Zeuxis no tiene ningún carácter.

Además, aunque se exprese el carácter con buenos discursos y pensamiento, no se cumplirá la finalidad de la tragedia. En cambio, una tragedia que tenga una trama y unos incidentes bien ordenados lo logrará mucho mejor, aunque haya deficiencias en la caracterización.

Por otra parte, los medios por los que las tragedias conmueven el alma se encuentran en la trama, pues son las peripecias y los reconocimientos. (1450a24-1450a34)

Tragedia sin carácter

Aristóteles insiste en la importancia de los incidentes y la trama y llega a considerar estos elementos la finalidad de cualquier tragedia. En su opinión, no puede haber tragedia sin trama, pero sí puede haber tragedia sin caracterizar a los personajes, como nos dice que sucedía en muchas tragedias de su época[194].

El arte de hacer buenas tramas

Una prueba de todo lo anterior es que quienes intentan escribir poesía empiezan dominando el lenguaje y la caracterización antes de lograr estructurar bien los incidentes, como ocurre con casi todos los primeros poetas. (1450a35-1450a38)

Es más fácil caracterizar que hacer tramas

En opinión de Aristóteles, los aprendices de dramaturgo comienzan dominando la caracterización e incluso el estilo antes de ser capaces de estructurar el relato, es decir, de ordenar los incidentes y crear buenas tramas, con sus peripecias y revelaciones.

---

[194] Ver «Personaje y trama» (pp. 168 y ss.).

Los personajes son sus acciones

En definitiva, la trama es el elemento fundamental y el alma de la tragedia, y el carácter ocupa solo el segundo lugar. Algo parecido sucede con la pintura: los colores más bellos, elegidos al azar, no producen el mismo placer que un dibujo bien hecho en albayalde.[195]

La tragedia, en definitiva, es la imitación de una acción, y es a través de esta acción como se representa a los personajes (a los que actúan). (1450a39-1450b4)

La emoción se produce por la trama

Aristóteles no niega ni mucho menos que debamos caracterizar a los personajes o que no exista el carácter sin acciones, pero le parece evidente que la mejor manera de despertar las emociones en los espectadores es a través de las peripecias y las revelaciones *(anagnórisis)* de la trama. Estos dos conceptos los explicará más adelante.

La conclusión es que el carácter (recordemos: la caracterización, *no el personaje)* es importante, pero que la trama lo es más. En próximos capítulos veremos de qué manera aplica este precepto a su obra favorita, el *Edipo rey* de Sófocles.

El pensamiento, el carácter y el lenguaje

El pensamiento es el tercer elemento de la tragedia. Consiste en expresar lo que es adecuado al asunto o la situación.

Esa es la función de los discursos en la política o arte de gobernar y en la retórica. Esa es la razón por la que los antiguos hacían hablar a los personajes como políticos, mientras que nuestros contemporáneos los hacen hablar como retóricos.

[195] El albayalde es un pigmento blanco muy usado en pintura.

El carácter se muestra a través de las decisiones, es decir, lo que se evita o se prefiere en circunstancias inciertas. Por lo tanto, no existe carácter en los razonamientos en los que el personaje no elige ni evita nada.

En cambio, sí que hay pensamiento cuando se prueba o refuta algo o cuando se expresa un principio general.

El cuarto elemento es el uso de las palabras, es decir, la manera en la que se utilizan las palabras para expresar el pensamiento, tanto en las partes habladas como en las cantadas. (1450b5-1450b16)

Cómo ver el pensamiento

Ya sabemos que el pensamiento se expresa mediante el lenguaje. Pero ¿en qué consiste el pensamiento? En considerar lo que es adecuado a cada situación.

El pensamiento como elemento de la tragedia se refiere a lo que piensa el personaje, pero, claro, no podemos leer su mente, así que ese pensamiento lo conocemos por lo que dice: el lenguaje oral es la puerta a su mente. Dice Aristóteles: «La capacidad de decir lo que está implícito y lo que es adecuado». Con «lo que está implícito» parece referirse a un diálogo que «muestra sin mostrar», de manera implícita o sugerida. Lo que hoy se llama subtexto. En *Edipo rey*, el adivino Tiresias y la reina Yocasta emplean constantemente el subtexto, tanto en lo que dicen como en lo que no dicen.

Aristóteles señala que en las antiguas tragedias los personajes hablaban como políticos y que ahora lo hacen como retóricos. Cuando el arte de la retórica no era tan conocido, los antiguos (tal vez se refiere a Homero o a Esquilo) hacían que sus personajes hablaran como estadistas, mientras que «ahora» lo hacen como oradores o retóricos. Parece que el segundo caso se refiere a los dramaturgos de su época, aunque tal vez alude a Sófocles y a Eurípides, que era muy amigo de los sofistas, incluyendo entre ellos a Sócrates, pues se llegó a decir que algunas obras las escribieron juntos Eurípides y Sócrates.

Podríamos detectar aquí una crítica a la retórica, ya que sus discursos no son de estadistas, sino de quienes se entrenan en el discurso elocuente. Es posible, pero, como se dijo en la biografía de Aristóteles, aunque Platón despreciaba la retórica por considerarla un arte para engañar con bellas palabras, a Aristóteles le gustaba y le dedicó una obra intensa, extensa y entusiasta. Más adelante dirá que la *Retórica* es el complemento perfecto de la *Poética* en lo que se refiere al pensamiento, el carácter y el lenguaje.

La importancia del carácter

Que Aristóteles considere más importante la trama que el carácter no significa que no conceda importancia a la caracterización de los personajes. Pues es el carácter lo que hace que, ante la misma situación, un personaje reaccione de una manera y otro lo haga de otra.

El pensamiento también se muestra de manera visible mediante la dicción o el discurso, cuando algo se acepta o se rechaza, se prueba o se refuta, o cuando se expresa una opinión.

El canto y el espectáculo

> En cuanto a los elementos restantes, el canto es el más importante por el placer que ofrece.
>
> Por otro lado, el espectáculo, aunque puede despertar emociones, carece de arte poético, puesto que una tragedia puede conmover profundamente incluso sin espectáculo ni actores. Además, los efectos propios del espectáculo dependen más del arte del diseñador que del arte del poeta. (1450b17-1450b21)

El canto

Una vez que sabemos que la trama o argumento es el elemento más importante y que le siguen carácter, pensamiento y lenguaje, quedan dos elementos, canto y espectáculo. El canto es el que puede causar el mayor placer en la tragedia, admite Aristóteles.

Si entendemos que con placer se refiere a deleite, eso parece revelar que en la tragedia clásica la música se empleaba para producir o reforzar emociones como el miedo, la intriga, la sorpresa, el suspense o el terror, como se hace hoy en día, pues en las películas la música es el elemento que con más eficacia despierta las emociones de la audiencia.

El espectáculo

De manera un poco sorprendente, Aristóteles menosprecia el espectáculo, tanto los decorados como los elementos de la escena, incluyendo las máscaras y el vestuario. La razón de este desdén es que, en su opinión, una tragedia es igual de buena si la leemos que si la vemos en el escenario. Esta afirmación casi contradice la teoría de la representación o de la imitación de acciones. Es decir, cuando leemos o escuchamos *Edipo rey* como quien escucha o lee la *Ilíada*, entonces las diferencias entre *narrar* y *representar* acciones casi se diluyen. Sin escenario ni actores, no hay representación de acciones, *excepto en la mente del lector,* y eso es algo que no parece muy diferente de lo que sucede cuando lee las descripciones y diálogos de un poeta épico.

Por otra parte, también considera ajeno al arte del dramaturgo todo lo que tiene que ver con el espectáculo, debido a que eso es el arte de los maquinistas o constructores. Sin embargo, sabemos que Sófocles y otros autores se encargaban de diseñar la puesta en escena, incluyendo los escenarios.

Capítulo 5
La trama, duración y unidad

Comienza el examen a fondo del elemento de la tragedia que Aristóteles considera el más importante, la trama o argumento. A pesar de que la noción de personaje no se presente de manera explícita como un elemento fundamental, conviene que el lector tenga siempre presente que la trama son las acciones llevadas a cabo por los personajes.

La trama

Ahora que hemos aclarado los asuntos anteriores, tenemos que examinar cómo se deben ordenar los incidentes, ya que este es el elemento primero y más importante de la tragedia.

Ya hemos establecido que una tragedia es la imitación de una acción entera y completa, de cierta magnitud, ya que una cosa también puede ser completa sin tener gran magnitud.

Un todo es algo que tiene principio, medio y fin. (1450b22-1450b8)

Principio es lo que no sigue necesariamente a otra cosa, pero que, por naturaleza, es seguido por algo.

Fin es lo que sigue por naturaleza a otra cosa, ya sea necesariamente o en la mayoría de los casos, pero que no es seguido por ninguna otra.

El medio es lo que por naturaleza sigue a algo y, a su vez, es seguido por otra cosa.

Para construir una buena trama, no se debe empezar ni terminar al azar, sino que se deben estructurar adecuadamente principio, medio y fin. (1450b21-1450b33)

Acción entera y completa de una cierta duración

Aristóteles recupera lo que dijo cuando definió la tragedia: tiene que tratarse de una acción entera y completa, un *todo*, y debe tener una cierta duración. No es digna de una tragedia cualquier acción entera y completa, sino solo aquellas de un tamaño específico. Duración no se refiere al tiempo que transcurre en el mundo de la ficción (un día, unas horas, varios años), sino a la extensión de la obra en el tiempo de la representación.[196]

Las buenas tramas con principio, medio y fin

Este pasaje sirvió al teórico de guión Syd Field para afirmar que Aristóteles exigía que una obra debía tener tres actos. El primer acto o planteamiento sería el *principio*, el segundo acto o desarrollo sería el *medio*, y el tercer acto o desenlace sería el *fin*.

Sin embargo, Aristóteles no habla de actos o partes de una obra, sino del principio, medio y fin de la trama que hemos decidido contar, del *todo* o acción narrativa completa.

Casi todas las cosas tienen principio, medio y fin. No se trata de unidades dramáticas, sino de un concepto lógico.[197]

La clave de este pasaje está en la frase final:

> Para construir una buena trama, no se debe empezar ni terminar al azar, sino que se deben estructurar adecuadamente principio, medio y fin.

Lo importante es la elección adecuada de cómo debemos empezar (principio) y cómo debemos acabar (fin), es decir, los límites de la acción elegida. Y, como es obvio, entre esos límites habrá algo, a lo que llamamos el «medio».

---

[196] Hay que advertir, sin embargo, que algunos traductores traducen «grandeza» en vez de «duración»: la obra debe tener una cierta grandeza.

[197] El error de la llamada «teoría aristotélica en tres actos» se trata con detalle en «Una desafortunada serie de confusiones» (p. 159).

En cuanto al tamaño específico, en el próximo apartado sabremos a qué se refiere.

El tamaño específico de la tragedia

> Para ser bello, un animal, o cualquier otra cosa compuesta de partes, debe tener esas partes dispuestas en el orden correcto y, además, poseer un tamaño adecuado.
>
> La belleza consiste en magnitud y orden. Un animal no será bello si es demasiado pequeño, porque nuestra vista solo podrá apreciarlo de manera confusa. Tampoco será bello si es extremadamente grande, porque la unidad del conjunto se nos escapará si mide diez mil estadios.
>
> Del mismo modo que los animales deben tener un tamaño proporcionado para que los podamos percibir como un todo completo, también las tramas deben tener una extensión que pueda ser recordada fácilmente. (1450b34-1451a6)

Ni muy grande ni muy pequeño

Es una buena comparación la de un animal tan grande que no podemos apreciar su forma (se supone que lo miramos desde muy cerca), o tan pequeño que no podemos siquiera distinguirlo. Del mismo modo, si la tragedia fuese muy larga, al cabo de un tiempo perderíamos la visión de conjunto, por no poder mantenerla en la memoria. Y si fuese muy breve, no habría tiempo para que provocase en nosotros emociones intensas.

Aristóteles se está refiriendo a una representación en vivo o a una lectura que se hace de un tirón, sin pausas o interrupciones. En la épica hay mayor extensión, pero nadie pretende leer o escuchar la *Ilíada* de principio a fin sin interrupción.

Con los actuales maratones de series, muchas personas superan la extensión de la *Ilíada* con narraciones audiovisuales, pero es dudoso que puedan extraer todo el placer que obtendrían si dosificaran ese visionado: muchas veces acabamos viendo más y más capítulos por «vicio», más que por placer.

Los límites impuestos

El límite de la extensión de la trama que los concursos establecen, teniendo en cuenta la capacidad de atención del público, no pertenece al arte en sí. Si se tuvieran que representar cien tragedias, su duración tendría que fijarse mediante un reloj de agua, como parece que llegó a hacerse en el pasado. (1451a7-1451a9)

El público y las circunstancias determinan la duración

Aristóteles nos ofrece un dato curioso: parece que en la Antigüedad se llegaron a representar tantas obras que tuvo que fijarse una duración muy breve, medida con reloj de agua o clepsidra. Con el tiempo se decidió establecer unas normas claras de extensión y, por supuesto, menos obras que representar.

Los límites artísticos

Desde el punto de vista del arte en sí, lo que importa es el límite que impone la propia naturaleza de la acción, y la obra siempre será más bella cuanto más extensa sea la trama, siempre y cuando se perciba con claridad la unidad del conjunto.

Para decirlo con claridad: el límite para la extensión de los espectáculos debe ser tal que la sucesión de los acontecimientos permita, de manera verosímil o inevitable, el cambio de la buena fortuna al infortunio o del infortunio a la buena fortuna. (1451a10-1451a15)

La duración ideal la impone la trama y la percepción del todo

La elección de una trama y su adecuada exposición y desarrollo es lo que debería marcar la extensión. Es cierto, admite, que, si tenemos una buena trama, será más bella cuanto más extensa sea, siempre y cuando se pueda percibir con claridad su unidad.

Lo más importante es que tenga extensión suficiente para que sea verosímil e inevitable el cambio que se debe producir de la buena a la mala fortuna o de la mala a la buena. Enseguida hablará Aristóteles de este asunto.

Este pasaje contiene un principio aristotélico muy elogiado: «El desenlace debe ser al mismo tiempo sorprendente e inevitable», un difícil pero esencial equilibrio, como dice Jean-Claude Carrière, entre la lógica de la trama y la sorpresa del cambio de fortuna.

La unidad de una obra no depende del personaje

Una historia no conserva su unidad porque trate de una sola persona, como piensan algunos. A cualquier persona le suceden muchas cosas en la vida, sin que necesariamente exista entre ellas verdadera unidad. Un individuo puede realizar diversas acciones sin que se integren en una sola acción.

Se equivocan, por lo tanto, quienes escribieron la *Heracleida* y la *Teseida*, y otros poemas semejantes, creyendo que, como Heracles es una única persona, su historia necesariamente tendría unidad.

Homero, que, como en todo lo demás, se muestra en esto superior, parece haberse dado cuenta, ya fuese por arte o por naturaleza. No contó en la *Odisea* todo lo que le sucedió a Ulises, como cuando fue herido en el Parnaso o cuando se fingió loco para evitar que lo reclutaran durante la guerra de Troya, porque ninguno de estos incidentes está vinculado al resto de la obra por necesidad o probabilidad. Prefirió construir la *Odisea* en torno a una única acción completa. Y lo mismo hizo con la *Ilíada*.

En consecuencia, del mismo modo que cualquier imitación debe tener un único objeto, lo mismo sucede con la trama: puesto que es la imitación de una acción, debe tratarse de una acción única y completa.

Por ello, los diversos incidentes se tienen que ordenar y construir de tal manera que si uno de ellos es cambiado de lugar o eliminado todo el argumento quede alterado y desarticulado. Porque si alguna parte puede quitarse o añadirse sin que se produzca una alteración, entonces no es verdaderamente una parte del todo. (1451a16-1451a37)

La selección homérica

Aristóteles sale al paso de la opinión de quienes creen que pueden dar unidad a su obra contando la historia de un personaje, como Heracles (Hércules para los romanos) o Teseo. El hecho de que exista un protagonista definido no confiere unidad a la tragedia, y ni siquiera a la epopeya. La conexión entre las acciones de la vida de un personaje puede ser casi inexistente, excepto porque esas acciones son llevadas a cabo por él.

Un poeta debe seleccionar una acción en la que haya unidad, y por eso se equivocan quienes escribieron una *Teseida* contando todas las hazañas de Teseo, o una *Heracleida* con las de Heracles.

Homero, siempre admirado por Aristóteles, no cometió ese error. En vez de contar en la *Odisea* toda la vida y hazañas de Ulises, decidió centrarse en su vuelta a Ítaca tras la guerra de Troya, pero contando los días finales de un regreso.

Lo mismo hizo en la *Ilíada*, a pesar de que el tema es mucho más amplio y hay decenas de personajes. Seleccionó una pequeña porción de tiempo del último año de la guerra y estructuró la acción completa alrededor de la cólera de Aquiles, como ya hemos visto.

La verdadera unidad de un todo

Un todo está compuesto de partes. Más adelante veremos que un ejemplo de un todo es un organismo en el que todas las partes contribuyen a un mismo fin. Platón lo dijo de manera casi idéntica en su diálogo *Fedro*, refiriéndose a los discursos:

> Pero creo que me concederás que todo discurso debe estar compuesto como un organismo vivo, de forma que no sea acéfalo, ni le falten los pies, sino que tenga medio y extremos, y que, al escribirlo, se combinen las partes entre sí y con el todo.[198]

Desde este punto de vista se debe interpretar una célebre frase de Aristóteles que sorprende a primera vista: «El todo es desde el punto de vista lógico anterior a las partes». Aunque cuando construimos un barco primero tenemos que conseguir las diversas partes (tablones, cristales, anclas), esa tarea existe en función de un objetivo definido: el barco que queremos construir, en el que esos elementos cumplen una función determinada. Una misma tabla no tiene la misma función si se usa para construir un barco o una silla. La idea previa del «barco», «el todo», es, en consecuencia, anterior desde el punto de vista lógico, aunque sea lo último que podamos ver completo y acabado.

Por eso, los diversos incidentes de una tragedia o una epopeya no se van acumulando al azar y sin ninguna intención, sino con vistas a darle unidad y coherencia al todo.

[198] Platón, *Fedro*.

Capítulo 6
La poesía y la historia

Aristóteles se desvía por un momento del análisis de la trama para comparar la poesía con la historia y señalar que, a pesar de que en ambos casos se trata de acciones llevadas a cabo por personas o personajes, son dos artes o técnicas muy diferentes.

Diferencias entre poesía e historia

Es evidente por lo dicho hasta ahora que no es tarea del poeta relatar acontecimientos que han sucedido, sino cosas que podrían suceder, ya sea de manera probable o necesaria.

Un poeta se diferencia de un historiador no porque uno escriba en verso y el otro en prosa, pues las obras de Heródoto se podrían poner en verso sin que dejasen de ser las mismas historias. La diferencia es que el historiador cuenta lo que ha sucedido, mientras que el poeta cuenta lo que podría suceder.

Es por eso por lo que la poesía es más filosófica y elevada que la historia. (1451a38-1451b6)

Poesía e historia

Aristóteles continúa avanzando en su definición de la *poesía*, intentando dejar claro qué es lo que la hace única. Ahora ha llegado el momento de distinguirla de la historia. Ya sabemos que la poesía es una imitación mediante el lenguaje, y también que un texto filosófico en verso, un poema elegíaco en el que el autor se lamenta de su mal de amores, o un tratado médico en verso no son verdadera poesía *(poiesis),* puesto que no imitan o reproducen acciones. ¿Qué sucede con la historia que sí describe acciones? ¿Serían poesía las obras de historiadores como Heródoto o Tucídides si estuvieran escritas en verso?

La respuesta de Aristóteles es que no lo serían, ni en verso ni en prosa. Porque existe una importante diferencia entre el arte o la técnica de los historiadores y el de los dramaturgos. Los historiadores cuentan las cosas que han sucedido, mientras que los poetas (dramaturgos y épicos) cuentan cosas *que podrían suceder*.

Esta distinción no está libre de ambigüedades. Como sucede con todas las definiciones aristotélicas, hay que examinarla con cuidado para advertir toda su riqueza.

Quedémonos, por el momento, con esta primera distinción: los poetas cuentan lo que podría suceder, y lo hacen tanto desde el punto de vista de la probabilidad como desde el de la necesidad. Pueden referirse a un acontecimiento que podría llegar a suceder o que podría haber sucedido ya, y también a un acontecimiento que *necesariamente* ha sucedido. Esta segunda posibilidad ¿no es lo mismo que hace el historiador?

Conozcamos un poco mejor la opinión de Aristóteles.

La poesía es más universal que la historia

> La poesía trata de lo universal, mientras que la historia se ocupa de lo particular. Lo universal es el tipo de cosas que un cierto tipo de persona podría hacer o decir de acuerdo con lo probable o lo necesario, y esto es lo que pretende la poesía, aunque asigne nombres a los personajes. Lo particular es lo que Alcibíades hizo o sufrió.
>
> La poesía muestra esta característica incluso en la elección de nombres, como se ve claramente en la comedia, porque, después de construir sus tramas de acuerdo con lo verosímil, dan a sus personajes nombres comunes, al contrario que los escritores de yambos satíricos, que componen en torno a un individuo en particular.

En cuanto a los trágicos, recurren a nombres reales, porque lo que es posible parece convincente. Desconfiamos de que sea posible lo que nunca ha sucedido, pero, como es obvio, lo que ha sucedido es posible, pues si fuera imposible no podría haber sucedido.

Sin embargo, hay tragedias en las que solo hay uno o dos nombres conocidos, pues los demás son ficticios. Algunas tragedias ni siquiera tienen un nombre conocido, como *La flor* de Agatón, en la que las aventuras y los nombres son ficticios, y no por eso deleita menos.

En consecuencia, no es estrictamente necesario que el poeta trabaje sobre las historias tradicionales, aunque suelen ser los temas habituales en la tragedia.

En realidad, el poeta no tiene por qué esforzarse en adoptar esas historias, porque incluso las historias conocidas lo son para unos pocos, aunque todos disfrutan de ellas.

Todo lo anterior demuestra que la trama, más que el verso, es lo que conviene a un poeta trágico, porque es poeta debido a su imitación, y lo que imita son acciones.

No será menos poeta si cuenta historias verdaderas, porque nada impide que lo que ha sucedido sea probable o posible, y es en este sentido como el poeta emplea las historias. (1451b7-1451b32)

Las verdades universales

Lo que hace superior a la poesía con respecto a la historia es que un historiador se ocupa de esto o aquello que ha sucedido, mientras que un poeta cuenta cosas que podrían suceder o que podrían haber sucedido. Desde este punto de vista, es más universal.

Como conclusión, insiste en que en la tragedia lo que importa no es el verso, sino la trama y que imite acciones. El historiador puede contar los mismos eventos, pero no lo hace con la intención artística del dramaturgo, sino con la del que refiere los hechos de manera fiel, pues su obra no está destinada a representarse en un escenario. Y lo que es más importante, el dramaturgo re-presenta de nuevo los hechos, los copia o duplica, los crea de nuevo o por primera vez, y los cuenta mediante la *imitación* de acciones, mientras que el historiador explica o *narra* esas acciones[199].

Los nombres de los personajes

La elección de los nombres de los personajes refleja la universalidad que Aristóteles concede a la tragedia, pero no a la historia. Los autores de comedias dan a sus personajes nombres comunes, que podría tener cualquier persona, y no el de una persona específica a la que se quiere retratar, como hacen los autores de versos satíricos y los historiadores.

En la tragedia se eligen nombres y personajes que han existido, porque siempre parece más convincente representar algo que ya ha sucedido. La mayoría de las tragedias emplean personajes de las historias míticas. Ateneo dice que Esquilo llegó a declarar que lo que hacían los trágicos era alimentarse con «las rebanadas del banquete de Homero»[200].

Pero puede haber excepciones. Hemos mencionado anteriormente *Los persas* de Esquilo, y en este pasaje Aristóteles ofrece otro ejemplo, la tragedia *La flor* de Agatón[201].

Agatón era un autor célebre y es en su casa donde Platón sitúa el banquete al que asisten Sócrates, el comediante Aristófanes y el político Alcibíades, que debaten acerca del amor[202]. Están allí porque Agatón ha ganado el primer premio en las Leneas, se supone que precisamente con la tragedia que menciona aquí Aristóteles, *La flor* (ἄνθος, *anthos)*[203].

Aristóteles cita en alguna otra ocasión a Agatón, a veces elogiándo-

---

199 Ver *Una nueva* Poética.

200 Ateneo de Náucratis, *El banquete de los eruditos*, 347e.

201 Puesto que Aristóteles dice que *La flor* no está basada en personajes tradicionales, parece que no debemos identificar al personaje que da nombre al protagonista con el gigante hijo de la Tierra que se enfrentó a Heracles, y al que el héroe solo pudo vencer al darse cuenta de que obtenía su fuerza del contacto con la tierra, por lo que lo estranguló manteniéndolo en el aire.

202 Platón, *El banquete*.

203 Algunos traductores creen que la obra se llamaba *Anteo* y no *La flor*.

lo y a veces criticándolo, pero parece que fue un gran innovador del teatro y un autor quizá no extravagante pero sí excéntrico, al que le gustaba escandalizar a la audiencia. Quizá semejante a un Oscar Wilde de la Antigüedad.

Por otra parte, también hay obras que eligen personajes tradicionales, pero los mezclan con otros inventados, nos dice Aristóteles.

Capítulo 7
Tramas y episodios

Las tramas están compuestas por acciones, episodios e incidentes, tres conceptos que a veces se superponen y se hacen difíciles de distinguir. Aunque una trama tenga episodios, no por eso se convierte en lo que Aristóteles llama una «trama episódica», que es la que menos le gusta, al menos en la tragedia, porque en la épica es el tipo de construcción habitual.

Las tramas episódicas

Las peores tramas son las episódicas, es decir, aquellas en las que los episodios no mantienen entre sí ninguna relación verosímil o necesaria.

Los malos poetas construyen este tipo de tramas, y también a veces los buenos, para complacer a los actores o porque, al presentarlas en competición, se ven obligados a estirar y distorsionar la trama. (1451b33-1452a1)

Cómo ordenar los episodios

Aunque comienza diciendo que las peores tramas son las episódicas, enseguida aclara que no se refiere a las tramas que tienen episodios o incidentes, sino a las que no conectan los episodios de manera probable o inevitable, algo habitual en los malos poetas. De este modo se aclara una cuestión que a veces ha sido mal interpretada, como si sostuviera que no puede haber episodios en una trama trágica (o en una epopeya). Esa idea nos llevaría a cierta contradicción, en primer lugar, porque él mismo define la epopeya como episódica y elogia a Homero una y otra vez. En segundo lugar, porque en ciertas tragedias es fácil distinguir episodios y porque, cuando nos habla de los «incidentes» de una tragedia, muchas veces es difícil distinguirlos de lo que también podría ser llamado «episodio».

Añade un dato curioso, pues dice que esas tramas con episodios mal unidos son habituales en los malos poetas, pero que a veces también lo hacen algunos buenos poetas para complacer a los espectadores, lo que les hace estirar la trama y desordenarla.

Lo inesperado, pero no fortuito

> Puesto que la tragedia no imita tan solo una acción, sino también incidentes que inspiran temor y compasión, esto se consigue mejor cuando los incidentes suceden de manera inesperada y al mismo tiempo se conectan como si tuvieran un propósito, porque eso provocará mayor asombro que si suceden de manera fortuita o sin conexión.
>
> Incluso los incidentes fortuitos son más asombrosos cuando parecen ocurrir de manera razonable, como en la historia del hombre que mató a Micio y al que, cuando estaba presenciando los juegos en Argos, le cayó encima la estatua de Micio y lo mató. Incidentes como estos no parecen suceder sin una causa, por lo que este tipo de tramas son necesariamente más bellas. (1452a-1452a11)

La justicia poética

La conexión de los acontecimientos, episodios o incidentes de una manera inesperada logra provocar compasión y temor. Se supone que porque se logra que el espectador se sorprenda al descubrir que lo que creía inconexo tiene un sentido. La conexión inesperada pero razonable de acontecimientos o incidentes tiene mucha relación con modernas herramientas narrativas, como el llamado «rifle de Chéjov» o la «siembra», cuando ofrecemos ciertos indicios a los que el espectador no presta demasiada atención pero que lo van preparando para que acepte lo que va a suceder más tarde. Por eso, un hecho casual como que la estatua dedicada a un héroe caiga sobre su asesino, al ser tan adecuado desde el punto de vista ético, hace que al espectador le parezca casi obra del destino, o al menos de una hermosa casualidad. Es lo que podríamos llamar «justicia poética».

Por otra parte, sugiere el ejemplo de la estatua para ilustrar la siguiente reflexión:

> Puesto que la tragedia no imita tan solo una acción, sino también *incidentes que inspiran temor y compasión*, esto se consigue mejor cuando los incidentes suceden de manera inesperada y al mismo tiempo se conectan como si tuvieran un propósito.

Esto nos hace pensar que la amplitud emocional de los conceptos de «compasión» y «temor» es muy grande y que no consiste tan solo en lo que hoy identificamos con tales palabras, porque descubrir esa inesperada conexión (que al asesino le caiga encima la estatua de Micio) no parece que cause temor o compasión, sino que más bien provoca satisfacción por la reparación casi milagrosa de una injusticia. Lo que sí podríamos decir es que las emociones de compasión y temor que el espectador ha sentido se resuelven ahora, al liberarlo de la tensión dramática que lo ha mantenido inquieto.

Capítulo 8
Tramas simples y complejas. Peripecia y revelación

La peripecia y la revelación son herramientas narrativas que sirven a Aristóteles para distinguir entre las tramas simples y las complejas.

Tramas simples y complejas

Algunas tramas son simples y otras son complejas, dependiendo de que las acciones que imiten sean también simples o complejas.

Llamo simple a aquella en la que el cambio de fortuna se desarrolla sin peripecia ni revelación *(anagnórisis).*

Por compleja me refiero a aquella en la que el cambio de fortuna va acompañado de un reconocimiento o de una peripecia, o de ambas cosas, que deben surgir a partir de lo verosímil o lo necesario. Es muy diferente que un incidente sea causado por otro a que simplemente suceda detrás de otro. (1452a12-1452a21)

Narrativa simple y compleja

La distinción entre tramas simples y complejas se basa en que tengan o no *peripecia* o *anagnórisis* (revelación) o ambas cosas. Las tramas simples tienen solo cambio de fortuna *(metabolé,* μεταβολὴ), un giro que trastoca los acontecimientos. En la teoría del guión cinematográfico recibe nombres como punto de giro, *plot point* o *turning point.* En terminología aristotélica, que la buena fortuna se deslice hacia el infortunio o a la inversa.

Cualquier trama debe tener ese cambio de fortuna, pero las tramas complejas deben emplear la peripecia (περιπέτεια, *peripéteia)* o la anagnórisis (ἀναγνώρισις, *anagnōrisis),* o incluso ambas.

¿Y qué pasaría si una trama ni siquiera tiene cambio de fortuna o *metabolé?*

Supongo que Aristóteles diría que esa obra no merece siquiera ser leída o estrenada.

En cualquier caso, tanto las tramas simples como las complejas tienen que poseer también la *unidad* de la que se ha hablado en las últimas páginas, ser un todo coherente.

La peripecia

La peripecia es el cambio de una situación hacia su contraria y, como se ha dicho, debe suceder de acuerdo con lo verosímil o lo inevitable.

Así, en el *Edipo* de Sófocles, un hombre viene a animar a Edipo y a liberarlo del miedo por su madre, pero consigue todo lo contrario al revelarle quién es realmente.

También en el *Linceo* el héroe es conducido hacia la muerte y Dánao lo sigue con la intención de matarlo, pero sucede lo contrario: es Dánao quien muere y el otro quien se salva. (1452a22-1452a29)

La peripecia aristotélica

Aristóteles llama peripecia no a los diversos incidentes, traspiés o aventuras que viven los personajes, sino a un cambio más radical, que consiste en que la situación, debido a un giro inesperado o imprevisible, *se convierte en lo contrario de lo que se esperaba.*

No hay que confundir la peripecia con un simple cambio de fortuna o *metabolé,* pues debe contener algo paradójico. Los ejemplos nos aclaran este curioso concepto.

En el *Edipo rey,* cuando el protagonista se angustia a causa de lo que descubre acerca de la muerte del antiguo rey de Tebas y empieza a dudar de su propia identidad, aparece un mensajero. El mensajero le va a trasmitir una mala noticia, pero al mismo tiempo está convencido de que ese conocimiento le librará de su mayor temor, matar a su padre y acostarse con su madre. El mensajero le dice que ya no tiene que preocuparse por ese fatal oráculo, porque su padre Pólibo ha muerto en Corinto. El peligro de matar al padre ha desaparecido, o eso parece, pero todavía queda el peligro de que llegue a acostarse con su madre. Entonces el mensajero le da una «gran noticia»: Mérope, la reina de Corinto y viuda de Pólibo, no es su madre. ¿Cómo es posible? Esta noticia, esta *peripecia,* que aparentemente es estupenda, en realidad conduce a Edipo a descubrir que sus verdaderos padres, Layo y Yocasta, lo abandonaron al nacer y que fue adoptado por Pólibo y Mérope.

De este modo, mediante una ingeniosa e inquietante *peripecia,* Edipo descubre que, cuando huyó hacia Tebas para evitar matar a su padre y acostarse con su madre, se estaba acercando a sus verdaderos padres, el rey Layo de Tebas, al que mata en el camino a la ciudad, y su esposa Yocasta, la reina viuda con la que se casará después. Tras creer por un momento que el oráculo era absurdo y que el mensajero le ha librado de su condena, descubre que el oráculo predijo con exactitud su tragedia. Esa es la fatal inversión que produce la peripecia: se espera el bien, pero sobreviene la fatalidad.

Como se ve, lo que sucede en *Edipo rey* no es un simple cambio de fortuna, sino que incluye lo que Aristóteles llama *peripecia,* un mecanismo paradójico, porque parece que va a solucionar las cosas y que en realidad las estropea, o a la inversa.

Algo semejante ocurre en el *Linceo,* cuando Linceo es conducido hacia la muerte, pero, como Dánao lo sigue, el que muere finalmente es Dánao.

La *anagnórisis* o revelación

En cuanto al reconocimiento *(anagnórisis),* como su nombre indica, es un cambio de la ignorancia al conocimiento, que lleva a la amistad o enemistad entre quienes estaban destinados a la buena fortuna o a la desgracia.

El mejor tipo de reconocimiento es el que sucede al mismo tiempo que la peripecia, como en el caso de Edipo.

Existen otros tipos de reconocimiento, como a través de objetos o mediante otras circunstancias. O el descubrimiento de que una persona ha hecho o no ha hecho algo.

Pero el reconocimiento que se relaciona mejor con la trama y la acción es el que mencionamos antes. Este tipo de reconocimiento y peripecia provocará compasión y temor.

En el reconocimiento que se da entre personas, en algunos casos solo uno reconoce al otro, pero a veces se reconocen mutuamente. Por ejemplo, cuando Ifigenia reconoce a Orestes por la carta, y él la reconoce más adelante en otra escena. (1452a30-1452b8)

Anagnórisis, de la ignorancia al conocimiento

La *anagnórisis* se traduce como reconocimiento o revelación, porque es el momento en el que el protagonista reconoce algo relacionado con su identidad, como Edipo al saber que sus padres son Layo y Yocasta y que, por lo tanto, él es un parricida incestuoso.

También puede suceder que el héroe o heroína sea reconocido por otros personajes, como le sucede varias veces a Ulises en la parte final de la *Odisea*. Esa revelación, que es un cambio de la ignorancia al conocimiento, provoca amistad o enemistad entre personajes que estaban destinados a algo beneficioso o desafortunado.

Lo mejor es una trama compleja en la que se den peripecia y reconocimiento, y a ser posible que una provoque la otra, como sucede con Edipo, cuando el mensajero provoca una *peripecia*, y eso lleva a la *anagnórisis* o reconocimiento, pues por primera vez Edipo, el hombre que lo sabe todo, descubre quién es en realidad: el hijo de Layo y Yocasta. Tiene que existir una relación de causa y efecto entre los dos elementos, peripecia y anagnórisis y el dramaturgo no debe limitarse a poner uno detrás de otro.

Otros reconocimientos

Aristóteles admite otras formas de reconocimiento diferentes a las hasta ahora descritas. Por ejemplo, debido a la presencia de un objeto. También puede suceder que un personaje descubra que otro ha hecho o no ha hecho algo.

Otro ejemplo se da cuando una persona es reconocida por otra, que después es reconocida por la primera. En *Ifigenia entre los tauros*, Orestes reconoce a Ifigenia gracias a una carta. Pero después ella todavía tiene que reconocer a su hermano.

El sufrimiento o pasión

Peripecia y reconocimiento son dos elementos de la trama. El tercero es el sufrimiento. Hemos discutido dos y nos queda el tercero.

El sufrimiento *(pathos)* es una acción fatal o dolorosa, como la muerte en el escenario, las heridas sangrientas, el sufrimiento y otras cosas semejantes. (1452b9-1452b13)

El sufrimiento

Aristóteles cierra este capítulo (o este asunto, porque la *Poética* original no tiene estas divisiones o títulos), con un tercer recurso de la trama: el sufrimiento *(pathos)*.

El sufrimiento es una acción dolorosa o mortal que sucede dentro o fuera del escenario.

La etimología de *pathos* o pasión nos lleva a «padecer», un sentido que se conserva en la pasión de Cristo, por los padecimientos en la cruz.

Capítulo 9
Partes formales o visibles de una tragedia

Las divisiones de una tragedia desde el punto de vista cuantitativo, claramente visibles, ya sea por quienes actúan (actores o coro) o por la manera en la que se hace la imitación (partes musicalizadas, lamentos, entradas o salidas).

Las secciones de una tragedia

Ya hemos hablado de los elementos de la tragedia y la forma en que deben usarse. En lo que se refiere a su extensión y las partes cuantitativas son las siguientes: prólogo, episodio, éxodo y parte coral, que a su vez se divide en párodo y estásimo.

Estas partes se encuentran en todas las tragedias, pero en algunas también hay canciones (monodias) y lamentos *(kommoi).*

El prólogo es una sección completa que precede a la entrada del coro.

El episodio es una sección completa entre dos partes corales completas.

El éxodo es toda sección de una tragedia que no va seguida de una parte coral.

En la parte coral, el párodo es la primera intervención completa del coro, mientras que un estásimo es un canto del coro sin *anapaestos* ni *troqueos.*

El *kommos* es un lamento en el que se unen actores y coro. (1452b14-1452b24)

Divisiones o secciones de la tragedia

Hasta ahora hemos analizado los elementos y recursos narrativos de la tragedia, pero ahora nos interesan las partes en las que se divide desde un punto de vista cuantitativo. Es decir, las secciones, segmentos o bloques.

Este es uno de los momentos en los que habla de algo semejante a actos, secuencias o escenas, por lo que es importante prestar atención, dadas las malas interpretaciones que se han hecho de la opinión de Aristóteles acerca de este asunto.

Pues bien, aquí se ve claramente que habla de cuatro partes, actos o secciones: prólogo, episodio, éxodo y parte coral, o incluso de cinco, si contamos las dos partes en las que se divide la parte coral: párodos y estásimos.

Ahora bien, aunque estas cuatro o cinco partes se encuentran en todas las tragedias, en algunas se añaden otras partes, como las canciones de los actores o los *kommoi* o cantos fúnebres. Todo esto, en definitiva, nos aleja mucho de los famosos «tres actos aristotélicos» que algunos autores afirman haber encontrado en la *Poética*.

Más adelante veremos que propone otra manera de dividir la obra, pero la que aquí describe es la más semejante a los modernos actos, pues cambiar de la intervención del coro a la del actor parece marcar una división visible para el espectador.

En cualquier caso, Aristóteles nos ofrece una descripción de todas estas partes o secciones, que conviene conocer.

Prólogo: es la primera intervención de un actor en la obra, generalmente el protagonista, o varios actores que mantienen un diálogo. Su función suele ser situar el momento de la acción o hablar del conflicto que se va a desarrollar. Así lo hace Edipo al comienzo de *Edipo rey,* cuando habla con los ancianos de Tebas acerca de la maldición que ha caído sobre la ciudad y su voluntad de resolver el problema. Aunque el coro de la obra también son ancianos, se supone que estos con los que habla Edipo al principio son actores de reparto que no pertenecen al coro, pues el coro entra después del prólogo.

En la tragedia los actores no se dirigen directamente al público, rompiendo *la cuarta pared,* aunque a veces casi lo parece, como en el *Hipólito* de Eurípides, donde la diosa Afrodita expone la situación como si hablara con el público. En la comedia sí que se empleó este recurso, en especial en el teatro romano, como en las obras de Plauto.

Párodo: es el momento, tras el prólogo, en el que entra el coro. Su entrada debía ser espectacular, con cantos y danzas. Su función es presentar al coro, que puede ser de ancianos, gente del pueblo, mujeres (hombres con máscaras), ciudadanos o personajes relacionados con la situación que se va a plantear. En el párodo (la entrada) se solían emplear *anapestos,* un tipo de ritmo para las marchas corales o momentos solemnes y marciales. También se empleaban *troqueos,* un ritmo más vivaz y animado.

Episodio: son secciones que podríamos comparar con las modernas «secuencias» o con las «escenas» (pero no con los «actos»), en las que los actores representan las acciones y las palabras de los personajes. Tienen lugar entre dos secciones del coro.

Estásimos: son las intervenciones del coro (aparte de la del *párodo* o entrada). Tienen lugar entre dos episodios, por lo que el orden habitual es episodio-estásimo-episodio-estásimo... No había un número fijo de episodios y estásimos, y variaba en función de la obra y la trama. En los estásimos no era costumbre emplear anapestos ni troqueos.

Éxodo: es la conclusión de la obra, que sigue a la última intervención del coro. Ofrece la resolución de la trama y la resolución del conflicto, aunque puede tratarse de un desenlace un poco abierto, en especial si se trata de la primera o segunda obra que se presenta al concurso, puesto que en la siguiente obra puede que se continue la acción.

Estrofas y antiestrofas: aunque Aristóteles no las menciona, es un diálogo entre los miembros del coro, que solía acompañarse de un movimiento acompasado y rítmico: si en la estrofa se desplazaban hacia la derecha, en la antiestrofa se movían hacia la izquierda.

La de este capítulo es la descripción de una división estructural comparable con las modernas divisiones en escenas, secuencias, partes o actos. Como he explicado en *Una nueva* Poética, puede dar como resultado cuatro o cinco o hasta doce o trece secciones, dependiendo del número de episodios y *estásimos* que se empleen.[204]

---

[204] Ver p. 88.

Capítulo 10
Las mejores tramas

Aristóteles declara cuáles son las mejores tramas. Aquí se ve la relación entre trama y personajes, puesto que la decisión acerca de las buenas y las malas tramas depende del carácter y de lo que le suceda al personaje.

Posibles cambios de fortuna

A continuación, debemos examinar a qué debemos aspirar y qué debemos evitar al construir las tramas para que la tragedia logre producir su efecto.

Las mejores tramas no son simples, sino complejas y deben representar acciones que provoquen temor y compasión, ya que esto es lo que caracteriza a la imitación trágica.

Por lo tanto, no conviene representar a un hombre virtuoso que pasa de la prosperidad a la desgracia, ya que eso no causa temor ni compasión, sino indignación.

Tampoco los malvados deben pasar de la desgracia a la prosperidad, pues esta es la menos trágica de las situaciones: ni es humano, ni causa temor ni produce compasión.

Un hombre completamente malvado tampoco debe pasar de la prosperidad a la desgracia, porque, aunque ello podría ser humano, no despierta compasión ni temor.

Lo más adecuado es un hombre que se encuentra entre los dos extremos, que no destaca ni por su virtud ni su justicia, y que no padece la desgracia por maldad o perversidad, sino por algún error trágico *(hamartia),* después de disfrutar de fama y prosperidad, como Edipo, Tiestes y otros de familias ilustres. (1452b25-1453a11)

Los cambios de fortuna que causan temor y compasión

Una vez examinados los elementos o partes cualitativas, así como las secciones o partes cuantitativas de una tragedia, Aristóteles intenta descubrir qué combinaciones dramáticas son las mejores para lograr el efecto buscado, es decir, provocar en los espectadores o lectores el placer propio de la tragedia, compasión y temor.

Este pasaje nos recuerda que Aristóteles no examina cualquier obra que se pueda representar, sino un género muy concreto, la tragedia. Se pueden representar otros géneros, como comedias o piezas satíricas, que provocarán otro efecto en el espectador.

Richard Janko, en su reconstrucción del que quizá sea un fragmento del segundo libro de la *Poética,* dedicado a la comedia, dice que el placer propio de la comedia es provocar placer y risa. Parece redundante que el placer que se busca sea producir placer, reprocha Stephen Halliwell, pero podemos entender que se trata de «diversión», una emoción que parece el objetivo de la comedia, venga o no acompañada de risa o lo risible. En definitiva, Aristóteles se ocupa de la tragedia ateniense, en la que destacaron Sófocles, Eurípides y Esquilo, y que en su época estaba en decadencia. Quizá podemos entender en este sentido la frase: «Si la tragedia ya ha alcanzado la perfección, tanto considerada en sí misma como en relación con su público, es otro asunto». Tal vez se trata de la admisión de que ese magnífico género ya consiguió todo lo que se podía lograr y que ahora el teatro se mueve en otros terrenos, del mismo modo que podemos decir que el teatro del absurdo o el surrealista, la tragedia de venganza o la comedia del arte ya vivieron su momento de gloria y que, aunque se puede escribir o estrenar una obra surrealista o absurda (o incluso una tragedia al estilo clásico), el género como tal ya no domina o «sacude las escenas».

Como resumen de cómo debe ser una tragedia dice: debe ser compleja (y no simple) y debe representar acciones que causen temor y compasión. A continuación, examina qué cambios de fortuna cumplen estos objetivos en función del carácter del personaje:

a) Personas virtuosas que pasan de la prosperidad a la desgracia.
No, porque eso causa indignación, puesto que nos parece una injusticia.
b) Malvados que pasan de la desgracia a la prosperidad.
No, porque esa situación no tiene nada de trágico y no muestra lo que sería conveniente que suceda, no es humana, no causa temor y no provoca compasión.
c) Un malvado que pasa de la prosperidad a la desgracia.
No. Puede despertar un sentimiento humano, pero no causa ni temor ni compasión.
d) Alguien que padece una desgracia que no merece.
En este caso sentimos compasión.
e) Alguien semejante a nosotros, ni completamente malvado ni completamente virtuoso, que padece un infortunio.
En este caso sentimos temor.

Es decir, el personaje ideal debe reunir los dos últimos requisitos.

El personaje trágico ideal y la *hamartia*

La conclusión es que el mejor personaje trágico no debe ser completamente malvado ni un modelo de virtud y justicia, ni caer en el infortunio debido a su maldad o vicio, sino el que, tras disfrutar de gloria y prosperidad, cae en el infortunio debido a un error trágico, del que no es responsable desde un punto de vista moral. Este error trágico o *hamartia* es otro de los conceptos fundamentales de la tragedia y de la construcción de la trama.[205]

El contradictorio ejemplo de Tiestes

Aristóteles ofrece dos ejemplos de buen personaje trágico, que pasa de la prosperidad a la desgracia por un error disculpable que nace de la ignorancia: Tiestes y Edipo.

---

[205] Ver «La *hamartia* o error trágico» en p. 72.

En el caso de Edipo es fácil admitir que cumple con todos los requisitos, pero cuando examinamos la leyenda de Tiestes no parece tan claro. Recordemos su historia.

Tiestes es hermano de Atreo. Los dos hermanos son desterrados de su tierra de origen por haber asesinado a un medio hermano y compiten por otro trono, el de Micenas. Tiestes seduce entonces a la esposa de su hermano, pero su plan es desbaratado por los dioses y Atreo consigue el trono. Para vengarse del adulterio de su hermano, Atreo le invita a un banquete y al terminar le muestra la cabeza y las manos de unos niños: el adúltero ha devorado la carne de sus propios hijos. Tiestes maldice a Atreo y marcha al exilio. Un oráculo le revela que para vengarse debe concebir un hijo con su hija Pelopia, cosa que hace, violándola. Ella concibe a Egisto sin saber quién es el padre. Egisto, ya joven, mata a Atreo y pone en el trono a Tiestes, pero los hijos de Atreo, Agamenón y Menelao, recuperan el trono de Micenas.

En esta historia se pueden introducir cambios de fortuna, peripecias y revelaciones, pero lo que no parece es que exista *hamartia,* tal como se ha definido: un error nacido de la ignorancia. Tiestes y también su hermano Atreo cometen todos sus actos criminales de manera consciente, no por ignorancia. Encajan con la descripción del malvado que pasa de la prosperidad (muy breve) a la desgracia (constante), o de la desgracia a la desgracia, o de la desgracia a la prosperidad (también breve), es decir, las combinaciones de cambio de fortuna que Aristóteles ha considerado malas para la tragedia.

¿Cómo explicar esta contradicción entre Edipo, que coincide con la definición de *hamartia* y de cambio de fortuna deseable y Tiestes, que no cumple estas condiciones?

No sabemos la respuesta y solo podemos aventurar algunas hipótesis.

a) El concepto de *hamartia* o error trágico no incluye tan solo el error nacido de la ignorancia. Puede ser un error del que sí es responsable el que lo comete, pero que, como en el otro caso, produce también situaciones inesperadas o imprevisibles y una espiral de confusiones y desgracias.

b) Falta alguna parte del texto de la *Poética* en la que se vería claramente que Aristóteles ponía como ejemplo de personaje ideal para la tragedia a Edipo pero que mencionaba a Tiestes como personaje, por contraste, «no ideal».

c) Se sabe que Eurípides escribió una tragedia dedicada a Tiestes; y Sófocles tres, en un ciclo dedicado a esta desgraciada familia. Quizá en alguna de esas tragedias se presentaba a Tiestes ignorante de las consecuencias de sus actos y se acostaba con la esposa de su hermano y con su hija sin saber quiénes eran.

d) La ignorancia, la peripecia y el reconocimiento quizá los sufría otro personaje, como Egisto, que podía descubrir que era hijo de su abuelo Tiestes, que había violado a su madre.

Temor y compasión

Aristóteles dice que la tragedia debe producir temor y compasión. La compasión y el temor producen catarsis en el espectador. Me he ocupado extensamente de la catarsis y las emociones de compasión y temor en varios capítulos a los que remito al lector.[206]

Contra la doble trama

Una buena tragedia debe consistir en una trama única y no, como dicen algunos, doble.

El cambio de fortuna *(metabolé)* no debe ser de desgracia a prosperidad, sino, por el contrario, de prosperidad a desgracia.

Este cambio no tiene que deberse a la maldad, sino a un error trági-

[206] Ver «La catarsis» (pp. 121 y ss.).

co de un personaje que tenga las características que hemos mencionado, o al menos alguien más virtuoso que malvado.

La experiencia confirma este criterio. Porque en la Antigüedad los poetas componían cualquier tipo de historia, pero ahora las mejores tragedias las protagonizan pocas familias, como las de Alcmeón, Edipo, Orestes, Meleagro, Tiestes, Télefo y cualquier otro que haya soportado o hecho cosas terribles.

Las tragedias mejor construidas tienen ese tipo de trama.

Por eso se equivocan los que critican a Eurípides porque muchas de sus tragedias acaban en infortunio, que ya sabemos que es lo conveniente.

Hay pruebas convincentes: en el teatro y en los concursos dramáticos, estos dramas se consideran los más trágicos si están bien representados, y aunque Eurípides se equivoca en sus obras en otros aspectos, evidentemente es el más trágico de los poetas.

La doble trama, como la que encontramos en la *Odisea*, donde al final los buenos son recompensados y los malos castigados, se considera por algunos como la mejor, pero en realidad ocupa solo el segundo lugar.

Es la decadencia del teatro lo que la coloca en primer lugar, y los poetas la emplean porque desean complacer a los espectadores. El placer que se obtiene de este modo, sin embargo, pertenece más a la comedia que a la tragedia. Es en la comedia donde aquellos que en el mito son los mayores enemigos, como Orestes y Egisto, al final se reconcilian, salen del escenario como amigos y nadie mata a nadie. (1453a12-1453a39)

Historia única contra historia doble

Es interesante el «como dicen algunos», porque muestra que ya en época de Aristóteles existía bastante discusión acerca de las características que debe tener una tragedia. Al parecer «algunos» defendían la trama doble frente a la trama única.

¿Qué debemos entender por trama doble?

A primera vista, parece lo que llamamos subtrama, o quizá dos tramas de parecida importancia que avanzan en paralelo. Un tipo de trama doble de ese tipo sería la *Odisea*, donde avanzan en paralelo la trama del regreso de Ulises y la del viaje de Telémaco en busca de su padre. Ese esquema se podría trasladar a una obra de teatro.

Sin embargo, Aristóteles nos revela que con trama doble se refiere a algo diferente: a una obra que en el desenlace recompensa a los buenos y castiga a los malos. Prefiere una trama única y, mediante una investigación empírica, intenta demostrar que es preferible.

La experiencia confirma la ventaja de la trama única

Ya sabemos que Aristóteles es un gran empírico, que observa la realidad para descubrir cómo funciona, o que adelanta una hipótesis y después la pone a prueba mediante la experiencia y la observación.[207] En este caso el terreno que hay que observar son las tragedias.

La observación y la comparación le sirven para confirmar que las mejores tragedias (y se supone que también las que han sido en general más apreciadas) tienen personajes un poco mejores que nosotros, como los héroes trágicos. Además, los tragediógrafos se han centrado en unas pocas familias, como las seis que menciona Aristóteles.

Alcmeón: acerca del mito de Alcmeón, uno de los que más interesó en la Antigüedad, pero menos conocido hoy en día, es muy recomendable el ensayo *La venganza de Alcmeón, un mito olvidado*, de Carlos García Gual. Se sabe que Sófocles trató el tema en varias tragedias, como *Anfiarao, Alcmeón, Erifila* y *Epígonos*. Eurípides en *Alcmeón en Psófide* y *Alcmeón en Corinto*. En la *Poética* se menciona un *Alcmeón* de Astidamas.

Edipo: es el mito más conocido desde el punto de vista trágico. Conservamos el *Edipo rey*, *Edipo en Colono* y *Antígona,* de Sófocles. De Esquilo también *Los siete contra Tebas,* y de Eurípides, *Las fenicias.*

---

[207] Ver «Entender y disfrutar de Aristóteles» (p. 27).

Orestes: conservamos la única trilogía completa del teatro griego (en los concursos se presentaban tres obras trágicas y una satírica), la *Orestíada* de Esquilo, compuesta por las tragedias *Agamenón*, *Las coéforas y Las Euménides*. De Eurípides conservamos *Electra*, *Orestes*, *Ifigenia en Áulide* e *Ifigenia entre los tauros*. De Sófocles, otra *Electra*.

Meleagro: los tres grandes, Esquilo, Sófocles y Eurípides, escribieron cada uno su *Meleagro*, pero no se ha conservado ninguno.

Télefo: nuevamente, se sabe que Esquilo, Sófocles y Eurípides escribieron un *Télefo*. Además, Eurípides y Esquilo escribieron una *Augé*, acerca de la madre de Télefo.

Tiestes: también los tres grandes escribieron un *Tiestes*. Eurípides escribió un *Crisipo*, que cuenta el primer crimen de la familia, cuando Atreo y Tiestes mataron a Crisipo, lo que dio comienzo a la maldición que cayó sobre la familia.

Conclusión acerca de la trama simple o doble

La conclusión ya la conocemos: la trama protagonizada por un héroe un poco mejor que nosotros, que sufre una desgracia a causa de un error nacido de la ignorancia, y que se cuenta mediante una trama simple (y no doble) es la que ha dado las mejores tragedias.

A pesar de que se sugiere que algunos críticos, muchos autores y el público prefieren la trama doble, Aristóteles lo considera un signo de decadencia del teatro de su época. No le gustan tampoco los finales felices en los que los héroes se reconcilian, que le parecen propios de la comedia. Como ejemplo menciona una comedia (no sabemos si existente o imaginaria) en la que dos enemigos mortales como Egisto y Orestes se reconcilian, algo que sería absurdo en una tragedia. Orestes y Egisto son dos de los personajes de lo que se llama la *Orestíada*, el ciclo de tragedias que se inicia con el asesinato de Agamenón por su esposa Clitemnestra (o incluso por el sacrificio previo de la hija de ambos, Ifigenia). Orestes, hijo de Agamenón y Clitemnestra, mató a su madre y a su amante Egisto.

Eurípides es el más trágico

En algunas ocasiones, Aristóteles desliza críticas hacia Eurípides y considera superior a Sófocles, pero, en lo que se refiere al esquema argumental, rechaza las críticas que se le hicieron al dramaturgo y considera que sus dramas son, al menos en este sentido, los más trágicos, puesto que casi siempre terminan mal.

Capítulo 11
El placer propio de la tragedia

Aristóteles analiza cómo podemos provocar el placer propio de la tragedia y despertar las emociones de temor y compasión. Además, dedica algunas reflexiones al espectáculo y su capacidad para generar emociones, aunque considera que se trata de un recurso fácil que no se debe emplear.

La trama contra el espectáculo

El temor y la compasión pueden ser causados por el espectáculo o por la disposición de los incidentes. Es preferible que sea gracias a la trama, pues eso revela a un gran poeta.

Los incidentes deben disponerse de tal manera que quien escuche la historia se estremezca y sienta lástima incluso al escucharlos, como con la historia del *Edipo*.

Despertar compasión y temor por medio del espectáculo requiere menos arte y más gasto.

Las obras que mediante el espectáculo no provocan temor ni compasión, sino tan solo asombro, no son tragedias. (1453b-1453b10)

El espectáculo es el elemento menos importante

El espectáculo, que incluye asuntos como la puesta en escena, las máscaras, los decorados, ciertos efectos de sonido y el empleo de objetos que puedan sorprender a los espectadores, es para Aristóteles secundario. Tan secundario que una tragedia puede conmover de la misma manera a alguien que la lee o la escucha que a quienes la ven representada sobre un escenario. Es cierto, admite, que mediante el espectáculo se puede provocar compasión y miedo en el espectador, aunque se requiere más presupuesto y menos arte que si se hace mediante la trama.

Parece que era frecuente que algunas obras más que temor provocaran asombro, pero eso, además de un recurso fácil, ni siquiera es propio de la tragedia. Es aquí donde subraya con toda claridad que la obra debe producir «el placer que le es propio», y que ese placer en la tragedia es la compasión y el temor, no el asombro o cualquier otro.

El placer propio de la tragedia

No deberíamos exigir de la tragedia todo tipo de placer, sino solo el que le es propio. El placer propio de la tragedia es el temor y la compasión, y el poeta debe intentar provocarlos a través de los incidentes.

Por lo tanto, investiguemos qué tipo de incidentes despiertan compasión y temor.

Tales situaciones deben ocurrir o bien entre personas que son amigos, o que son enemigos, o ninguna de las dos cosas.

Entre enemigos, el que sufran o se causen sufrimientos no suscita compasión, excepto porque el sufrimiento es lamentable en sí mismo.

Si se trata de personas que no son ni amigas ni enemigas, no se genera compasión.

Sin embargo, sí se despierta compasión cuando se trata de personas cercanas, como cuando un hermano mata a su hermano, un hijo a su padre, una madre a su hijo, un hijo a su madre o viceversa. Estas son las situaciones que hay que buscar. (1453b11-1453b23)

La situación trágica

Después de analizar lo trágico en relación con el carácter malvado o virtuoso, investiga qué incidentes son terribles o lamentables dependiendo de que se produzcan entre amigos, enemigos o personas que no son ni una ni otra cosa.

a) Entre enemigos no se producen los sentimientos de temor o compasión, ni debido a lo que hacen los personajes ni por sus intenciones *(pensamiento)*. Como mucho habrá algo lamentable al contemplar el sufrimiento, sin más.
b) Entre personas que no son ni amigos ni enemigos tampoco se produce temor o compasión.
c) Entre amigos o familiares es la situación ideal, cuando está por medio el afecto, o al menos los lazos de familia: hijos que matan a sus madres o padres, esposas que matan a su marido o padres que matan a sus hijas.

La conclusión es que hay que buscar tramas en las que exista afecto, como en las relaciones familiares. Como vimos antes, muestra una marcada preferencia por personajes de familias sobre las que ha caído la fatalidad, como la de Orestes o la de Edipo.

El héroe ignorante

No es necesario alterar las historias tradicionales, como que Clitemnestra murió a manos de Orestes, o que Alcmeón mató a Erifila, sino que el poeta debe encontrar maneras de hacer buen uso de las historias tradicionales o crear otras nuevas. Aclaremos qué entendemos por «buen uso».

La acción puede realizarse, como en los antiguos poetas, con pleno conocimiento de los hechos, como cuando la *Medea* de Eurípides mata a sus hijos.

O puede hacerse ignorando su terrible naturaleza y que eso se revele más tarde, como cuando el Edipo de Sófocles mata a su padre. Es cierto que esa acción está fuera del drama, pero puede ocurrir en el transcurso de una obra, como en el *Alcmeón* de Astidamas o Telégono en *Odiseo herido*.

Todavía hay una tercera manera: cuando alguien que pretende realizar la acción ignora la relación, pero la descubre antes de realizarla.

No hay otra posibilidad, porque uno debe actuar o no, con conocimiento o sin él. (1453b24-1453b38)

Fidelidad a la tradición

Al recurrir a las tramas o argumentos de las antiguas historias familiares, Aristóteles desaconseja modificar los incidentes fundamentales. Orestes debe matar a su madre y Alcmeón a su esposa, porque así lo cuenta la tradición. Ahora bien, hay que construir una trama que sea al mismo tiempo fiel y eficaz, capaz de interesar a los espectadores.

Aunque se mantengan los incidentes de la trama tal como la contaron los mitógrafos, el dramaturgo puede jugar con la ignorancia o el conocimiento que los personajes tienen del verdadero significado de la situación y de sus acciones.

Con pleno conocimiento de los hechos: la Medea de Eurípides mata a sus hijos sabiendo lo que hace. Es probable que existieran otras versiones en las que Medea mataba inadvertidamente a sus hijos, o incluso en las que no los mataba, porque circulaba el rumor de que Eurípides había recibido un soborno de los ciudadanos de Corinto para que hiciera que fuera Medea y no los corintios quienes mataran a los niños.

Ignorando la naturaleza de los hechos: el de Edipo es un ejemplo de error trágico en el que el protagonista mata a un hombre en una riña de caminos, sin saber que es su padre.

Ese acontecimiento está fuera de la obra, dice Aristóteles, pues el hecho es recordado de palabra por los personajes. Hoy en día, en el cine, sí que podríamos verlo, mediante un *flashback*, un viaje al pasado que en griego recibe el nombre de *analepsis*. No obstante, Aristóteles menciona dos obras en las que el crimen sí que sucede en escena: el

Alcmeón de Astidamas y el Telégono de *Odiseo herido*. El *Alcmeón* de Astidamas no se conserva y no es fácil saber a qué se refiere lo de cometer el crimen en el transcurso de la obra a partir de la ignorancia. Quizá sea que Alcmeón descubre que su madre contribuyó a la muerte de su padre y por eso la mata. ¿Qué es entonces lo que se ignora y se descubre? No parece que el que esa mujer sea su madre, sino el hecho de que ella aceptó un soborno que provocó la muerte del padre. En cuanto al personaje de Telégono, es un hombre que mata a su padre sin saberlo. Aquí está bastante claro a qué se refiere Aristóteles, pues Telégono es hijo de Ulises, al que mata sin saber que es su padre, pues lo descubre cuando ya Ulises está herido de muerte. La tragedia en la que se contaba es *Odiseo herido*, cuyo autor se ignora, aunque podría ser Sófocles.

Ignorar el hecho, pero descubrirlo antes de cometerlo: existe una tercera posibilidad, que el personaje no conozca la verdadera relación con el otro personaje, pero que, justo antes de llevar a cabo la acción fatal, llegue la *anagnórisis* o revelación y descubra algo que ignoraba. Enseguida veremos que esta le parece a Aristóteles la mejor posibilidad.

Las peores y mejores opciones

La peor opción es no actuar a pesar de conocer la relación. Eso no es trágico ni temible, sino indigno, y casi nunca se utiliza, como cuando Hemon amenaza a su padre Creonte en *Antígona*. Es mejor cometer el crimen.

Mejor aún es hacerlo desde la ignorancia, y más tarde descubrir la verdad. Entonces no hay nada indigno, pero la revelación es aterradora.

Lo mejor de todo es la última opción, cuando el personaje está en la ignorancia y se produce el reconocimiento antes de actuar, como Mérope en el *Cresfontes,* donde intenta matar a su hijo, pero no lo hace cuando lo reconoce, o, como en *Ifigenia*, donde la hermana está a punto de matar al hermano; o en la *Hele,* donde el hijo, a punto de entregar a su madre al verdugo, la reconoce.

Esta es la razón por la que los protagonistas de la tragedia, como dijimos antes, suelen limitarse a unas pocas familias. Por azar más que por intención los poetas encontraron en sus tramas la manera de reflejar esta situación, y esto los lleva a recurrir a las familias trágicamente afligidas.

Ya hemos dicho suficiente sobre la disposición de los incidentes y el tipo correcto de trama. (1453b39-1454a15)

La peor situación y la mejor

La peor situación, desde el punto de vista trágico, es decir, la menos recomendable, es cuando se combina:

- Pleno conocimiento.
- Voluntad de llevar a cabo la acción…
  … y no llevar a cabo la acción.

Eso no es trágico, sino tan solo impactante, como cuando, en la *Antígona,* Hemón amenaza a su padre Creonte pero no lo mata. Mejor matarlo, dice Aristóteles.

Una situación mejor es si se realiza la acción ignorando su verdadera naturaleza y después se descubre la verdad. En ese caso la revelación *(anagnórisis)* sí que es aterradora.

Y quizá podríamos añadir, sin desviarnos de Aristóteles, que también se produce una gran compasión, cuando el espectador contempla el inevitable remordimiento del personaje que ha cometido un crimen tan terrible sin saberlo, como en el caso de Telégono al herir de muerte a su padre Ulises.

Podríamos distinguir entre dos tipos de remordimiento: el de Orestes tras matar a propósito a su madre y sufrir el castigo de las terribles erinias, y el de Edipo, que sin saberlo mata a su padre y se acuesta con su madre. En el caso de Orestes la acción fue voluntaria, con plena consciencia de que se mataba a un pariente, en el otro caso no.

En cuanto a la mejor posibilidad, es cuando se ignora la relación, pero se descubre antes de realizar la acción.

Un ejemplo es lo que hace Mérope en la obra *Cresfontes,* tragedia perdida atribuida a Eurípides. Mérope es la reina de Mesenia, y ha sido obligada a contraer matrimonio con Polifontes, el asesino de su marido. Su hijo Cresfontes logra escapar y muchos años después llega a Mesenia para vengar la muerte de su padre. Debido a un equívoco, Mérope se dispone a matar al extranjero, pero descubre que es su hijo y no comete el crimen, sino que ambos toman venganza contra Polifontes. Plutarco ha conservado el momento previo a la anagnórisis, cuando Mérope se dispone a descargar el golpe fatal sobre el extranjero (su hijo Cresfontes) y exclama: «Este golpe que te infrinjo es el más costoso».[208]

La *Ifigenia* que menciona Aristóteles es *Ifigenia entre los tauros,* de Eurípides, y se refiere al momento en el que Ifigenia, sacerdotisa de los tauros, se dispone a sacrificar a un extranjero, pero entonces descubre que es su hermano Orestes.

La tercera tragedia citada, *Hele,* parece que la escribió también Eurípides y que la escena mencionada era una en la que el hijo entregaba a su madre al verdugo, pero momentos antes de la ejecución la reconocía y la salvaba.

Los lectores recordarán que en el capítulo anterior Aristóteles dijo que la mejor situación trágica es la de alguien que padece una desgracia que no merece o la de alguien semejante a nosotros, ni completamente malvado ni completamente virtuoso, que padece un infortunio por causa de un error trágico *(hamartia).* Eso nos hace pensar en un desenlace trágico, como el de *Edipo rey.*

Sin embargo, ahora ha mencionado tragedias en las que, a pesar de

[208] Plutarco, «Sobre el consumo de carne».

que los protagonistas parecen abocados a la desgracia, el desenlace acaba siendo feliz, como en *Ifigenia entre los tauros* o en *Mérope.* Esta contradicción ha inquietado a muchos intérpretes, que no se explican que cambie de opinión de un capítulo a otro. Sin embargo, quizá no haya tal cambio de opinión, pues Aristóteles dice que lo bueno es que alguien parecido a nosotros sufra un infortunio, y eso les sucede a Ifigenia, a Cresfontes y a la madre que es entregada al verdugo en la tragedia *Hele.* Que el desenlace fatal se evite en el último instante no impide que hayamos presenciado la situación trágica y experimentando compasión y temor por el destino de los personajes.[209]

Las familias trágicas

De nuevo Aristóteles atribuye al azar o a algo parecido al método de ensayo y error el hecho de que los trágicos hayan llegado a la conclusión de que las mejores tramas se encuentran en familias tradicionales que se vieron sumergidas en la fatalidad debido a errores trágicos.

Podríamos comparar esta manera de nutrirse de los trágicos griegos con la manera en la que Shakespeare encontró en diversas tradiciones, de manera especial en las *Vidas paralelas* de Plutarco, muchas de sus tramas, hasta el punto de que, de todas sus obras, tan solo tres se consideran argumentos creados por el propio Shakespeare: *El cuento de invierno, El sueño de una noche de verano* y *La tempestad.*

[209] Para un análisis más a fondo de este asunto, véase *Una nueva* Poética (pp. 105 y ss.).

Capítulo 12
Los objetivos en la caracterización

Capítulo dedicado a la caracterización, es decir, a cómo son los personajes, su personalidad, su manera de comportarse y su valoración moral. De nuevo vemos cómo Aristóteles se ocupa de los personajes, aunque sea en los capítulos dedicados a la trama de la tragedia. Otro asunto que trata es el de recurrir a intervenciones o situaciones sobrenaturales o inexplicables.

Cómo debe caracterizarse a los personajes

Cuatro son las cuestiones acerca del carácter.

Lo primero es que sean excelentes.

Las palabras y las acciones expresan el carácter y dan a entender la intención con la que se actúa, que será buena o mala según sea su naturaleza.

Cada condición y sexo tiene sus características. Incluso una mujer o un esclavo pueden ser excelentes, aunque la mujer sea un ser más débil y el esclavo completamente inferior. (1454a16-1454a22)

Cuatro tipos de caracteres

Considera Aristóteles algunos aspectos que tener en cuenta en lo que se refiere al carácter.

¿Personajes buenos o excelentes?: la costumbre más extendida en inglés (Else, Janko, Halliwell), en italiano (Gallavotti), en portugués (Da Sousa) o en español (García Yebra, Cappelletti, Alsina) es traducir la palabra *khrēstos* (χρηστός) como «bueno»: lo mejor es que los personajes sean «buenos». Es muy razonable, pero transmite la sensación de que Aristóteles se refiere a una cualidad moral, lo que no parece correcto si tenemos en cuenta que poco después dice que un esclavo puede ser «completamente inferior», o cuando pone ejemplos de personajes que están muy lejos de la virtud o la bondad.

Excepciones a la traducción «bueno» se encuentran en Whalley, García Bacca o Asensi, que prefieren «convenientes» o «adecuados». Sin embargo, todos los traductores, incluidos los que eligen «bueno», se apresuran en las notas y comentarios a despojar de cualquier connotación moral a la palabra.

En definitiva, la idea de que los personajes deben ser buenos no es fácil de entender a primera vista. ¿Qué quiere decir que sean buenos?, ¿es que todos los personajes de la tragedia son buenos? ¿Lo son los protagonistas?

Puesto que la segunda característica de los personajes, o de su carácter, es que sean apropiados (*ἁρμόττοντα*), no parece adecuado sustituir «buenos» como «adecuados» .

Esa es la razón por la que me parece que una buena elección es «excelente», porque sus connotaciones cubren el que estén bien construidos y tengan cierta dignidad o grandilocuencia propia de la tragedia, aunque sean esclavos o villanos. Es el sentido que podemos dar a «bueno» en la frase paradójica pero certera «El malo debe ser bueno»[210], es decir, el malo debe ser excelente, bien construido y no tan solo un malo tópico y vulgar.

Concede Aristóteles que incluso una mujer o un esclavo pueden ser buenos, lo que es un recordatorio de que la Atenas de aquella época era una sociedad esclavista en la que la mujer era considerada un ciudadano de segunda categoría.

En cualquier caso, dejando al margen la cuestión del machismo y esclavismo, parece que el argumento de Aristóteles se entiende mejor si en vez de «bueno» traducimos «excelente», que no se refiere a la persona (mujeres o esclavos), sino a cómo hemos diseñado al personaje.

---

[210] *Las paradojas del guionista.*

Un detalle interesante es cuando Aristóteles dice:

> Las palabras y las acciones expresan el carácter y dan a entender la intención con la que se actúa, que será buena o mala según sea su naturaleza.

Suponemos que se refiere a la interpretación de los actores, a la que tan poca atención concede en la *Poética*, pues casi sin excepción cuando se refiere a imitación o representación apunta al texto del dramaturgo, no a la interpretación de los actores[211].

Fidelidad al tipo

> En segundo lugar, los personajes deben ser apropiados o fieles al tipo: un hombre puede ser valeroso, pero no es apropiado que una mujer sea valerosa o ingeniosa. (1454a23-1454a25)

Cada personaje debe ser «apropiado» y adaptarse al tipo: este es un consejo que también se da en los manuales de guión o de dramaturgia actuales. Hay algo de verdad en ello, pues la verosimilitud se puede romper si presentamos a un personaje que difiere de lo que se considera su tipología, pero existen muchas excepciones, cuando queremos quebrantar las tipologías al uso, que, al fin y al cabo, son casi siempre una cuestión estadística, a menudo teñida de prejuicios. Pero no es este lugar para poner objeciones a Aristóteles, sino de intentar interpretar de manera honesta lo que dice.

Puede no ser fácil distinguir entre esta segunda característica de los personajes, la fidelidad a la tipología (*ἁρμόττοντα, harmótton)* y la tercera característica que enseguida veremos, la semejanza o fidelidad a la

---

[211] Ver «La paradoja del actor aristotélico» (p. 170).

vida. La diferencia parece estar en que la *tipología* se refiere a que el personaje sea valiente, cobarde, hipócrita, temerario o gamberro. Es decir, algo parecido a los treinta y seis caracteres que nos ofrece Teofrasto[212].

Pero también se puede referir a que las mujeres se comporten como deben comportarse las mujeres, los esclavos como esclavos y los reyes como reyes.

Probablemente este pasaje influyó en «la regla del decoro» que los clasicistas franceses tomaron de Castelvetro o de Julio César Escalígero y convirtieron en norma fundamental del teatro neoclásico francés, exigiendo que los reyes se comportaran como reyes y los súbditos como tales[213]. No hace falta indicar que Aristóteles rechazaría la norma del decoro y que no exigía de manera dogmática ni esta ni casi ninguna otra norma, aunque lo parezca por la vehemencia con la que se pronuncia acerca de ciertos temas.

Como la vida misma

> En tercer lugar, es importante que los personajes sean como en la vida real, que es algo diferente de ser buenos o fieles al tipo. (1454a26-1454a27)

Los personajes deben ser semejantes o fieles a la vida: con semejantes (*ὅμοιον, hómoion)* no parece que se refiera a que un personaje sea idéntico a una persona, porque la mímesis, imitación o representación no consiste en imitar fielmente a personas, sino en lograr una representación que resulte verosímil para los espectadores o lectores. Aunque pa-

[212] Teofrasto, *Caracteres*.

[213] Julio César Escalígero, en su *Poética* (1561), o Lodovico Castelvetro, en sus *Comentarios a la Poética de Aristóteles* (1570). En Francia, la norma la defendieron Corneille y Racine como «règle de bienséance», y fue defendida y teorizada por Boileau.

rezca extraño, la fidelidad se compara en el teatro más con la verosimilitud que con la verdad, con el mundo de la ficción que con el de la vida. Este es un planteamiento decisivo en la concepción aristotélica de la tragedia y de cualquier arte mimético, como comprobaremos dentro de algunos capítulos.

Sin anticipar el análisis de la verosimilitud, podemos admitir que, en esta semejanza que busca no quebrar el encanto de lo verosímil, se busca no distanciarse en exceso de lo que se supone que los espectadores consideran verdadero o verosímil.

Personajes coherentes

> En cuarto lugar, deben ser coherentes. Incluso si el personaje tiene la inconsistencia como un rasgo de su carácter, debe ser consistente en su inconsistencia. (1454a28-1454a28)

La coherencia: la cuarta característica consiste en que el carácter del personaje no caiga en la incoherencia. Como los modernos tratadistas, Aristóteles da gran importancia a la coherencia, aunque admite que la esencia de un personaje puede consistir en comportarse de manera incoherente, rasgo en el que también debería haber coherencia.

Ejemplos de errores en la caracterización

> Menelao en el *Orestes* es un ejemplo de un personaje innecesariamente malvado; el llanto de Odiseo en *Escila* y el discurso de Melanipa son inadecuados.
>
> La Ifigenia de *Ifigenia en Áulide* muestra inconsistencia: su súplica es muy distinta de la manera como actúa más tarde.
>
> En la caracterización, como en la estructura de la trama, siempre se

debe buscar lo que es verosímil o necesario, de modo que un determinado personaje diga o haga ciertas cosas de una manera que sea verosímil o necesaria según su naturaleza, y que esto suceda de manera lógica y verosímil.

En definitiva, acerca de la ordenación de los sucesos, y cómo y cuáles han de ser las historias, se ha dicho ya bastante. (1454a29-1454a7)

Conclusión a las características de los personajes

Finalmente, Aristóteles ofrece algunos ejemplos de personajes, pero no siempre queda claro a cuál de las cuatro características señaladas se ajusta cada uno.

Al Menelao innecesariamente malvado, parece que se le puede aplicar la característica de que no es un *buen* personaje, no es excelente o no está bien diseñado.

En cuanto al Ulises que llora, quizá no cumple la característica de ser *apropiado*. No porque no pueda llorar, pues no critica que llore en la *Odisea*, sino, suponemos, por la situación que se planteaba en esa obra llamada *Escila*, que suele atribuirse a Eurípides.

La súplica de Ifigenia en *Ifigenia en Áulide* suponemos que es incoherente con la actitud que muestra más tarde, donde la muchacha parece dejar de lado cualquier temor de manera brusca y difícil de explicar. Hoy lo llamaríamos falta de *raccord* emocional.

También le parece *incoherente*, pero sobre todo inapropiado, el discurso o los discursos de Melanipa. Sin duda se refiere a la obra de Eurípides *Melanipa filósofa*, por desgracia perdida, en la que Melanipa se mostraba como una gran pensadora, algo que según Aristóteles choca con la tipología de las mujeres, una afirmación curiosa, porque podemos pensar en Arete, la hija del filósofo Aristipo, el gran amigo de Sócrates, que heredó la dirección de la escuela cínica y a la que quizá Aristóteles llegó a conocer. O en Aspasia, la compañera de Pericles, alabada por su sabiduría, entre otros por Platón, y que bien pudo ser la inspiración de la Melanipa filósofa.

Lo verosímil en caracterización y trama

Concluye Aristóteles con el asunto de la caracterización (que enseguida retomará), insistiendo en que considera fundamental la verosimilitud o inevitabilidad, que no solo se debe aplicar a la trama, sino también a la caracterización de los personajes. Desde este punto de vista, podría replicar a lo que he dicho antes acerca de Arete o Aspasia: «Es verdad que esas mujeres sabias o filósofas han existido, pero que una cosa sea verdad no tiene por qué resultar verosímil. Y al teatro le importa lo verosímil, no la verdad».

Lo inexplicable o sobrenatural

> La resolución de la trama debe nacer de la propia historia y no desde la *máquina*, como ocurre en la *Medea,* ni como en la *Ilíada* los incidentes relacionados con el regreso de los griegos.
>
> Lo sobrenatural debe usarse tan solo para acontecimientos que se encuentran fuera de la obra misma, como cosas que sucedieron en un tiempo lejano que está más allá del conocimiento de los personajes. O bien en acontecimientos futuros que tienen que ser anunciados o revelados, ya que atribuimos a los dioses el poder de conocerlo todo.
>
> En los incidentes de la obra no debe haber nada inexplicable, o bien, cuando lo haya, debe situarse fuera de la propia obra, como en el *Edipo* de Sófocles. (1454a28-1454b8)

Contra lo inexplicable

La trama es para Aristóteles una construcción racional, en la que los diversos acontecimientos deben sucederse de manera quizá sorprendente pero también inevitable. Deben surgir de la lógica que el autor plantea. Por eso, no se debe recurrir a acontecimientos sobrenaturales o irracionales, o a la intervención de los dioses, como sucede en la *Medea* de Eurípides, donde el carro del Sol desciende sobre el palacio de Corinto para salvar a Medea y trasladarla a la corte del rey Egeo de Atenas.

Es lo que se llama un *deus ex machina* en latín y *theos apo mechanes* en griego, es decir, «un dios a través de la máquina», por referencia a un ingenio o grúa mecánica que existía en los teatros, y que permitía mostrar a un dios sobre el escenario. Ese dios, ya fuera Atenea, Zeus o cualquier otro, resolvía en un momento cualquier dificultad de la trama. Es lo que hoy en día llamamos solución sacada de la manga o intervención milagrosa.

Aristóteles no descarta la intervención de los dioses, pero cree que debe situarse fuera de la trama, como en el *Edipo,* donde el oráculo se sitúa fuera de la obra. Esa intervención divina también puede ser el anuncio de un acontecimiento futuro. Algunos autores han criticado a Aristóteles por no dar importancia al elemento religioso en la tragedia, un asunto de gran complejidad que no puedo desarrollar aquí.

Parece percibirse cierto escepticismo religioso en ese «puesto que atribuimos a los dioses el poder de ver todas las cosas», muy diferente de afirmar: «Puesto que los dioses tienen el poder de ver todas las cosas».

Caracterización

Como la tragedia es la imitación de personajes mejores que nosotros, se debe imitar a los buenos retratistas, que son capaces de reproducir la apariencia de su modelo, pero lo pintan más hermoso de lo que es.

Por eso, cuando el poeta imita a hombres iracundos, obstinados o con otros defectos de carácter, tiene que representarlos tal como son y, al mismo tiempo, hacerlos dignos. Un ejemplo de terquedad es el Aquiles de Agatón y el de Homero.

El poeta debe tener en cuenta todas estas cosas. Además, debe prestar atención a las percepciones que inevitablemente produce la imitación, ya que también aquí son frecuentes los errores. De estos asuntos ya se ha hablado bastante en mis escritos publicados. (1454b9-1454b18)

Retratos mejorados de los personajes

Aunque parecía que el tema había quedado cerrado, Aristóteles regresa a la caracterización para explicar en qué sentido dice que los personajes deben ser mejores que nosotros. Compara el arte del poeta con el de un pintor que retrata a sus modelos con fidelidad, pero haciéndolos más hermosos. Del mismo modo, el poeta puede retratar a personajes que no tienen caracteres positivos, como los iracundos o los indolentes, pero debe conseguir que, al mismo tiempo, sean excelentes.

Esta observación nos lleva a lo que se dijo antes acerca de que el personaje, más que bueno, debe ser excelente: la terquedad y tozudez de Aquiles no es una característica virtuosa, y menos los espantosos crímenes que comete tras la muerte de su amado Patroclo, como degollar a doce jóvenes troyanos sobre la tumba de su amigo, pero sí que está retratado de manera excelente por Homero, y probablemente también lo estaba en el *Aquiles* de Agatón, obra perdida.

Atención al aspecto visual

Es muy significativa la observación final que hace Aristóteles:

> Además, el poeta debe prestar atención a las percepciones que inevitablemente produce la imitación, ya que también aquí son frecuentes los errores.

Esto parece demostrar que Aristóteles prestó más atención de lo que parece al aspecto visual (espectáculo o puesta en escena), y quizá también al sonoro, en las representaciones. Lamentablemente, como él mismo añade, examinó este asunto en otros libros, quizá en *Sobre los poetas,* de los que ahora solo se conservan escasos fragmentos.

Capítulo 13
La *anagnórisis* o revelación

Análisis de una de las herramientas más importantes de la tragedia, la anagnórisis o revelación, que también se puede traducir como reconocimiento. Se produce cuando un personaje reconoce a otro o cuando alguien se da cuenta de quién es realmente.

TIPOS DE REVELACIÓN (*ANAGNÓRISIS*)

Ya se ha dicho qué es la revelación.

En cuanto a sus diferentes tipos, el menos artístico, pero también el más utilizado debido a la falta de recursos, es el reconocimiento mediante signos.

Algunos de estos signos son naturales, como la marca de nacimiento en forma de lanza de los Hijos de la Tierra, o las estrellas que Carcino usó en su *Tiestes*, y otros son adquiridos, como cicatrices. También puede tratarse de objetos, como collares, o el esquife que es el medio de reconocimiento en el *Tiro*.

También se pueden emplear los signos mejor o peor, como cuando Odiseo es reconocido por la cicatriz por los porquerizos. Pero los que nacen de una peripecia como la del lavatorio son mejores. (1454b19-1454b28)

Reconocimiento mediante signos

Este es uno de los capítulos más interesantes de la *Poética*, en el que Aristóteles ofrece reveladores e instructivos detalles acerca de la narrativa, y también muchos ejemplos. Comienza por el reconocimiento o *anagnórisis* que se produce mediante signos, y que es, en su opinión, el menos talentoso:

Mediante signos congénitos: la marca de nacimiento en forma de lanza en *Los hijos de la tierra:* se trata de los *spartakoi*, guerreros que nacieron de la tierra cuando el héroe tebano Cadmo sembró los huesos de un dragón. «O las estrellas a las que recurrió Carcino en el *Tiestes*»: parece que en una tragedia de Carcino dedicada a Tiestes algún personaje era reconocido por un signo de nacimiento en forma de estrella.

Mediante objetos, como «collares»: probablemente se refiere al mito del collar de Harmonía, elemento fundamental relacionado con el ciclo trágico de Alcmeón.

«O en la obra *Tiro*, por el esquife»: Se discute si la traducción correcta es escudilla, cestilla o esquife, pero parece que la trama justifica mejor «esquife» o «cestilla», porque el personaje es encontrado en una barquichuela. La obra *Tiro* se atribuye a Eurípides.

Mediante signos adquiridos: como marcas en el cuerpo o cicatrices. Como la cicatriz de Ulises que su nodriza Euriclea reconoce al lavarle los pies. Los porquerizos también lo reconocen por la misma marca, pero esta revelación o *anagnórisis* no tiene el mismo gran efecto que la otra[214]. Euriclea reconoce el signo cuando Ulises entra como un mendigo en su propio palacio y Penélope ordena a la vieja criada que lave los pies al viajero. Y allí, en medio de todos los pretendientes de Penélope, la criada descubre en el muslo del viajero una cicatriz que le revela que ese hombre es Ulises. Casi cuenta el secreto antes de tiempo, pero Ulises la obliga a callar y esperar la situación propicia. Seguramente Aristóteles elogia la tensión de este reconocimiento o *anagnórisis* porque, como dice, se produce debido a una peripecia, es decir, una situación que parecía ir en un sentido y que cambia de manera inesperada. Sin embargo, el reconocimiento de la cicatriz por los porquerizos es trivial.

[214] Es la célebre escena que dio título al extraordinario capítulo de Erich Auerbach «La cicatriz de Ulises», en *Mímesis, o la representación de la realidad en la cultura occidental.*

Reconocimiento inventado por el poeta

Una segunda manera de que se produzca el reconocimiento es el que inventa el poeta, que es menos artístico.

Como cuando Orestes dice quién es en la *Ifigenia*. El reconocimiento viene a través de la carta, pero Orestes dice lo que le hace decir el poeta y no lo que exige la trama. Podría haber habido algunos signos en Orestes. Un ejemplo de este tipo es el ruido de la lanzadera en el *Tereo* de Sófocles. (1454b29-1454b37)

El reconocimiento ideado por el poeta

Es cuando el propio personaje provoca el reconocimiento pero parece hacerlo obedeciendo más al poeta que a la trama. Es lo que se llama que el personaje «hable por el guionista» o le haga un favor. Es una mala manera de provocar el reconocimiento.

Un ejemplo es cómo Orestes revela su propia identidad en *Ifigenia entre los tauros,* que es un error semejante al de Odiseo y los porquerizos. Se podría haber resuelto, dice Aristóteles, si Orestes hubiera tenido algunas señales.

Aristóteles considera un error que se produzca un reconocimiento mediante el sonido de una lanzadera, como en el *Tereo* de Sófocles. No resulta fácil entender la crítica, porque el mito cuenta que Filomena fue violada por su cuñado Tereo, que le cortó la lengua y la mantuvo encerrada. Pero Filomena escribió con el telar en un tejido lo que había sucedido y su hermana Procne lo supo, lo que lleva a la venganza contra Tereo. Esta parece una magnífica manera de que se produzca una revelación, pero es posible que en el *Tereo,* obra que no se conserva, Sófocles decidiera reducir la revelación a un sonido de la lanzadera que revelaría que Filomena estaba viva, o su paradero, lo que empobrece la *anagnórisis,* aunque tampoco parece mal recurso como uso de sonido anticipatorio.

Reconocimiento a través de la memoria

El tercer tipo de reconocimiento surge de la memoria, al percibir algo que reactiva un recuerdo, como en los *Chipriotas* de Diceógenes, donde un personaje llora al ver letras escritas.

O como en la *Apología de Alcínoo,* donde, al escuchar al arpista y recordar, el personaje derrama lágrimas, y entonces se reconocen. (1455a-1455a5)

Revelación por un recuerdo

Otro tipo de reconocimiento es el que se da por la memoria, como parece que sucedía en *Los chipriotas* de Diceógenes, obra perdida, cuando un personaje veía unas letras que habían sido significativas en su vida y eso hacía que comenzara a llorar. Otros suponen que no eran unas letras, sino un retrato.

Algo parecido sucedía en la *Apología de Alcínoo,* donde alguien, al escuchar a un arpista, recordaba su propia identidad, lo que nos hace dudar si no se trataría de una adaptación del célebre pasaje de la *Odisea* en el que Ulises, al escuchar a Demódoco cantar su propia historia, comienza a llorar, lo que hace que Alcínoo y los demás descubran quién es su huésped. O quizá se trata de una referencia al pasaje de la *Odisea*.

Reconocimiento por inferencia

El cuarto tipo de reconocimiento se produce por inferencia, como en las *Coéforas,* cuando se razona: «Alguien como yo ha venido, no hay nadie como yo excepto Orestes... por lo tanto, ha venido Orestes».

Lo mismo hace el sofista Polides en su *Ifigenia,* pues es razonable que Orestes piense que su hermana había sido sacrificada y que ahora podía ser él quien fuera sacrificado.

O como sucede en el *Tideo* de Teodectes cuando alguien acude con la esperanza de encontrar a su hijo y acaba pereciendo él mismo.

O cuando en las *Fínidas* las hijas de Fineo, al ver el lugar, deducen que su destino es morir en el mismo lugar en el que habían sido abandonadas al nacer. (1455a6-1455a12)

Reconocimiento por inferencia

Es decir, una inferencia que activa el reconocimiento: «Puesto que sucede esto, entonces sucedió o sucederá aquello». Este es el cuarto tipo de reconocimiento, cuando un personaje ve o escucha algo y eso le hace deducir otra cosa claramente relacionada. Se podría decir que se aplica la lógica.

El primer ejemplo es el de *Las coéforas* de Eurípides, cuando Ifigenia se da cuenta de que allí ha estado alguien muy parecido a ella, por lo que tiene que ser su hermano Orestes.

En otra *Ifigenia,* obra perdida del sofista Polides, es Orestes quien hace la deducción: puesto que mi hermana ha sido sacrificada, a mí me podría pasar lo mismo: quizá los dioses lo han decidido así. En este caso no parece tratarse de un reconocimiento de un personaje, sino de una situación, como sucedía, al parecer, en *Las hijas de Fineo,* donde las hijas de Fineo advierten que se encuentran en el lugar en el que fueron abandonadas al nacer y deducen que es un signo del destino, que anuncia que morirán allí.

Este tipo de reconocimiento es interesante, y seguramente uno de sus atractivos es que el espectador también puede participar en la deducción o inferencia.

Uno de los ejemplos no parece pertenecer a esta categoría, sino a la del reconocimiento por peripecia, pues contiene algún tipo de paradoja. Es el *Tideo* de Teodectes, obra también perdida, en la que Tideo buscaba a su hijo y ese viaje lo conducía a su propia muerte. Sin embargo, el mito cuenta que Tideo muere en el asedio a los Siete contra Tebas, así que no sé cuándo pudo buscar a su hijo Diomedes y morir.

Tal vez fuera otra versión del mito, o quizá el personaje que busca a su hijo y muere no sea Tideo.

Inferencia errónea

Existe otro tipo de reconocimiento compuesto, que se basa en una inferencia inverosímil, como el falso mensajero de la *Odisea:* el acto de tensar el arco y que solo Odiseo fuera capaz de hacerlo fue inventado y añadido a la trama. Y hacer que este acto conduzca al reconocimiento de Odiseo es una inferencia falsa. (1455a13-1455a17)

Inferencia equivocada

Se refiere a la escena de tensar el arco en la *Odisea,* en la que un falso mensajero propone a los pretendientes que intenten tensar el arco de Ulises, algo que ninguno de ellos puede hacer. Sin embargo, el mendigo recién llegado sí que lo consigue, lo que contribuye al reconocimiento final de Ulises. Aristóteles considera que una revelación que no surge de la trama misma, sino de una prueba física arbitraria, no es una buena manera de provocar la *anagnórisis*. Personalmente, me parece un buen recurso, que cumple bien ese otro precepto de que si se comete un error, pero la narración gana interés, podemos perdonarlo. Y creo que eso sucede con la emocionante prueba del arco.

Los mejores reconocimientos

De todos los reconocimientos, el mejor es el que surge de los propios incidentes, cuando el asombro se produce de forma verosímil, como en el *Edipo rey* de Sófocles, y en la *Ifigenia,* porque es verosímil que quisiera enviar una carta. Este tipo de reconocimiento no necesita de señales fabricadas, como collares.

En segundo lugar, están los que se basan en la inferencia. (1455a18-1455a21)

El mejor de los reconocimientos, y el segundo

No hay mejor reconocimiento que el que se produce a partir de la trama, cuando tanto el asombro como la sorpresa dependen de acontecimientos verosímiles, sin necesidad de recurrir a signos y situaciones artificiosas. Así sucede en el *Edipo rey,* donde pregunta a pregunta Edipo camina hacia su propio reconocimiento y, por lo tanto, hacia la fatalidad.

También le parece verosímil que en la *Ifigenia entre los tauros* se produzca a través de una carta.

Finalmente, pone fin a su exhaustiva enumeración de tipos de reconocimiento mencionando el que considera el segundo mejor: el que surge de una inferencia correcta.

Este capítulo es una muestra de la atención al detalle de Aristóteles y de su dominio de ese rasgo que define la inteligencia: encontrar lo semejante en lo aparentemente distinto y lo distinto en lo aparentemente semejante.

Capítulo 14
Cómo escribir una tragedia

Aunque Aristóteles recomienda de manera implícita cómo se debe escribir una tragedia, por ejemplo, cuando habla de qué carácter deben tener los personajes o cuáles son las mejores tramas, aquí se refiere al método del dramaturgo, lo que resulta muy interesante para cualquier narrador.

El poeta debe visualizar la obra

El poeta debe componer las tramas y trabajarlas junto con el lenguaje, colocándolas cuanto se pueda ante los ojos.

De este modo las verá con toda claridad, como si se representaran ante su mirada, para distinguir lo que es adecuado y descubrir las inconsistencias.

Hay que recordar el reproche a Carcino: pues Anfiarao subía desde el templo, pero eso pasaba desapercibido al espectador, así que la obra fracasó en el escenario porque pareció incoherente.

El poeta también debe pensar en las posiciones y gestos. (1455a22-1455a30)

Ver lo que escribes

Este capítulo es una de las pocas ocasiones en la *Poética* en que Aristóteles se refiere a cómo enfrentarse a la escritura de una obra y al oficio del narrador. El primer consejo es que el escritor no debe conformarse con las palabras que escribe, sino hacer el esfuerzo de visualizar, imaginar de manera vívida la representación, como si la estuviera viendo.

Se trata de un magnífico consejo, que cualquier guionista que se haya dedicado también a la dirección habrá descubierto: lo que en un texto escrito puede no presentar ningún problema, resulta fallido al representarse. Un dramaturgo o un guionista debe situarse en el lugar del espectador y convertirse en un espectador que no conoce la historia, como si la estuviera presenciando por primera vez, acción tras acción y escena tras escena. De este modo podrá descubrir todo tipo de fallos e inconsistencias.

Como ejemplo, recuerda algo que le sucedió a Carcino, cuando en una obra acerca del héroe Anfiarao dio por sentado que el público sabría que Anfiarao subía *desde el templo*, cosa de la que los espectadores no habían sido informados pero que era decisiva para la trama. Eso provocó el disgusto o incomprensión del público y el fracaso de la obra.

Y continúa dando buenos consejos acerca del trabajo del dramaturgo. También debe tener claras las actitudes y posiciones de los actores, como si se tratara, podríamos decir, de un director de escena, algo que se cree que eran muchos de los dramaturgos, como Eurípides o Sófocles. El autor debe pensar y resolver esos asuntos, parece decir Aristóteles, ya desde la redacción misma de la obra.

Implicarse emocionalmente en lo que se cuenta

> Son más persuasivos los dramaturgos que están inmersos en las pasiones: los que sufren, los que se enfurecen, persuaden mejor. Por esta razón, la poesía es obra de la buena disposición natural o de los que están inspirados. Unos son más persuasivos y los otros están fuera de sí. (1455a30-1455a37)

Las emociones del dramaturgo

Recomienda que el autor se emocione con lo que cuenta, que no le resulten ajenas las emociones de los personajes. Incluso que sienta enojo en el momento en el que describe la ira. Resulta muy necesaria la pasión y el entusiasmo, la implicación emocional.

Cómo ordenar los incidentes en la trama

El dramaturgo primero debe organizar los episodios de manera general, tanto los que ya existen como los inventados. Y después añadir los incidentes y ordenarlos.

Es de este modo como debe considerarse la estructura general.

Tomemos el ejemplo de la *Ifigenia entre los tauros:*

Una muchacha ofrecida en sacrificio desaparece…

… es establecida como sacerdotisa en otro lugar…

… donde la ley permite sacrificar a extranjeros.

… Después de un tiempo, su hermano llega allí…

(que un dios le hubiera ordenado ir y por qué está fuera del asunto, pues tal cosa no pertenece a la trama)

… al llegar allí, es capturado…

… y está a punto de ser sacrificado cuando se da a conocer…

(ya sea a la manera de Eurípides o a la manera de Poliido)

… haciéndole decir que no solo su hermana sino él mismo estaban destinados a morir y ser sacrificados…

… y por eso se salva.

El siguiente paso es asignar los nombres y completar los incidentes.

El autor debe intentar que estos incidentes formen parte de la trama, como en el caso de Orestes, porque debido a su locura fue capturado y luego liberado, ya que la víctima debía ser purificada. (1455a38-1455b15)

Un esquema de pasos trágico

Otro excelente consejo acerca del oficio del dramaturgo: le conviene hacer un esquema de su historia. El modelo que propone se parece mucho a lo que se llama esquema de pasos o *step outline,* pero que algunos llaman *escaleta,* sinopsis por acciones o estructura.

Una vez que se tiene un primer esquema con los episodios e incidentes fundamentales, se deben añadir el resto de los incidentes, nos dice Aristóteles, con lo que tendremos el esquema de pasos completo.

La trama esencial

Los incidentes de la tragedia son breves, mientras que son lo que dan su extensión a la epopeya.

Porque el relato esencial de la *Odisea* no es largo: un hombre ha estado ausente de su casa durante muchos años, solo y bajo la mirada de Poseidón. La situación en la casa es que los pretendientes están despilfarrando sus bienes y conspiran contra su hijo. El héroe regresa a casa azotado por la tempestad; se da a conocer, ataca y mata a sus enemigos, y queda a salvo.

Esa es la trama esencial de la *Odisea;* el resto son incidentes. (1455b16-1455b23)

Añadir nombres e incidentes

Los incidentes son pocos en una tragedia, pero muchos en una epopeya, debido a su extensión. Pone como ejemplo la *Odisea,* que tiene una trama en esencia sencilla, que Aristóteles resume en un argumento breve o sinopsis, pero que está llena de incidentes.

Ahora bien, podemos preguntarnos (y dudar si Aristóteles estaría de acuerdo) si esos incidentes no son los que dan su grandeza a obras como la *Odisea*. Recordemos algunos: las sirenas, el cíclope Polifemo, su estancia con Circe, sus amores con Calipso, su llegada a la tierra de los feacios… ¿No es esto lo que recordamos de la *Odisea?*

Termina aquí este interesante capítulo acerca del oficio mismo del dramaturgo, que nos deja con ganas de más.

Capítulo 15
Tipos de tragedia

Las tragedias se pueden dividir en tipos teniendo en cuenta diferentes aspectos. Uno de ellos es la manera en la que el narrador diseña la complicación y la resolución, o si recurre o no a peripecias y anagnórisis, o si las tramas son épicas o patéticas.

Complicación y resolución

Toda tragedia tiene complicación y resolución. Los acontecimientos anteriores al comienzo de la obra, y a menudo algunos de los incidentes dentro de la obra, constituyen la complicación, el resto es la resolución.

Es decir, que la complicación va desde el principio hasta la parte anterior al momento en el que se produce el cambio hacia la buena o mala fortuna, mientras que la resolución se extiende desde el inicio del cambio de fortuna hasta el desenlace.

En el *Linceo* de Teodectes la complicación incluye lo ocurrido previamente, como el rapto del niño, y lo que sucede después, mientras que la resolución se extiende desde la acusación de asesinato hasta el final. (1455b24-1455b31)

Las dos partes de la tragedia

Ya hemos tenido ocasión de comprobar que la célebre «estructura aristotélica en tres actos» brilla por su ausencia en la *Poética* y que lo más cercano que podemos encontrar es su mención de que toda tragedia tiene comienzo, medio y fin, afirmación que no se refiere a unidades narrativas estructurales. En la única ocasión en la que menciona partes cuantitativas, es decir, secciones o partes diferentes y claramente distinguibles, propuso que había cuatro o cinco partes (prólogo, párodo, estásimo, episodio y éxodo), o entre siete y doce según el número de episodios y estásimos. En el capítulo anterior nos propuso construir de manera orgánica la trama, ordenando los episodios y los incidentes, lo que quizá nos daría para una obra como el *Edipo rey,* no los setenta pececitos o pasos narrativos de los que habla David Lynch para una película, sino quizá entre treinta y cincuenta. Finalmente, vuelve a referirse a la división de una tragedia y tampoco habla de tres partes, sino de dos:

> Complicación *(desis,* δέσις).
> Desenlace o resolución *(lysis,* λύσις).

Esto es algo más concreto que «principio, medio y fin», pero tampoco debemos tomarlo como una alusión a unidades estructurales, sino más bien a la manera de construir la trama desde el punto de vista de la lógica de la historia: primero vendrá la complicación y después tendrá que resolverse. Es decir, es una división más lógica que formal.

Es curioso que opine que la complicación puede incluir no solo el comienzo de la trama que ven los espectadores, sino incidentes anteriores. Suponemos que se refiere a que en el *Edipo rey,* por ejemplo, no se ve cómo Edipo mata a su padre, ni cómo es abandonado de niño en el monte, pero esos acontecimientos son parte de la complicación. Más curioso resulta que lo formule de la siguiente manera:

> Los acontecimientos anteriores al comienzo de la obra, y a menudo algunos de los incidentes dentro de la obra, constituyen la complicación.

Esto da la impresión de que Aristóteles admite que era bastante usual y razonable que *toda la complicación* esté fuera de la obra que se ve, que consistiría solo en la resolución.

Ciertamente, podemos pensar que en el *Edipo rey* la complicación es toda la vida de Edipo, incluyendo su abandono, su adopción, su vida con sus padres adoptivos, su huida a Tebas para no matarlos, cómo mata a su padre en una pelea en el camino (sin saber que es su padre), cómo vence a la Esfinge y cómo se convierte en rey de Tebas, casándose con la reina viuda Yocasta (sin saber que es su madre), y cómo años después la peste asola la ciudad y los adivinos dicen que solo se aplacará el mal cuando sea castigado el asesino del antiguo rey de Tebas. Todo eso puede ser la complicación, mientras que la obra misma puede considerarse, en efecto, la resolución. Aunque quizá el *Edipo rey* no sea el mejor ejemplo, pues lo razonable tal vez sería incluir en la *complicación* no solo toda la vida de Edipo anterior al comienzo de la obra, sino también la investigación que hace Edipo, y considerar que la resolución comienza con el cambio de fortuna, cuando Edipo descubre quién es en realidad.

Tal vez sí sea un buen ejemplo de tragedia con *complicación* fuera de escena el *Edipo en Colono*, cuando todo lo anterior ya ha sucedido y Edipo se ha arrancado los ojos y ha sido condenado al exilio. La *resolución* sería su viaje a Colono junto a su hija, que es la obra que vemos en escena.

Aristóteles menciona otro ejemplo, que no se conserva, el *Linceo* de Teodectes y explica que la *complicación* es toda la historia anterior, junto con la parte que sí vemos en la que un niño es raptado, mientras que la *resolución* es el resto.

En cualquier caso, la observación de Aristóteles de que la complicación es no solo lo que ocurre al comienzo de la obra, sino los acontecimientos anteriores, es muy perspicaz si nos fijamos en esas *analepsis* o *flashbacks* que son recordados en la acción presente y que influyen en ella a menudo de manera decisiva, como que un hombre diga que Layo y Yocasta le dieron un bebé para que lo abandonara en el monte. Resulta muy interesante aplicado a la narrativa cinematográfica, cuando nos preguntamos por el papel que juegan los *flash-*

backs y los *flashforwards (prolepsis* en griego), esas miradas hacia el pasado y el futuro que ocurren o se suscitan casi siempre desde el presente.

> Cuatro tipos de tragedia
>
> Existen cuatro tipos de tragedia, tantos como los elementos que hemos mencionado.
>
> El primero es la tragedia compleja, en la que la peripecia y la revelación son todo el drama.
>
> El segundo es la tragedia de sufrimiento *(patética),* como las obras de *Áyax* o *Ixión.*
>
> El tercero es la tragedia ética, como *Las mujeres de Ftía* y *Peleo.*
>
> Y al cuarto tipo pertenecen las obras como *Las hijas de Forcis,* el *Prometeo,* y las que se sitúan en el Hades. (1455b32-1456a2)

El arte de los dramaturgos

Anteriormente, Aristóteles distinguió entre la tragedia simple y la compleja, pero ahora propone una clasificación más completa.

1. Tragedia compleja, con peripecia y reconocimiento: *Edipo rey* o *Ifigenia entre los tauros.*
2. Tragedia patética o de sufrimiento: *Áyax* o *Ixión.* Se supone que son tragedias en las que lo fundamental es mostrar el sufrimiento de un personaje. En el caso de Áyax, su locura y su suicidio tras la guerra de Troya. En el de Ixión, su condena a girar eternamente en una rueda de fuego.
3. Tragedia ética: *Las mujeres de Ftía* y *Peleo. Las mujeres de Ftía* es una obra perdida de Sófocles, que probablemente tenía relación con Aquiles, que nació en Ftía. En cuanto al *Peleo,* tanto Sófocles como Eurípides escribieron acerca de este héroe, que es

el padre de Aquiles. Se supone que la obra trataba del anciano Peleo y su muerte.

4. Tragedia a la que Aristóteles no da un nombre específico, que tiene que ver con los dioses o lo sobrenatural: *Las hijas de Forcis* y el *Prometeo. Las hijas de Forcis* es un drama satírico que se atribuye a Esquilo. *Prometeo* es casi sin ninguna duda el *Prometeo encadenado* de Esquilo.

   No está claro si las categorías son excluyentes, porque da la impresión de que el *Prometeo* podría ser una tragedia ética y también patética o de sufrimiento, ya que casi toda la obra gira alrededor del titán encadenado al Cáucaso y su discusión acerca de la justicia cósmica con Zeus.

Las dificultades de los dramaturgos

Es preciso esforzarse en dominar todos los tipos de tragedia, y si no, aquellos que sean los más importantes y en mayor número, puesto que vivimos en un tiempo en que se acusa falsamente a los poetas.

Porque, a pesar de que hemos tenido poetas excelentes en cada uno de estos dominios, se pretende que uno solo sea capaz de superar a todos en su especialidad. (1456a2-1456a8)

No siempre es posible dominar todos los géneros

Parece que en la época de Aristóteles se había convertido en habitual exigir a los dramaturgos que fuesen capaces de escribir cualquier tipo de obra, mientras que antes se admitía cierta especialización. Podemos recordar que en la *República* Platón rechaza que un buen autor de tragedias pueda escribir buenas comedias:

–[...] Incluso los dos tipos de imitación que parecen ser tan vecinos entre sí, como la comedia y la tragedia, no pueden ser practicados bien por las mismas personas.

–Sí, y tienes razón al afirmar que no pueden ser los mismos poetas los que creen ambas.[215]

Por otro lado, a Aristóteles le parece injusto comparar sin más dos tragedias. Para que la crítica sea justa, esas dos tragedias deben coincidir en el argumento y en la complicación y resolución. Es la trama lo que permite comparar dos tragedias.

Cómo comparar dos tragedias

Lo que sí es justo es decir que una tragedia puede ser diferente o la misma según la trama.[115] Esto ocurre cuando dos tragedias coinciden en la misma complicación y resolución.

Muchos poetas manejan bien la complicación, pero resuelven mal la resolución. Se deben dominar ambas cosas. (1456a9-1456a11)

Se debe dominar complicación y resolución

Lo que parece importante y exigible a un poeta (es decir, a un dramaturgo en este contexto) es pedirle que domine tanto la complicación como la resolución, pues sucede a menudo que se ha hecho un buen planteamiento, pero no se ha resuelto bien. Todo narrador, de teatro, cine o novela, sabe que el desenlace o resolución es casi siempre lo más difícil y que muchas historias se vienen abajo por culpa de una mala resolución. Con el agravante de que los espectadores van a aplicar la frustración o decepción retrospectivamente, es decir, van a rebajar la calidad de la obra por culpa del mal final.

[215] Platón, *República*.

Tramas épicas y trágicas

Hay que recordar lo que ya hemos dicho muchas veces, y no componer una tragedia con una estructura épica, es decir, una trama con muchos incidentes, como sucedería si alguien convirtiera la historia completa de la *Ilíada* en una tragedia.

En la *Ilíada,* por su magnitud, las distintas partes poseen una duración adecuada, pero en las tragedias una extensión semejante sería contraria al concepto del drama.

Se puede demostrar con aquellos que han convertido toda la historia de la caída de Troya en una tragedia, y no, como Eurípides, solo partes de esa historia. O aquellos que escribieron una tragedia sobre Níobe, pero no de la manera en que lo hizo Esquilo.

Estos autores han sido expulsados del escenario, o al menos no han tenido éxito, porque incluso Agatón fue expulsado del escenario solo por esta razón. (1456a12-1456a18)

La tragedia debe ajustarse a la magnitud adecuada

Hay que insistir en que las tragedias no deben tener demasiada extensión y que en ningún caso deben tener tantas historias o incidentes como las obras épicas al estilo de la *Ilíada*. Los que han intentado contar en una tragedia demasiados incidentes han fracasado, como quien escribió una *Níobe* (no menciona su nombre).

Algunos autores que han caído en este error han sido expulsados del escenario, incluso Agatón. Este «incluso» nos revela que Agatón fue uno de los dramaturgos más admirados, por lo que es muy lamentable la pérdida de sus obras.

Tramas sencillas y reveses

En el tratamiento de los reveses y en las tramas sencillas, los poetas consiguen de maravilla el efecto que buscan, pues este tipo de cosas son trágicas y conmovedoras.

Como cuando un hombre sabio pero malvado, como Sísifo, es engañado. O cuando un hombre valiente pero injusto es derrotado.

Esto es verosímil, como dice Agatón, pues es verosímil que sucedan muchas cosas que no son verosímiles. (1456a19-1456a24)

¿La ley de las complicaciones?

Otro aspecto que Aristóteles elogia en los dramaturgos es la construcción de tramas sencillas –que no tienen ni peripecia ni reconocimiento–, y el tratamiento de los reveses.

Se trata de cosas «trágicas y agradables» con las que alcanzan el efecto que desean provocar en los espectadores. Se refiere explícitamente a los reveses que sufren personajes malvados, como el gran engañador Sísifo cuando es engañado por otros personajes, o cuando un criminal valiente es derrotado.

Y menciona de nuevo a Agatón, quien dijo, no se sabe si en una tragedia o a propósito del arte de escribir, que es verosímil que sucedan muchas cosas que no son verosímiles.

Se podría pensar que es una primera formulación de «la ley de las complicaciones», según la cual, cuando las casualidades complican la vida de los personajes, las aceptamos con mucha más facilidad que si les solucionan la vida. Aceptamos mejor la verosimilitud de lo inverosímil cuando los reveses complican las cosas.

El coro

Debemos considerar el coro como uno más de los actores, como un elemento de la obra. Es por eso por lo que debe tomar parte en la acción, no como en Eurípides, sino como en Sófocles.

Porque hay poetas que hacen al coro cantar cosas que no pertenecen más a la trama de esta tragedia que a cualquier otra tragedia. Y así se cantan ahora los intermedios, desde que lo hizo Agatón.

Pero ¿en qué se diferencia insertar una canción ajena y sin relación con insertar una escena o un episodio entero que pertenece a otra obra? (1456a25-1456a32)

El coro debe integrarse en la trama

Aristóteles todavía no se ha ocupado de uno de los ingredientes más importantes de la tragedia, que también era uno de los más importantes de cualquier representación griega, el coro, que, se supone, está incluido en uno de los seis elementos fundamentales de la tragedia, el *canto,* o en otro, el *espectáculo;* o en ambos.

En su opinión, el coro debe integrarse en la narración y ser uno más de los actores, participando en el desarrollo de la trama, aunque solo sea porque se lamenta o comenta lo que sucede, o teme lo que va a suceder. Así lo hacía Sófocles, pero no Eurípides.

Tampoco le gusta la costumbre, introducida también por Agatón, de que en los intermedios se canten canciones que no tienen que ver con la obra que se representa[216].

[216] En «¿Y dónde está la música?» (p. 82) se explica la costumbre de Agatón y Eurípides de adaptar la letra a la música y no al contrario, como desearía Aristóteles, aunque ello obligue a repetir palabras sin sentido o alargar de manera artificiosa las sílabas.

En «El coro y las canciones» (p. 88) se compara la opinión de Aristóteles con la de directores de cine como Ernst Lubitsch y Bob Fosse acerca del musical moderno.

Capítulo 16
El pensamiento y el lenguaje

Breve reflexión acerca de uno de los seis elementos fundamentales de la tragedia, el pensamiento. La extrema brevedad se debe a que Aristóteles considera que ya se ha ocupado extensamente de este elemento en la Retórica, *y podríamos añadir que también lo hace en sus tratados éticos, en especial en la* Ética a Nicómaco. *También se ocupa de otro de los seis elementos, el lenguaje, que sí analizará más adelante con atención.*

Pensamiento y lenguaje en poética y retórica

De los seis elementos de la tragedia, nos quedan por discutir el pensamiento y el lenguaje.

En cuanto al pensamiento, se explica en el tratado sobre la retórica, ya que pertenece a esa área de estudio.

El pensamiento incluye todo lo que debe ser expresado mediante el habla, que incluye las demostraciones, las refutaciones y la manera en que se provocan emociones como la compasión, el temor, la ira y otras semejantes, así como la grandeza y la insignificancia.

Está claro, por lo tanto, que al considerar los incidentes de la trama tenemos que usar las mismas ideas (de la retórica) siempre que necesitemos que esos incidentes se parezcan a lo lamentable, lo temible, o que queramos incrementar ciertas impresiones.

La diferencia es que en la poesía esas cosas deben nacer simplemente de la acción, sin enseñanza explícita, mientras que en la retórica se explican a través del discurso del orador, ¿pues de qué serviría el arte del orador si su pensamiento se revelase de por sí y no por su discurso? (1456a33-1456b8)

La expresión del pensamiento mediante el lenguaje

No es casualidad que Aristóteles examine al mismo tiempo los dos últimos elementos de la tragedia, el pensamiento y el lenguaje. La razón es obvia: el pensamiento de los personajes se expresa a través del lenguaje.

Es cierto que también podríamos hablar del lenguaje gestual, el de las acciones y el del movimiento, que son herramientas del actor, pero Aristóteles se ocupa de manera casi exclusiva del lenguaje verbal, el pensamiento que se expresa a través de discursos, diálogos, expresiones verbales o canciones.

En primer lugar, nos dice que mediante el habla se pueden expresar diversas intenciones y conseguir ciertos efectos:

- Pruebas.
- Refutaciones.
- Despertar emociones: compasión, miedo, ira.

Se supone que esas emociones son las que queremos despertar en los espectadores y que nos está sugiriendo que tenemos a nuestro alcance dirigir y manipular no solo los sentimientos, sino también las percepciones de la audiencia. El asunto es prometedor, pero Aristóteles nos decepciona al decirnos que no se va a ocupar del pensamiento y el lenguaje en la *Poética*. Ahora bien, sabemos que sí lo hace en la *Retórica* y en la *Ética a Nicómaco*. Además, en los próximos capítulos, los lectores podrán comprobar la importancia que Aristóteles concede a lo verosímil frente a lo verdadero cuando se trata de la *mímesis* o imitación que es la tragedia, lo que conectará de manera estrechísima retórica y poética.

En cualquier caso, los retóricos construyen sus discursos a partir de lo probable y lo verosímil y eso es lo que hacen los dramaturgos con su ficción. Además, los actores o los personajes de la obra a partir de su lenguaje –de lo que dicen o cantan– intentan persuadir a los otros personajes y de manera indirecta al público, por lo que deben ser capaces de dominar el discurso retórico. No en vano los personajes de la tragedia antigua hablaban como estadistas y los de ahora hablan como retóricos.[217]

Aristóteles y el cine

Existe una importante diferencia entre los discursos de un orador o un retórico y el arte de un poeta, es decir, de un *hacedor* o imitador que muestra sobre el escenario los acontecimientos. Mientras que lo que nos cuenta el orador lo imaginamos, y por lo tanto tiene que añadir explicaciones para persuadirnos, en el escenario podemos ver esas acciones representadas. Es entonces cuando Aristóteles se pregunta:

> ¿Pues de qué serviría el arte del orador *si su pensamiento* [lo que está diciendo] *se revelase de por sí* y no por su discurso?

En *Una nueva* Poética he sugerido que en este párrafo Aristóteles parece imaginar por un instante el cine.[218]

Modos de expresión

En lo que se refiere al lenguaje, una de las líneas de la investigación se ocupa de los modos de expresión, cuyo estudio pertenece al arte del actor o a quien sabe dirigir las representaciones dramáticas y responder a cuestiones como: en qué consiste una orden, una plegaria, una narración, una amenaza, una pregunta, una respuesta o cualquier otra cosa similar.

El conocimiento o ignorancia de estas cosas no aporta nada que

[217] Algo que ya dijo Aristóteles en el capítulo 6.

[218] Ver pp. 50 y 90.

merezca considerar el arte poético. Pues ¿qué tiene de reprensible lo que Protágoras reprocha a Homero, que cree que es una plegaria lo que es una orden: «Canta, diosa, la ira»? Pues ordenar a alguien que haga o no algo, dice Protágoras, es un mandato.

Por lo tanto, podemos dejar esto de lado como perteneciente a otro ámbito distinto de la poesía. (1456b9-1456b19)

La *Poética* no se ocupa de analizar el lenguaje

Aristóteles nos dice que el poeta no se tiene por qué ocupar del análisis lingüístico, de la gramática, la filología, la ciencia del lenguaje o la moderna lingüística, disciplinas que se ocupan del habla y de la escritura, tanto en los aspectos más formales como en la definición de los diferentes tipos de discursos. Por eso, desdeña a los críticos que reprochan a los poetas no saber distinguir entre lo que es una orden, una oración, una amenaza, una pregunta o una respuesta. Menciona de manera expresa al filósofo Protágoras por reprochar a Homero confundir una plegaria con una orden, como cuando invoca a las Musas, para que inspiren su canto: «Canta, oh diosa, la ira...». Una plegaria sería: «Te suplico, oh diosa, que cantes la ira...».

Pero estas cuestiones, concluye Aristóteles, no son asunto de la poesía. A pesar de ello, en los dos capítulos siguientes se va a ocupar intensamente de estos temas.

Capítulo 17
El lenguaje: la elocución

Este capítulo es puramente lingüístico; analiza lo que Aristóteles llama las partes del discurso o ingredientes de la dicción: elementos, sílabas, conectivos, sustantivos, verbos, enunciados, y define cada uno de ellos. No añade nada al estudio de la crítica o la poesía y su importancia se relaciona principalmente con la lengua griega.

Se ha dudado de la autenticidad aristotélica, pero sin buenas razones. Quizá estas reflexiones sirvan para recordarnos que el estudio de los elementos del lenguaje no había sido separado del arte del habla, ya sea en prosa o en verso. El lector puede omitir este capítulo y pasar al siguiente, que trata del uso de las palabras, o saltar directamente al capítulo 19, donde se examina el lenguaje como elemento fundamental de la tragedia, pero desde un punto de vista más ameno y narrativo, que en este y el siguiente capítulo.

Los elementos del discurso

Las partes que pueden estar presentes en cualquier discurso son: letra (elemento), sílaba, conjunción, nombre, verbo, artículo, caso y proposición.

La letra (elemento)[219] es un sonido indivisible. Sin embargo, no todas las voces indivisibles son letras, sino solo aquellas que pueden combinarse para formar una voz compuesta. En efecto, también los anima-

[219] No es equivalente exacto de letra.

les emiten sonidos indivisibles, pero ninguno de ellos puede llamarse «letra».

Las letras se dividen en vocales, semivocales y mudas.

Vocal es la que suena sin necesidad de otro apoyo, como las letras α, ε, η, ι, ο, υ, ω.

Semivocal es la que requiere apoyo, pero aún suena, como ρ y σ.

Muda es la que no tiene sonido por sí misma, pero se vuelve audible junto con las otras, como γ y δ.

Estas letras se diferencian según la forma de la boca, el lugar de articulación, la intensidad del sonido (suave o áspero), la duración (larga o breve) y la altura (aguda, grave o media). Estos aspectos deben estudiarse con detalle en los tratados métricos.

La sílaba es un sonido compuesto sin significado, formado por una combinación de una letra muda y una letra que suena. Por ejemplo, ΓΡ no es una sílaba sin la vocal A, pero ΓΡΑ sí lo es. Las diferencias entre sílabas también deben estudiarse en la métrica.

La conjunción es un sonido sin significado, que ni impide ni produce un sonido significativo compuesto de varias letras. Puede situarse al inicio, en el medio o al final de una oración, aunque hay algunas que no pueden colocarse solas al principio. Ejemplos son μέν, ἤτοι y δέ.

O también se define como un sonido sin significado que, aunque esté formado por varias letras, contribuye a crear un solo significado cuando se combina con otras palabras.

El artículo es un sonido sin significado que indica el comienzo, el final o la delimitación de una proposición. Ejemplos son ἀμφί y περί. También se puede definir como un sonido sin significado que ni impide ni crea un sonido significativo compuesto de varias letras, pero que puede colocarse tanto al inicio como en el medio de una proposición.

El nombre es un sonido compuesto con significado, sin referencia al tiempo, y ninguna de sus partes tiene significado por sí sola. En efecto, en nombres compuestos como Θεόδωρος (Teodoro), la parte δῶρον (don) no tiene significado independiente dentro del nombre.

El verbo es un sonido compuesto con significado, que incluye referencia al tiempo, y ninguna de sus partes tiene significado por sí sola, al igual que en el caso del nombre.

ἄνθρωπος (hombre) y λευκός (blanco) no indican tiempo.

Pero βαδίζει (camina) y βεβάδικεν (ha caminado) sí lo hacen: el primero indica el presente y el segundo el pasado.

El caso puede ser de nombres o de verbos.

- Caso de nombre: indica posesión (de este o de aquel), número (singular o plural), o se usa para expresar relaciones sintácticas. Ejemplo: ἄνθρωποι (hombres) frente a ἄνθρωπος (hombre).
- Caso de verbo: se usa para formular preguntas o mandatos. Ejemplo: ¿βαδίζει (¿camina?) y βάδιζε (¡camina!).

La proposición es un sonido compuesto con significado, en la que algunas partes tienen significado por sí mismas.

No todas las proposiciones están compuestas de nombres y verbos. Por ejemplo, la definición de hombre (el animal racional) es una proposición, pero no contiene un verbo. Sin embargo, siempre tendrá alguna parte con significado propio, como ocurre en la frase βαδίζει Κλέων (Cleón camina), donde Κλέων tiene significado independiente.

Hay dos tipos de proposiciones:

- Las que expresan un significado completo.
- Las que están formadas por varias proposiciones unidas por conjunciones, como la Ilíada, que es una sola unidad ligada por una conjunción. (1456b20-1457a30)

Capítulo 18
Clases de nombres

De nuevo un capítulo que pertenece más a la lingüística o la gramática que a la poética, por lo que los lectores pueden pasar directamente al capítulo 19 para continuar con la narrativa. De todos modos, este capítulo, tomado como un breve vistazo a la lengua griega, no carece de interés.

Nombres simples y compuestos

Los tipos de nombres son los siguientes: uno es simple (llamo simple al que no está compuesto de elementos significativos, como «tierra»), y otro es doble. Entre estos últimos, uno está compuesto de un elemento significativo y uno que no lo es, aunque no dentro del mismo nombre; el otro está compuesto enteramente de elementos significativos. También podría haber nombres triples, cuádruples o incluso múltiples, como muchos de los nombres en la lengua de los marselleses (masaliotas), por ejemplo, *Hermokaikóxanthos.*

Todo nombre es o bien común, dialectal, metafórico, ornamental, inventado, extendido, modificado o alterado.

Llamo común al nombre que cada pueblo utiliza en su propia lengua, y dialectal al que pertenece a otra. Así, es evidente que un mismo nombre puede ser común y dialectal a la vez, aunque no con las mismas palabras: por ejemplo, el término *sígyon* es un nombre común para los chipriotas, pero dialectal para nosotros.

La metáfora es la transferencia de un nombre ajeno y puede darse de cuatro maneras:

1. Del género a la especie.

2. De la especie al género.
3. De una especie a otra.
4. Según la analogía.

Llamo del género a la especie a expresiones como *este barco está en pie,* pues anclar es, en cierto sentido, una forma de estar de pie.

Llamo de la especie al género a expresiones como *Odiseo ha hecho incontables cosas buenas en su casa,* pues *incontable* significa «mucho», y aquí se usa en su lugar.

Llamo de una especie a otra a expresiones como *extrayendo su alma con bronce* y *cortando con bronce impenetrable,* pues aquí *extraer* se dice en lugar de *cortar,* y *cortar* en lugar de *extraer,* ya que ambas expresiones significan, en general, quitar algo.

Llamo metáfora por analogía al caso en que la relación entre el segundo término y el primero es la misma que la del cuarto con el tercero. Entonces, se puede intercambiar el segundo por el cuarto o el cuarto por el segundo.

A veces se agrega un término explícito que señala la relación entre los elementos. Por ejemplo, así como una copa tiene relación con Dioniso, un escudo la tiene con Ares. Por lo tanto, se podría llamar a la copa *escudo de Dioniso,* y al escudo *copa de Ares.*

Del mismo modo, la vejez se relaciona con la vida, como la tarde con el día. Así pues, se puede decir *la tarde es la vejez del día*, o, como Empédocles, *la vejez es la tarde de la vida,* o también *la vejez es el ocaso de la vida.*

A veces, no existe un nombre establecido para expresar la relación analógica, pero la metáfora sigue siendo válida. Por ejemplo, *arrojar la semilla* es equivalente a *sembrar,* pero no hay un término equivalente para describir la acción de la llama respecto al sol. Sin embargo, se mantiene la misma relación entre la llama y el sol, y entre la siembra y la semilla, por lo que se puede decir *sembrando una llama divina.*

Este tipo de metáfora también se puede usar de otra manera: aplicando un nombre ajeno para negar algo propio. Por ejemplo, si se llamara a un escudo *copa*, pero no *copa de Ares*, sino *copa sin vino.*

Un nombre es inventado cuando el poeta lo crea sin que exista previamente en la lengua. Se piensa que algunos nombres son de este tipo, como *érnygas* para referirse a los «cuernos» o *arētḗr* para el «sacerdote».

Un nombre es extendido o modificado en dos casos:

1. Cuando se alarga con una vocal larga o con la adición de una sílaba.
2. Cuando se acorta al omitir alguna parte.

Ejemplos de nombres extendidos son *póleōs* por *pólis* (ciudad), o *Pēlēiádēō* por *Pēlēidou* (del hijo de Peleo). Ejemplos de nombres modificados son *krī* por *kriθí* (cebada) o *dō* por *domós* (casa).

Un nombre es alterado cuando una parte del término se omite y otra se cambia. Por ejemplo, decir *derecha hacia el pecho* en lugar de *el lado derecho.*

Los nombres pueden ser masculinos, femeninos o intermedios.

- Masculinos: los que terminan en -ν (-n), -ρ (-r) o -ς (-s), y los que contienen las combinaciones ψ (ps) o ξ (ks).
- Femeninos: los que terminan en vocal larga (-η, -ω) o los que se extienden con -α (-a).
- Intermedios: los que terminan en -ι (-i) o -υ (-y).

No hay nombres que terminen en consonantes mudas, ni en vocal breve. Solo hay tres que terminan en -ι (-i): *meli* (miel), *kommi* (goma) y *peperi* (pimienta). Y cinco que terminan en -υ (-y): *pōy* (oveja), *nápy* (mostaza), *góny* (rodilla), *dóry* (lanza), *ásty* (ciudad).

Los nombres intermedios terminan en las mismas letras que los masculinos, como -ν (-n) o -ς (-s). (1457a31-1458a18)

Capítulo 19
El lenguaje excelente

Tercer capítulo dedicado al lenguaje, pero en este caso el análisis de Aristóteles tiene que ver con el contenido narrativo o dramático y contiene reflexiones muy interesantes acerca del tipo de lenguaje que deben emplear los personajes o acerca del uso de recursos como la metáfora.

La dicción excelente

El lenguaje, para ser bueno, debe ser claro sin resultar vulgar. El lenguaje más claro se compone de palabras comunes, pero es vulgar. La poesía de Cleofonte y Esténelo es un ejemplo de esto.

Las palabras inusuales, por el contrario, elevan el lenguaje y evitan el coloquialismo. Por inusual me refiero a palabras extrañas, metáforas, formas alargadas y cualquier cosa diferente al uso común.

Cuando todo el lenguaje es de este tipo, el resultado es un enigma o un barbarismo. (1458a22-1458a26)

Entre lo vulgar y lo inusual

Tras los capítulos 17 y 18, muy especializados y enfocados en el lenguaje desde puntos de vista gramaticales, sintácticos y lingüísticos, Aristóteles se ocupa de nuevo del lenguaje y la dicción en la tragedia, es decir, de los discursos, expresiones, diálogos y canciones de los actores y el coro.

En primer lugar, rechaza los extremos: tanto lo vulgar como lo extravagante o inusual.

Defiende una claridad que no sea vulgar, lo común que no es corriente. Podríamos decir: lo sencillo que no es simple. Los poetas Cleofonte y Esténelo empleaban lenguaje simple y vulgar.

Esténelo era un autor de tragedias del que suele burlarse Aristófanes, pues sus versos son «como sal y vinagre», es decir, tan vulgares como estos dos ingredientes. De Cleofonte se conserva el título de algunas de sus obras, como *Acteón, Aquiles, Leucipo* o *Tiestes*. Aristóteles lo critica en la *Retórica* por juntar nombres comunes con epítetos grandilocuentes, como «Oh, ¡venerada higuera!».[220]

En el otro extremo, le gusta el empleo de palabras inusuales, porque «dignifican el lenguaje», pero advierte contra su abuso, porque eso lleva al «enigma» o al galimatías (barbarismo).

En definitiva, concluye, lo que se necesita es una dicción mixta.

Enigmas y barbarismos

La esencia de un enigma consiste en expresar los hechos combinándolos de una manera imposible, y eso no se puede lograr solamente con la manera de ordenar las palabras, sino que requiere el uso de metáforas, como en: «Vi a un hombre soldando bronce a otro mediante fuego» y otras semejantes.

Una acumulación de palabras raras, como ya se ha dicho, es un barbarismo.

Por lo tanto, debe haber una mezcla adecuada de estos elementos.

Con las palabras inusuales, ornamentales y las metáforas y los otros tipos mencionados se evita lo común y lo vulgar.

Y las palabras cotidianas contribuyen a la claridad. (1458a27-1458a34)

[220] *Retórica*. III 7, 1408al5.

«Vi a un hombre soldando bronce a otro mediante fuego»

Aristóteles explica este enigma en la *Retórica.*[221] Se trata de un procedimiento médico propio de atletas en el que se aplicaba una ventosa con aire caliente en el cuerpo. La ventosa estaba hecha de bronce, por lo que parecía que el bronce se fundía con la carne.

El uso de formas alargadas

El lenguaje claro, pero no coloquial, se logra en gran parte usando en los sustantivos formas alargadas, abreviadas o alteradas, ya que estas, si bien evitan lo coloquial por ser inusuales, se mantienen lo suficientemente cercanas al lenguaje cotidiano para conservar la claridad.

Es un error criticar esta forma de expresión y burlarse del poeta, como hacía Euclides el Viejo: decía que era fácil escribir poesía si se permitía alargar las sílabas a voluntad, procedimiento que satirizó con estas mismas palabras: «He visto a Epicarnes caminando hacia Maratón», y también: «No me enamoraría del eléboro de aquel hombre».

Es obvio que el uso extremo de este recurso es realmente ridículo, pero la moderación se debe aplicar a la escritura en todos los aspectos. Euclides podría haber logrado el mismo efecto mediante el uso deliberadamente ridículo de metáforas, palabras extrañas y todos los demás recursos. (1458b1-1458b14)

El uso equilibrado de los recursos del lenguaje

El viejo Euclides al que le gustaba burlarse de los poetas imitando sus formas alargadas no es el célebre matemático y tampoco el filósofo de Megara, aunque esto último es dudoso. En cuanto a las formas alargadas de las que se burlaba, como «He visto a Epicarnes caminando hacia Maratón», parece que es por usar la palabra «caminando»,

[221] *Retórica,* III (1405b).

que era más propia de la prosa que del verso. En el segundo ejemplo, «No me enamoraría del eléboro de aquel hombre», no está claro el problema, pues el verso aparece mutilado.

Sin embargo, de nuevo defiende a los poetas y, aunque admite que puede haber versos dignos de parodia, señala que Euclides se podía haber burlado de cualquier otro recurso mal usado, como las metáforas o las palabras extrañas. Por eso recomienda de nuevo el equilibrio y la moderación y anticipa que se puede hacer una defensa y elogio de las formas alargadas cuando se emplean bien, como enseguida se verá.

El buen uso de metáforas y palabras inusuales

Pero debe destacarse la diferencia que puede suponer el uso apropiado de formas alargadas si insertamos las palabras comunes en versos épicos.

Lo mismo ocurre con las palabras raras, las metáforas y otros recursos, como cualquiera puede ver si sustituye las palabras vulgares por otras cotidianas: el resultado sería menos elegante y más vulgar.

Por ejemplo, si en un verso yámbico de Esquilo y Eurípides una palabra inusual reemplazara a otra común, el resultado del primero parecería hermoso, mientras que el del segundo sería trivial.

La línea de Esquilo está en el *Filoctetes:*

«Una llaga devora la carne de mi pie»,

mientras que Eurípides, en un estilo diferente, habría escrito «se deleita» en lugar de «devora».

O por ejemplo:

«Y ahora me deja, insignificante, despreciable y avergonzado».

Si alguien lo reemplazara con palabras comunes:

«Y ahora me deja pequeño, débil y feo».

O tomemos:

«Colocó un trono indigno y una mesa escasa».

Reemplazándolo por:
«Puso un trono miserable y una mesa pequeña».
O si se cambia:
«Las orillas gritan»
por:
«las orillas hacen ruido».
(1458b15-1458b31)

Ejemplos de buen y mal uso de metáforas y palabras inusuales

Para demostrar que los errores de los autores no se deben a que empleen palabras alargadas, metáforas o expresiones inusuales, sino al buen o mal uso de esos recursos, propone comparar una frase de Esquilo con una de Eurípides y observar la diferencia:

Esquilo: «Esta llaga cancerosa está devorando mi carne».

Eurípides: «Esta llaga cancerosa se deleita en mi carne».

¿Cuál es la buena y cuál la mala? Se interpreta que la buena es la de Esquilo, pero parece más bien al contrario, al menos en español, pues «devorar» no es una palabra inusual, sino común, mientras que deleitarse sí lo es, y parece una imagen más interesante y menos común.

Después establece otra comparación en la que las palabras menos usuales hacen más sugerente la frase: «Puso una mesa escasa y un sofá indecoroso», frente al más común y anodino: «Puso una mesita y un taburete feo».

Y también «las orillas resuenan» por el vulgar «las orillas hacen ruido».

Estas consideraciones nos recuerdan las observaciones acerca del uso de un lenguaje preciso, poético o no, que nos regaló a menudo Jorge Luis Borges, y desmienten la idea expresada por algunos expertos según la cual Aristóteles «no tenía oído para la poesía».

El lenguaje de la poesía

Arífrades ridiculizaba a los poetas trágicos en sus comedias porque usan un lenguaje que nadie usaría en la conversación, con expresiones como «de las casas» en vez de «desde las casas», o «tuyo», o: «yo, en cambio, a él», o «acerca de Aquiles» en lugar de «sobre Aquiles» y otras formas semejantes.

Todas estas formas, precisamente porque no son de uso común, elevan el lenguaje de la poesía fuera de lo corriente. Arífrades no lo entendió.

Es importante, sin embargo, que cada uno de estos recursos se emplee con sentido y propiedad. Esto es cierto tanto para las palabras compuestas como para las inusuales, pero en el lenguaje metafórico es más importante. (1458b15-1459a7)

El arte poético no es el habla de todos los días

Finalmente, critica a Arífrades por decir que los poetas usan un lenguaje que nadie usaría en una conversación. No es seguro quién es este Arífrades, y se duda si podría ser un poeta del que se burla a menudo Aristófanes.

Es cierto que no se usan esas expresiones cotidianamente, admite Aristóteles, pero resulta que una obra de teatro no es una conversación en la plaza, y este lenguaje, bien empleado, sin caer en la extravagancia, puede dar grandeza a una obra de ficción.

La metáfora

El uso correcto de las metáforas es una señal de talento innato y no se puede aprender de otro. Su origen es la capacidad de observar similitudes en las cosas.

Los nombres compuestos son más apropiados para los ditirambos, y las palabras inusuales para la épica. Las metáforas para el verso yámbico.

Además, todos los recursos son útiles en la épica, mientras que, en el verso yámbico (teatro), ya que es la imitación más cercana al habla común, son apropiados los nombres que uno podría usar en una conversación, es decir, las palabras comunes, las metafóricas y las ornamentales.

Ya hemos dicho bastante sobre la tragedia y el arte de la imitación a través de la actuación. (1459a8-1459a16)

El lenguaje metafórico

Continúa analizando el asunto de los recursos del lenguaje poético y cómo usarlos en su justa medida. Ahora le llega el turno, tras las palabras alargadas, las raras o inusuales y la metáfora.

Es en este pasaje donde encontramos una célebre sentencia de Aristóteles: «El uso correcto de las metáforas es una señal de talento y no se puede aprender de nadie».

Esta es una de las ideas que con más gusto compartiría Borges, al que acabamos de mencionar, que no solo escribió el breve artículo «La metáfora», sino que analizó decenas de malas y buenas metáforas en sus ensayos, conferencias y entrevistas. La metáfora revela inteligencia y capacidad de observación, pues muestra que hemos sido capaces de descubrir similitudes entre cosas diferentes. El gran poeta se revela por el uso inteligente de la metáfora. Más adelante, examinará con más detalle el uso de las metáforas.

Ahora bien, cada arte tiene sus propios recursos y su propio uso del lenguaje. Los sustantivos compuestos van bien con el ditirambo. Las palabras extrañas o inusuales funcionan bien en la épica. Y las metáforas en el verso yámbico, es decir, en la tragedia. El verso yámbico es perfecto para la tragedia porque ya vimos que es el más cercano al habla común, y por eso le convienen las palabras cotidianas, pero no por ello debe despreciar un uso moderado de las metafóricas y las ornamentales.

De esta manera da por terminado Aristóteles su análisis de la tragedia.

Comienza a continuación el análisis de la épica, aunque va a compararla constantemente con la tragedia.

Capítulo 20
La épica

Se inician aquí varios capítulos dedicados a la épica, aunque nunca llegan a la profundidad con la que se ha examinado la tragedia. Pero resulta interesante la comparación entre épica y tragedia, como dos tipos de imitación mediante el lenguaje o poesía.

La épica y la historia

Es evidente que en la imitación mediante la narración en verso se tienen que estructurar las tramas como en las tragedias, de manera dramática y en torno a una única acción entera y completa.

Debe tratarse de una acción completa que tenga un principio, secciones intermedias y un fin, para que como un organismo vivo, único y entero produzca el placer propio de su naturaleza.

Su estructura debe ser diferente a la de los escritos históricos, que no narran una acción, sino un período de tiempo, y todo lo que les ocurrió a una o más personas, aunque la conexión entre los diversos acontecimientos sea tan solo casual. La batalla de Salamina y la de los cartagineses en Sicilia tuvieron lugar al mismo tiempo, pero no tenían ningún propósito común. De manera similar, los acontecimientos pueden sucederse en el tiempo sin tener a la vista ningún fin común.

Casi todos nuestros poetas épicos cometen el error de adoptar la estructura propia de los historiadores. (1459a17-1459a29)

Características de la poesía épica

La definición de la épica parece calcada de la de la tragedia:

> Una acción completa que tenga un principio, secciones intermedias y un fin, para que como un organismo vivo, único y entero produzca el placer propio de su naturaleza.

Con solo esta definición no sabríamos en qué se diferencian épica y tragedia, pero Aristóteles da por supuesto que ya conocemos la diferencia fundamental: la épica *narra* los acontecimientos o acciones, mientras que la tragedia los *representa*.

Aristóteles es también uno de los primeros autores que distinguió, al menos desde el punto de vista teórico o académico, entre la historia y el relato, la *histoire* y el *discours* en francés, la fábula y el *syuzhet* en ruso, *story* y *plot* en inglés. Se trata de una distinción común en la narratología y los estudios literarios, pero que suele descuidarse en las clases y libros dedicados al guión de cine y televisión, lo que es un error porque se trata de una distinción muy importante, que suele confundir a los narradores. No distinguir entre historia y relato y no tener claro que el arte de la narración consiste en construir relatos y no en imaginar historias hace que muchos guiones carezcan de interés.[222]

No se debe imitar a los historiadores

> En esto, como ya hemos dicho, puede considerarse divino a Homero comparado con los demás poetas. No intentó contar toda la guerra de Troya, aunque tuviera un principio, un medio y un final, puesto que era una fábula demasiado extensa para poder contemplarla en su conjunto.
>
> Ahora bien, si hubiera mantenido el poema en una extensión moderada, la variedad de incidentes lo habría convertido en demasiado complicado.

[222] Trato este asunto en extenso en *El espectador es el protagonista* y *Las paradojas del guionista*.

Homero seleccionó solo una parte de la guerra y añadió episodios, como el catálogo de las naves y otros que intercala en el poema.

Los demás poetas construyen su obra centrándose en una sola persona, o en un período de tiempo, o en una acción con demasiadas partes, como los autores de las *Ciprias* y *La pequeña Ilíada*.

Por eso con la *Ilíada* y la *Odisea* se puede componer una sola tragedia, o a lo sumo dos, mientras que las *Ciprias* contiene el tema de muchas tragedias, y *La pequeña Ilíada* nos ha dado más de ocho: *El juicio de las armas*, *Filoctetes*, *Neoptólemo*, *Eurípilo*, *Odiseo como mendigo*, *Las mujeres espartanas*, *El saqueo de Troya*, *La navegación de la flota*, *Sinón* y *Las troyanas*. (1459a30-1459b8)

La selección homérica

Vuelve Aristóteles al asunto de la historia frente a la poesía o imitación. La estructura de la épica (y esto vale sin duda también para la tragedia) debe ser diferente a la que emplean los historiadores. La manera más fácil de diferenciar la historia de los historiadores de las historias de los autores de epopeyas o de tragedias es, como suele suceder en Aristóteles, sencilla pero ingeniosa y precisa: la historia de los historiadores no es una acción o suma de acciones estructuradas, sino un período de tiempo. Ese período de tiempo contiene diversos acontecimientos, personajes e incluso acciones, pero las conexiones entre unos y otros incidentes pueden ser firmes o tenues. En ocasiones dos acontecimientos que suceden al mismo tiempo no tienen ninguna relación, como en el caso de la batalla de Salamina y la de los cartagineses en Sicilia.

Ahora bien, a pesar de que la historia y la trama o estructura épica deben ser diferentes, muchos poetas épicos cometen el error de adoptar la estructura histórica. Pero existe una excepción, que sin duda los lectores atentos adivinarán enseguida.

Homero, el maestro de todos

Como ya se dijo al comienzo de la *Poética,* Homero demostró su sabiduría narrativa al no intentar contar toda la historia de la guerra de Troya, cosa que sí hacen otras épicas como las *Ciprias* o *La pequeña Ilíada*, sino que seleccionó un fragmento de la historia, apenas unos días, los de la cólera del héroe Aquiles. Eso sí, añadió algunos acontecimientos en forma de incidentes o episodios.

Una diferencia entre el método de los malos poetas épicos y el de los buenos, nos dice Aristóteles, es que la *Ilíada* y la *Odisea* dan tema para una o dos tragedias, mientras que las *Ciprias* y *La pequeña Ilíada* han dado origen al menos a ocho tragedias.

Es muy probable, sin embargo, que Aristóteles exagere al decir que la *Odisea* y la *Ilíada* dan solamente para una o dos tragedias.

De nuevo principio, medio y fin

Nos volvemos a encontrar con la expresión «principio, medio y fin», y queda claro de nuevo que no se refiere a actos dramáticos, partes formales ni nada parecido, pues admite que el tema de la guerra de Troya tiene principio, medio y fin, pero añade que no por eso posee unidad dramática. El principio, medio y fin en sí mismos no sirven para nada, a no ser que construyamos una unidad orgánica capaz de producir el placer que es propio de cada obra y género. Nos interesa el principio, medio y fin en tanto que selección, y eso nos permite hablar de diversas maneras de empezar, que conocemos por sus nombres latinos: *in medias res, in extremis* y *ab ovo.*

Observemos, además, lo que dice exactamente Aristóteles:

> Una acción completa que tenga un principio, secciones intermedias y un fin.

En esta ocasión no dice «medio», sino «secciones intermedias» (μέσα, *mesa),* lo que diluye, por si no estaba ya claro, cualquier tentación de convertir el principio, medio y fin en la supuesta «estructura aristotélica de los tres actos».

Semejanzas y diferencias entre tragedia y epopeya

Los diferentes tipos de epopeya son los mismos que los de la tragedia; ya sea simple o compleja, ética o patética.

Los elementos también son los mismos, excepto el canto y el espectáculo. La épica también requiere peripecias, reconocimientos y escenas de sufrimiento.

El pensamiento y el lenguaje deben estar bien logrados.

Todos estos elementos se encuentran en Homero, que no solo fue el primero, sino que lo hizo de manera adecuada.

En cuanto a la estructura argumental de cada poema, la *Ilíada* es simple y una epopeya de sufrimiento o patética; la *Odisea* es compleja (con reconocimientos en todas partes) y también es una epopeya ética. Además, la *Odisea* y la *Ilíada* superan a todas las demás epopeyas en lenguaje y pensamiento. (1459b9-1459b16)

Muchas semejanzas y algunas diferencias entre tragedia y épica

Tragedia y epopeya coinciden en casi todo, pues la epopeya puede ser simple o compleja, ética o patética, además de hacer uso de peripecias o cambios y de reconocimientos o revelaciones *(anagnórisis)*. Además, debe expresar bien el *pensamiento* mediante el *lenguaje*. Pero tragedia y epopeya se diferencian en dos de los seis elementos fundamentales: el canto y el espectáculo. Además, como ya sabemos, por el hecho de que en la épica se *narra* y no se *representa*.

Aristóteles define la *Ilíada* como simple y la *Odisea* como compleja. Hay que recordar que se refiere a que una trama compleja es la que tiene *peripecia, reconocimiento*, o ambas cosas. Y es cierto que hay mucha peripecia y reconocimiento en la *Odisea:* Néstor, por un lado, y

Helena y Menelao, por otro, reconocen a Telémaco, mientras que a Ulises lo reconocen el cíclope, Alcínoo, Eumeo, el anciano Laertes e incluso el perro Argos, la nodriza Euriclea, su hijo Telémaco, los pretendientes y, finalmente, Penélope.

También hay algún reconocimiento en la *Ilíada* y alguna *peripecia*. Recordemos que la peripecia sucede cuando algo que parece ser una solución se convierte en fatalidad, o a la inversa. Así, cuando Patroclo se pone las armas de Aquiles para incitar a su amigo a regresar al combate, mediante una peripecia muy aristotélica, lo consigue, pero no porque le haya contagiado su ardor guerrero, sino porque su muerte empuja a Aquiles a regresar al combate: ahora quiere vengar a su amigo.

Por otra parte, también define Aristóteles la *Odisea* como obra de personaje y la *Ilíada* como de sufrimiento. Finalmente, en un nuevo elogio a Homero, dice que sus obras superan a todas las demás en lenguaje y pensamiento.

La extensión de la epopeya

La epopeya se diferencia de la tragedia por su extensión y su métrica. Ya hemos indicado el límite adecuado de extensión: hay que poder captar la obra completa, de principio a fin, como una unidad.

Esto podría suceder si los argumentos fueran más breves que los de las epopeyas antiguas y se correspondieran con la cantidad de tragedias que un poeta presenta juntas en el escenario. (1459b17-1459b22)

La duración

En las epopeyas es difícil captar la obra completa. Repite un argumento que ya expuso al inicio de la *Poética:* que la extensión ideal de una obra debería depender de que pueda ser captada en su totalidad, como una unidad, por el lector, oyente o espectador.

Esto no sucede en las epopeyas clásicas, nos dice, y parece estar invitando a los nuevos poetas épicos a que adopten una extensión parecida a la de las tragedias.

Una ventaja de la épica

La epopeya tiene una característica especial e importante que permite que su magnitud sea mayor. Consiste en que la tragedia no puede representar diferentes partes de la acción al mismo tiempo, sino tan solo lo que se representa en el escenario, mientras que la epopeya, al tener forma narrativa, puede hacer que diferentes partes de la acción avancen de manera simultánea, de modo que estas escenas, apropiadas para la epopeya, aumentan la extensión del poema. Así, la epopeya tiene una ventaja que contribuye a su grandeza, pues le permite variar la experiencia del público al alternar incidentes diversos.

Porque lo uniforme pronto aburre y hace que las tragedias pierdan atractivo. (1459b23-1459b31)

La narración en paralelo

Existe una razón, nos aclara Aristóteles, por la que la epopeya puede permitirse ser más extensa que la tragedia. Mientras que la tragedia cuenta una única acción, obligada por las limitaciones de su representación sobre un escenario, la epopeya puede contar acciones en paralelo, como en el viaje de Telémaco y el de Ulises en la *Odisea*. De este modo, estos incidentes, que son adecuados y que se adaptan bien a la epopeya, pueden aumentar su extensión de manera natural. Eso le confiere grandeza a la epopeya, al variar lo narrado y añadirle todo tipo de incidentes. Esa «grandeza» de la epopeya, sin embargo, no hará cambiar de opinión a Aristóteles, que sigue prefiriendo la tragedia, como veremos.

La última frase resulta equívoca: «La monotonía pronto sacia». Se refiere a la variedad de situaciones que contiene una epopeya, lo que explica que «las tragedias fracasen en el escenario», al caer en cierta monotonía. Tal vez se refiera a que continuamente se estrenaban nuevas tragedias, mientras que ya no se escribían tantas epopeyas, aunque las de Homero, eso sí, se pueden repetir una y otra vez por la gran variedad de sus incidentes.

Es interesante recordar que el cine tardó bastante tiempo en darse cuenta de que podía contar acciones y tramas en paralelo. Se suele considerar que sucedió en 1903 con la película de Edwin S. Porter *Asalto y robo de un tren.*

El hexámetro heroico

El hexámetro heroico fue adoptado gracias a la experiencia. Si alguien intentara escribir poesía narrativa en cualquier otra métrica o combinación de métricas, el resultado parecería inapropiado.

La métrica heroica es la más firme y solemne de todas; y por eso admite palabras y metáforas inusuales, pues la poesía narrativa se diferencia de todas las demás.

El verso yámbico y el tetrámetro trocaico expresan movimiento y ritmo; el primero es el metro de la acción, el segundo el de la danza. Mezclar todos estos metros, como hizo Queremón, sería inapropiado.

En consecuencia, nadie ha compuesto una larga narración poética en otra medida que no sea la heroica (hexámetro). Como ya dijimos antes, la propia naturaleza del género en el que estamos escribiendo nos enseña a escoger el metro adecuado. (1459b32-1460a4)

El verso de la epopeya es el hexámetro

A lo largo de la lectura de la *Poética,* hemos descubierto que, en contra de lo que a menudo se dice, Aristóteles no es formalista. No lo es, desde luego, en lo que se refiere a la estructura. No exige y ni siquiera propone que una tragedia deba tener tres actos, y cuando habla de partes, se refiere a dos, desde el punto de vista lógico; o a cuatro, cinco o incluso más al hablar de partes cuantitativas o formales, pero está claro que, no cree que exista una división canónica, sino que llega a decir que si contamos los episodios o las canciones, podríamos tener incluso más partes de las enumeradas.

La forma es una de las cuatro causas (forma, materia, causa agente y causa final o teleológica),[223] pero no es para Aristóteles la más importante en la narrativa, al contrario que para tantos teóricos del guión.[224] Me he ocupado de este asunto en *Una nueva* Poética, [225] donde expliqué que la causa que más le interesa a Aristóteles es la *final*, el *para qué:* para qué escribimos una tragedia o una epopeya. Y que su respuesta es: «Para que produzca el placer que le es propio». Eso no quiere decir que la forma no sea importante, pero no por ello debe ser previa al trabajo del poeta, porque la estructura adecuada nace del esfuerzo del narrador al construir de manera orgánica la trama.

Pero hay un aspecto en el que Aristóteles sí es formalista: su opinión acerca de cuál es el tipo de verso adecuado para tragedia y epopeya. Hay un verso para cada género literario.

Para la tragedia es el trímetro yámbico, mientras que para la danza es el tetrámetro trocaico, aunque admite que, en especial en la comedia, se puede emplear el verso propio de la epopeya, que es el hexámetro heroico. Eso sí, la mezcla de versos, como hizo Queremón, de lo que ya habló al comienzo de la *Poética,* no le parece conveniente.

En el terreno de la métrica o medida de los versos, forma y fondo (o forma y función) se compenetran y la «propia naturaleza» del género nos revela el verso adecuado. Es imposible trasladar al verso castellano las características del verso griego.

A continuación, como ya se ha hecho habitual, Aristóteles se dispo-

---

[223] Ya me he referido extensamente a esta cuestión en *Una nueva* Poética (p. 115).

[224] Como Syd Field, Linda Seger, Blake Snyder y tantos otros.

[225] Ver p. 116.

ne a elogiar a un poeta épico que sobresale por encima de todos y que, por supuesto, ya sabemos quién es.

HOMERO, EL NARRADOR DISCRETO

Además de sus muchas otras cualidades, Homero merece ser elogiado porque es el único que sabe lo que se debe hacer. Un poeta debería decir muy poco, porque entonces no se dedica a la imitación. Sin embargo, los demás intervienen en todo momento y rara vez imitan.

Pero Homero, después de una breve introducción, inmediatamente presenta a un hombre o una mujer, o cualquier personaje que habla, y todos ellos con un carácter definido. (1460a5-1460a11)

El silencio del autor

Existe otro aspecto en el que destaca Homero por encima de todos: se mantiene en un segundo plano, sin afán de protagonismo. Es discreto y deja hablar a sus personajes, es decir, se concentra en la imitación más que en el comentario de lo que sucede. Por el contrario, los otros poetas intervienen constantemente en lo narrado, interrumpiendo la imitación, por lo que no dejan que sus personajes hablen, o apenas lo permiten de tanto en tanto. Homero, al contrario, una vez presentada la acción, a menudo da un paso atrás y se retira para que escuchemos a los personajes, y muestra a cada uno de ellos a través de sus palabras y rasgos característicos. Se supone que con esta última observación se está refiriendo a los rasgos de *pensamiento* y *carácter* propios de cada personalidad.

En definitiva, si el narrador interviene demasiado, interfiere en la percepción que el espectador se hace de los personajes, de su carácter y de su pensamiento.

Lo maravilloso y lo inexplicable

La tragedia puede hacer que los hombres se maravillen de una manera que no puede conseguir la epopeya, en la que el público no presencia la acción. Sin embargo, la epopeya tiene un mayor margen para lo inexplicable, porque no se ve al actor.

Las circunstancias de la persecución de Héctor en la *Ilíada*, por ejemplo, parecerían ridículas en el escenario, con algunos actores quietos mientras Aquiles les hace señas con la cabeza; pero en la épica esto pasa desapercibido. (1460a12-1460a17)

La verosimilitud en la tragedia

Por una parte, la tragedia tiene un mayor poder para provocar un sentimiento de maravilla, al ser posible contemplar a los personajes y las acciones en el escenario. Sin embargo, también es cierto que la epopeya puede hacer un mayor uso de lo inexplicable, ya que las cosas no se ven, sino que se imaginan al escucharlas o leerlas.

Con «inexplicable», Aristóteles no se refiere tan solo al mundo de los espíritus o fantasmas, sino a situaciones incongruentes, como que Aquiles persiga a Héctor dando vueltas en torno a la muralla de Troya mientras indica a los griegos que no disparen al troyano, para no perder la gloria de matarlo él. La situación es ridícula, con un Héctor aterrado que da tres vueltas a la muralla, pero no logra entrar cuando se encuentra ante las puertas. Si esto se viera en escena resultaría ridículo contemplar a los dos actores persiguiéndose y a los demás allí parados sin hacer nada.

Aquí entendemos por qué Aristóteles es el autor de la idea mil veces repetida en el teatro y la narrativa de que en la ficción lo que importa es la verosimilitud y no la verdad. Aunque una cosa sea verdadera, creará un problema narrativo si no resulta también verosímil. Del mismo modo, algo falso o improbable en el mundo real puede ser perfectamente válido siempre y cuando resulte verosímil contado.

La falacia homérica

> Homero, sobre todo, ha enseñado a otros poetas cómo se deben decir falsedades, aprovechando una falacia lógica.
>
> Los hombres tienden a pensar que, cuando un acontecimiento sigue a otro, entonces si ocurre el segundo evento, eso significa que el primero tiene que haber sucedido, o que está sucediendo. Pero esto es falso.
>
> Aunque el primer evento no haya sucedido, podemos mostrar el segundo, si queremos que se crea en el primero.
>
> Porque nuestra mente, al ver que el segundo es verdadero, infiere equivocadamente la existencia del primero. Un ejemplo de esto se encuentra en la escena del lavado de pies de la *Odisea*. (1460a18-1460a26)

Efectos sin causa en Homero

Dice Aristóteles:

> Homero, sobre todo, ha enseñado a otros poetas cómo se deben decir falsedades, aprovechándose de una falacia lógica.

Esta es una interesante reflexión, en la que Aristóteles recurre a sus conocimientos de lógica: cuando sabemos que a un evento le sigue otro, entonces tendemos a pensar que si vemos el segundo evento eso implica que ha sucedido el primero (aunque no lo hayamos visto). Si hay humo, entonces hay fuego, pero eso puede ser una falacia lógica, como saben los que en los modernos espectáculos crean humo con el llamado «hielo seco».

Lo que nos está diciendo Aristóteles es que cuando dos sucesos o acciones se relacionan como causa y efecto, por ejemplo, el fuego y el humo, entonces es habitual que al ver el efecto pensemos que existe la causa. Si un narrador presenta el efecto, la situación segunda, hace que el espectador deduzca o imagine que ha sucedido la causa o situación primera. Pero esa deducción puede ser errónea.

En cuanto al ejemplo que elige para ilustrar la falacia del efecto sin causa, la escena en la que la criada Euriclea lava los pies de Ulises y descubre la cicatriz que se hizo de joven, se interpreta como que no se trata de un signo suficiente para reconocerlo. Personalmente sí me lo parece y dudo que Aristóteles se refiera a ese detalle.

Lo irracional debe estar fuera de la trama

La trama no debe contener elementos irracionales y siempre que se pueda debe evitarse lo irracional, o al menos situarse fuera de la trama, como que Edipo ignore cómo murió Layo.

Por lo tanto, lo inexplicable no debe estar en la obra, como el relato de los Juegos Píticos en la *Electra* de Sófocles.

O en *Los misios* el hombre que viaja de Tegea a Misia sin decir una palabra.

Es ridículo decir que la trama se habría arruinado sin esos incidentes inexplicables.

En primer lugar, no se debería elegir una trama así, pero, si se incluye algo semejante, sería más razonable que fuera verosímil, aunque fuera irracional. Como en la *Odisea,* donde los elementos irracionales del relato, cuando dejan a Ulises en la playa, serían insoportables escritos por un poeta mediocre. Sin embargo, las excelencias de Homero ocultan el absurdo y hacen aceptable el episodio. (1460a5-1460b)

La trama debe ser racional y razonable

Conviene dejar todo lo inexplicable fuera de la trama, fuera de la obra misma, en el pasado de los personajes: como que Edipo no sepa cómo murió el rey de Tebas, Layo.

Como es sabido, en el *Edipo rey* de Sófocles, Edipo pregunta cómo murió Layo, después de gobernar durante años en Tebas al asumir el trono tras la muerte del rey. Parece difícil de creer que no le hubieran contado varias veces cómo murió Layo y que, al escuchar el relato, no se hubiera dado cuenta de que coincidía con el encuentro que él mismo tuvo con un viajero desconocido al que mató.

En lo que se refiere al relato de los Juegos Píticos en la *Electra*, un comentador antiguo dijo que el absurdo se debía a que esos Juegos todavía no existían en la época de Electra, pero se duda de que Aristóteles se refiera a eso. En la escena mencionada, Orestes le dice al pedagogo que cuente una enrevesada historia acerca de su supuesta muerte. Quizá se refiera Aristóteles a que ese relato no sería creíble para nadie.

En la obra *Los misios*, de Esquilo, Télefo llega a Misia desde Tegea sin decir ni una palabra durante todo el viaje. Parece que muchos, no solo Aristóteles, consideraron inverosímil tanto silencio. En cuanto al desembarco de Ulises en Ítaca, cuando los feacios lo dejan dormido en la playa, también le parecía inverosímil.

Evitar un diálogo brillante

> El lenguaje y el pensamiento hay que cuidarlos de manera especial en los momentos llenos de emoción, porque un lenguaje demasiado brillante oculta tanto los caracteres como el pensamiento. (1460b2-1460b5)

El montaje trasparente aristotélico

Aristóteles cierra este capítulo advirtiéndonos de que no usemos diálogos o palabras brillantes en las escenas con mucha emoción, puesto que eso oscurece tanto al personaje como su pensamiento. Es una excelente recomendación.

A primera vista, sin embargo, parece claro que en esto Shakespeare, con su célebre monólogo de Hamlet (entre muchos otros), estaría en franco desacuerdo. Lo único que puedo decir, porque no tengo una solución a este dilema, es que cuando no se tiene un talento comparable a Shakespeare ese tipo de lenguaje puede estropear la obra, convirtiendo en ridículo al personaje, distrayendo la atención o rebajando la tensión, al hacer que el espectador atienda más a cómo se dice algo que a lo que se dice.

Capítulo 21
Críticas a la poesía

En este capítulo se examinan las críticas que se han hecho a la mímesis o imitación que se hace mediante el lenguaje, es decir, a la poesía (pero no a la lírica, como ya sabemos). Autores como Gerald Else han defendido que este capítulo no fue escrito por Aristóteles, sino añadido posteriormente y que algunas de las ideas ni siquiera coinciden con las defendidas a lo largo de la obra. Tal vez, pero es un buen anticipo del último capítulo, en el que defenderá la tragedia como la más sublime de las artes poéticas o imitativas.

PROBLEMAS DE LA CRÍTICA

Pasamos ahora a los problemas y la manera de resolverlos. El siguiente examen aclarará su naturaleza y cuántos y de qué tipo son.

El poeta, como el pintor y otros creadores de imágenes, es un imitador, por lo que siempre deberá representar sus objetos de una de estas tres maneras: como fueron o son, como se dice o se piensa que son, o como deberían ser. (1460b6-1460b11)

Imitar la realidad, proponer lo ideal, adaptarse a lo que se piensa

Existen tres formas de imitar, o tres mundos reales o imaginarios que se pueden imitar:

a) Imitar lo que ha sido o lo que es: las cosas tal como son.
b) Imitar lo que se dice o se piensa que es: lo que se piensa acerca de las cosas.

c) Imitar lo que debería ser: mostrar cómo deberían ser las cosas desde un punto de vista ideal.

El primer caso es, por supuesto, imitar lo real. El segundo caso consiste en imitar lo que la gente cree, aunque sepamos que se equivoca. La tercera manera es la imitación de lo ideal: representar situaciones que no han ocurrido ni ocurren pero que sí deberían ocurrir. Eso es lo que Platón exige a los poetas si quieren entrar en su *República*.

La poética no es la política

> Estas cosas se imitan mediante el lenguaje, incluso con palabras inusuales y metáforas, pues se permiten al poeta muchas licencias con el lenguaje. Además, la corrección de la poética no es la misma que la de la política ni la de cualquier otro arte. (1460b12-1460b14)

Licencias poéticas

Se trata de las licencias que los poetas se pueden permitir en todos los sentidos, puesto que se trata de un arte cuyo fin es entretener. Pero también se podría relacionar con lo que dijo en el párrafo anterior, que el poeta puede permitirse no ser fiel a la realidad y emplear palabras y metáforas que no tienen por qué ser las que emplearía un político.

El dramaturgo puede hacer que un mensajero hable con palabras inusuales o que un salvaje cíclope emplee sofisticadas metáforas, o que un rey no hable como hablan los reyes, sino como hablaría un rey ideal, o como hablaría un sinvergüenza barriobajero.

Dos maneras de equivocarse

En la poesía hay dos tipos de errores, uno de ellos es intrínseco a la poesía y el otro accidental.

Si un poeta elige imitar algo y no es capaz de representarlo adecuadamente, eso es un error intrínseco de su arte.

Pero si el error reside en una elección incorrecta, como representar a un caballo que adelanta ambas patas derechas simultáneamente, o si comete algún otro error al referirse a una técnica, por ejemplo, a la medicina, y esto lleva a alguna imposibilidad en la obra, en este caso es un error accidental.

Por lo tanto, debemos examinar las críticas y los problemas, teniendo en cuenta esta distinción. (1460b15-1460b23)

Dos tipos de crítica

Pasajes como este nos hacen pensar que en tiempos de Aristóteles existían debates acerca de la tragedia, la epopeya y la comedia, así como críticas a las obras, es decir, un tipo de erudición y crítica que se considera que se inició con los filólogos de Alejandría, la ciudad que fundó Alejandro Magno pocos años antes de la muerte de Aristóteles.

Considera Aristóteles que se pueden criticar dos tipos de errores de los poetas.

El intrínseco es el que se refiere al propio arte del poeta, por ejemplo, a su capacidad de imitar y representar bien el tema que ha elegido, pero desde el punto de vista del dominio de la técnica poética.

El accidental es el que consiste en cometer un error al imitar mal un objeto o acción. Como ejemplo propone que se imite a un caballo diciendo que adelanta a la vez las patas del mismo lado, cosa que los caballos no hacen, o si el poeta comete un error al referirse a un asunto que le es ajeno, como la medicina.

Una vez establecida esta distinción, podemos examinar los argumentos de los críticos.

Errores intrínsecos y extrínsecos

En primer lugar, los errores que son intrínsecos al arte poético.

Si se cometen imposibilidades o errores, pero se cumple el propósito del arte que ya hemos indicado, y se logra que esta parte impresione más, entonces será aceptable. Un ejemplo de esto es la persecución de Héctor.

Pero si el propósito poético puede lograrse tan bien o mejor sin quebrantar la corrección de cada asunto, entonces el pasaje es incorrecto, ya que se debe evitar todo tipo de error en la medida de lo posible.

También debemos preguntarnos si el error no es propio del arte poético, sino incidental con respecto a otra cosa.

No saber que una cierva no tiene cuernos es un defecto menor que presentar una mala imagen de ella. (1460b24-1460b30)

Los errores se perdonan cuando se logra el verdadero objetivo de la poesía

Un error intrínseco sería representar algo imposible, pero se puede perdonar si el poeta consigue su objetivo. Ese objetivo es, como ya sabemos, que la tragedia, la epopeya o la comedia consigan provocar el placer que les es propio, que en el caso de la tragedia es producir una *catarsis* mediante las emociones de compasión y temor. Por eso, admite que puede ser ridículo que Aquiles persiga a Héctor dando vueltas y vueltas alrededor de las murallas de Troya, pero gracias a la habilidad artística de Homero el lector u oyente quedan impresionados y sienten temor y compasión.

Ahora bien, siempre será mejor que el poeta consiga el mismo efecto sin cometer errores técnicos. En caso de que se concluya, tras el análisis, que era posible hacerlo sin cometer un error, entonces podemos reprochar al autor que no lo haya hecho bien. Pero también debemos preguntarnos si realmente es un error intrínseco o tan solo incidental.

Un ejemplo es representar a una cierva con cuernos, que es un error incidental, mientras que sería intrínseco si se hiciera una mala representación de una cierva. En ejemplos como este de la cierva, o el del caballo que adelanta las dos patas delanteras, Aristóteles puede referirse también a otros imitadores, como un pintor.

Imitar lo que es, lo que podría ser o lo que se dice que es

Si se crítica que lo que dice el poeta no es cierto, quizá se puede responder con las palabras de Sófocles, cuando dijo que él hacía sus personajes «como debían ser, mientras que Eurípides los hacía como son».

Si la imitación no es de ninguno de estos dos tipos, la respuesta podría ser que al menos es de este modo como los hombres aseguran que son las cosas.

Por ejemplo, se cuentan historias sobre los dioses: puede que no sean mejores que la realidad ni verdaderas, y puede que Jenófanes tenga razón; pero eso es lo que creen los hombres.

O tal vez algo no sea así ahora, pero sí que lo fue entonces, como en el pasaje de las armas, donde dice Homero: «Las lanzas estaban paradas sobre sus puntas», porque entonces era costumbre colocar las lanzas así, como hoy lo hacen los ilirios. (1460b31-1461a4)

Poesía y verdad

Algunos comentadores han propuesto reordenar la *Poética*, porque es cierto que algunos temas van y vuelven. A través de las sucesivas copias de la *Poética*, tal vez se ha desordenado algún apartado, pues Aristóteles retoma ahora un tema que planteó antes, pero no desarrolló.

El tema que quedó en suspenso es si el poeta debe representar las cosas como son o como deben ser, o bien como se dice o piensa que son. En primer lugar, rechaza la idea de los que acusan a los poetas de decir cosas que no son ciertas. Es inevitable recordar que Platón llama mentirosos a los poetas. Cita la respuesta que dio Sófocles: yo hago a mis personajes como deberían ser y Eurípides los hace como son. Existe una tercera posibilidad: que se represente a los personajes «como se dice o como se piensa que son».

Tal vez, aventura Aristóteles, las historias que se cuentan sobre los dioses no los muestran como son en realidad (eso reprochaba Platón a los poetas) y las cosas que se dicen de los dioses puede que tampoco sean verdaderas, pero, al fin y al cabo, son cosas que dicen los hombres, así que el poeta tiene derecho a mostrarlos *como se dice que son*.

El filósofo Jenófanes lanzó una fuerte crítica a la imagen que los humanos nos hacemos de los dioses, al señalar que los imaginamos a nuestra imagen y semejanza: los tracios los imaginan rubios, los nubios creen que son negros, así que, sugiere:

> Si los bueyes, los caballos o los leones tuvieran manos y pudieran dibujar y modelar como los hombres, representarían a los dioses con cuerpos de bueyes, caballos o leones, semejantes a los suyos.[226]

También podría suceder, sugiere de manera muy sagaz, que la manera en la que se representa a hombres y mujeres no sea la de ahora, como cuando Homero dice que «las lanzas estaban paradas sobre sus puntas», pero ¿quién sabe si en aquella época esa era la costumbre «como lo es todavía entre los ilirios»?

Y como quizá lo era en la época micénica, podemos añadir. En efecto, hubo que esperar hasta el siglo XIX y XX, cuando fue redescubierta la civilización micénica, para llegar a la conclusión de que los héroes de Homero no eran griegos, sino micénicos. Y para descubrir en las pinturas de los palacios micénicos y en los restos arqueológicos objetos que Homero había descrito pero que se habían olvidado en la

---

[226] Ver Jenófanes en *Los filósofos presocráticos.*

época clásica de los griegos, como un casco hecho de cuernos de jabalí, o grandes escudos que cubrían todo el cuerpo. Es una prueba decisiva de que las historias de Homero se habían transmitido, al menos de manera oral, durante siglos. Por lo tanto, quizá Homero no representó mal un objeto o situación, sino que su uso cambió o desapareció con el tiempo.

La representación del mal

> En cuanto a si algo que se dice o se hace en la obra es correcto o no, no debemos considerar tan solo si esa declaración o acción es noble o vil, sino el carácter del personaje que habla o actúa, así como el de la persona con la que habla, y cuándo y con qué propósito, por ejemplo, o para evitar un mal mayor. (1461a5-1461a8)

El autor no es el personaje

Adivinamos otra crítica que debía ser frecuente: que los dramaturgos difundían ideas erróneas, inmorales o simplemente incorrectas. Pero debemos tener en cuenta que es un personaje quien lo dice, y cuál es su carácter e intención, así como el de aquellos con quienes habla. Es una idea acerca del arte que compartirá Plutarco siglos después:

> También algunos pintan acciones anormales, como a Medea matando a sus hijos, con las que, sobre todo, se debe acostumbrar al joven a saber que no alabamos la acción de la que ha surgido la imitación, sino el arte, si ha reproducido convenientemente el objeto.[227]

Villiers de L'Isle-Adam se quejaba de los críticos que atribuían al autor las opiniones de sus personajes y señalaba que no tenemos por qué

---

[227] Plutarco, *Sobre cómo debe el joven escuchar la poesía.*

pensar que lo que dice el patito feo es lo que opinaba Andersen. El gran científico y crítico literario Aristarco, quizá recordando este pasaje de Aristóteles, también lo decía, como nos recuerda López Eire:

> Aristarco insistía en la necesidad de distinguir en los poemas de Homero entre las palabras atribuibles al propio poeta y las que son propias de sus personajes literarios, y asimismo en la conveniencia de interpretar los poemas homéricos a la luz de los usos sociales de aquellos tiempos, de la Edad Heroica reflejada en ellos.[228]

También hay situaciones en las que un discurso incorrecto puede servir para lograr alcanzar un bien mayor.

En definitiva, no podemos aislar las ideas expresadas en los monólogos, discursos o diálogos del contexto en el que tienen lugar.

Este es un asunto que en los últimos lustros se ha convertido en un problema constante, debido a la aplicación exagerada del pensamiento políticamente correcto a cualquier personaje, época o contexto, disminuyendo las posibilidades de la ficción y recuperando una censura platónica según la cual los autores deben contar cosas ejemplares e ideales, como en aquella absurda norma del decoro de los preceptistas y los clasicistas.

Aunque Aristóteles no descarta por completo el papel educador y de aprendizaje de la ficción, no considera que esa sea su misión ni que con esa excusa se deba prohibir todo lo que no encaja con las convenciones sociales del momento, por muy razonables que sean desde el punto de vista ético, y tan solo dice, pero no en la *Poética*, sino en la *Política:*

> A los más jóvenes la ley debe prohibirles los espectáculos de yambos y de comedia antes de alcanzar la edad en la que tendrán derecho de

[228] López Eire, *Poéticas y retóricas griegas.*

sentarse en las mesas comunes y a beber; la educación los habrá hecho a todos inmunes contra los efectos nocivos de tales representaciones.[229]

Críticas al lenguaje

Las críticas que tienen relación con las palabras empleadas deben examinarse cuidadosamente, como en la frase «primero las mulas»: la palabra *oronta* (ὀρῶντα) tal vez no se refiere a mulas, sino a centinelas.

Y cuando se dice de Dolón «que era de mal aspecto» (κακός), no significa que su cuerpo esté desproporcionado, sino que su rostro era feo, pues los cretenses usan la palabra εὐειδές (hermoso) solo para referirse al que tiene un rostro bello.

Y la frase «mézclalo más fuerte» quizá no significa «más puro», como los borrachos que toman el vino sin mezclar, sino «mezclar el vino más rápido».

Puede haber expresiones que son metafóricas, como «Todos los demás dioses y hombres durmieron toda la noche», a lo que sigue: «Miraba hacia la llanura troyana y admiraba los muchos fuegos y oía el ruido confuso de flautas y siringas». La palabra «todos» se usa metafóricamente porque «todos» equivale a una especie de «muchos».

En cuanto a la frase «solo no comparte», es metafórica, ya que algo que es muy conocido es considerado único.

También puede existir una diferencia de pronunciación. como Hipias de Tasos resolvió la dificultad en «Le dimos la gracia de disfrutar» y en «Esto se consume con la lluvia».

Y la puntuación puede dar la solución en algunos casos, como cuando Empédocles escribió: «Pronto se hicieron mortales las cosas que antes conocieron la inmortalidad, y las cosas que antes eran puras se mezclaron».

[229] Libro VII de la *Política*.

En otros casos debemos darnos cuenta de la ambigüedad, como en «Habían pasado más de dos tercios de la noche y quedaba un tercio».

Algunas dificultades pueden resolverse observando el uso cotidiano del lenguaje. Así como el vino mezclado con agua se llama vino, así Homero habla de «una greba de estaño recién labrado».

A los «trabajadores del hierro» se les llama «trabajadores del bronce», y se dice que Ganímedes sirve vino a Zeus, aunque no es vino lo que beben los dioses. Sin embargo, esto podría ser una metáfora.

Cuando parece detectarse una contradicción, debemos observar los diferentes sentidos que puede tener una palabra. En «y allí se detuvo la lanza de bronce», debemos considerar en cuántos sentidos se puede detener una lanza. (1461a9-1461a35)

Cuidado con las críticas injustificadas

Advierte Aristóteles contra ciertas críticas apresuradas que se deben a una mala lectura o incomprensión del contexto. No parece necesario examinar uno a uno los errores que algunos críticos achacaban a los poetas y que quizá no son errores, pues son confusiones relacionadas con el lenguaje, su escritura, su pronunciación o su puntuación.

El ejemplo de la puntuación se refiere a una palabra que cambiaba por completo de sentido si se le cambiaba un acento, como reveló Hipias de Taso, que no es seguro pero si probable que sea el célebre sofista. La puntuación podía dar muchos problemas, porque en la antigua Grecia apenas se usaban signos de puntuación, lo que causaba muchas ambigüedades, por lo que convenía leer los textos en voz alta y descifrar su sentido. En el ejemplo de Empédocles, se trata de cómo puntuar la frase griega, como explica García Yebra, lo que cambia por completo la idea acerca de si las cosas puras se mezclaron o si las antes mezcladas se hicieron puras «y las cosas [ahora] puras estaban mezcladas antes» frente a «y las cosas que antes eran puras estaban [ahora] mezcladas».[230]

[230] *Poética*, traducida por Valentín García Yebra.

Los problemas de interpretación pueden ser interminables y deberse a todo tipo de causas. Aquí hay algunos ejemplos más:

- Habían pasado más de dos tercios de la noche y todavía quedaba un tercio: si han pasado más de dos tercios, no puede quedar un tercio, sino que quedará algo menos de un tercio.
- Greba de estaño: las grebas eran las protecciones que llevaban los guerreros para proteger sus piernas por debajo de la rodilla, y no estaban fabricadas tan solo de estaño, sino de cobre y estaño, es decir, bronce.
- Trabajadores del bronce: lo que parece un error, pues deberían ser trabajadores del hierro, ahora se considera, al contrario, que es un error de los críticos de Homero. Se piensa que las menciones al hierro son errores añadidos en versiones nuevas de la *Ilíada* y la *Odisea*, porque en época micénica nos encontramos en la Edad del Bronce y las armas eran de ese metal y no de hierro.
- El vino de Ganímedes: los dioses beben ambrosía o néctar y no vino. Pero puede ser una metáfora.
- Allí se detuvo la lanza de bronce: se refiere al escudo de Eneas, que hizo el dios Hefesto para el héroe, con cinco capas, dos de bronce, dos de estaño y una de oro y que detuvo la lanza de Diomedes. Los comentaristas vieron inconsistencia en la capa en la que se detuvo la lanza y discutieron acerca del asunto.

La actitud crítica correcta

Glaucón dice que los críticos hacen ciertas suposiciones irrazonables, condenan al poeta de plano y luego argumentan sobre esa base y culpan al poeta por decir lo que creen que dijo.

Eso es lo que pasó con Icario. Creen que era espartano, y luego argumentan que es absurdo que Telémaco no se haya encontrado con él en su viaje a Lacedemonia. Sin embargo, los cefalonios pueden tener razón: dicen que Odiseo se casó con una de sus compatriotas y que el nombre del padre de su esposa era Icadio y no Icario. El error cometido por el crítico es comprensible.

En definitiva, podemos juzgar lo imposible en relación con su efecto poético, con lo que es moralmente mejor o con la opinión aceptada. (1461b-1461b10)

La crítica de Glaucón a los críticos

En esta constante defensa de los poetas (dramaturgos y autores de epopeyas), recuerda Aristóteles a Glaucón, un especialista en Homero que reprochó a los críticos que partieran de sus propias suposiciones para interpretar los textos de los poetas y después culparlos, en vez de partir de las intenciones de los propios poetas.

Un ejemplo es la crítica que se hacía a Homero porque en la *Odisea* Telémaco no visita a Icario, el supuesto padre espartano de Penélope. Pero Aristóteles sugiere que todo se debe a un error y que el padre de Penélope quizá no era de Esparta, sino de Cefalonia, y que se llamaba Icadio. La isla de Ítaca, donde reina Odiseo, es una de las islas de Cefalonia.

Concluye que podemos juzgar los errores o aciertos desde tres puntos de vista, por la opinión común, desde el punto de vista moral o por su efecto poético. No cabe duda de que prefiere la tercera manera, que es la que va a aplicar en los siguientes pasajes.

Ventajas de lo imposible verosímil

En cuanto al efecto poético, lo imposible que se puede creer es preferible a lo que es posible pero poco convincente.

Se nos dice que no existen hombres como los que pintó Zeuxis. Es cierto, pues los pinta mejor de lo que son, y el paradigma debe ser mejor que la realidad real.

> Lo inexplicable en poesía también puede justificarse diciendo: «Esto no es absolutamente irracional», porque «también es probable que sucedan cosas improbables». (1461b11-1461b15)

De nuevo la verosimilitud

Regresa Aristóteles a una de sus ideas más queridas: en la narrativa lo importante es la verosimilitud, hasta el punto de que si algo es imposible pero el poeta es capaz de hacerlo creíble, entonces es preferible a algo posible pero difícil de creer.

Defiende también representaciones idealizadas como las de Zeuxis, que pintaba a los hombres mejor de lo que eran.

Del mismo modo, puede haber cosas inexplicables o idealizadas en poesía, pero que son las que los hombres dicen, y de nuevo cita, esta vez sin mencionarlo, al trágico Agatón, que decía: «Es probable que a veces sucedan cosas improbables».

Las contradicciones

> Las contradicciones deben examinarse como cuando se refuta un argumento, si las dos afirmaciones se refieren a la misma cosa, en la misma relación y en el mismo sentido, de tal modo que podamos estar seguros de que el poeta contradice lo que él mismo ha dicho, o lo que una persona inteligente supondría a partir de lo dicho. (1461b16-1461b18)

Cómo examinar las contradicciones

Aristóteles recurre de nuevo a sus conocimientos de lógica e implícitamente a su célebre principio de identidad: una cosa es lo que es, o una cosa es como otra cosa. De acuerdo, dice, pero no habrá contradicción si existe alguna diferencia en la manera en la que nos referimos a la cosa o si no se toma en el mismo sentido. Quizá no haya contradicción, aunque nos lo parezca.

La crítica legítima

Es correcto, sin embargo, criticar a un poeta por lo inexplicable o lo malo siempre que eso suceda sin necesidad de usar lo irracional, como Eurípides con Egeo en la *Medea*, o cuando da una maldad innecesaria a Menelao en el *Orestes*.

Las críticas desfavorables, entonces, se dividen en cinco tipos: lo imposible, lo irracional, lo dañino, lo contradictorio, lo artísticamente incorrecto.

Las soluciones a estas dificultades deben buscarse en las formas que hemos sugerido y que son doce. (1461b19-1461b26)

Cuándo podemos criticar a un poeta

Finalmente admite Aristóteles que podemos criticar a los poetas, pero solo en ciertas condiciones. Por ejemplo, si usan lo inexplicable o lo malo sin que eso sirva para que la obra logre producir el placer que le es propio. Por lo tanto, Aristóteles está dispuesto a perdonar casi todo si la obra logra complacer, convencer o emocionar al espectador, despertando en él las emociones adecuadas. No es estructuralista en el sentido de muchos teóricos modernos, en especial en el mundo de la teoría del guión cinematográfico, que quieren imponer una misma estructura a cualquier guión imaginable, pues prefiere que la obra sea como un organismo, en el que todas las partes contribuyen al mismo fin, pero sería capaz de renunciar a ello si se consigue el objetivo de provocar ese placer.

Y por fin da dos ejemplos de críticas justificadas: la intervención del rey Egeo en la *Medea* y la maldad de Menelao en el *Orestes*. Las dos obras son de Eurípides.

Cinco tipos de críticas posibles

Estas son las críticas que se pueden hacer:

1. Lo escrito es imposible.
2. Es inexplicable.
3. Es dañino.
4. Es contradictorio.
5. Es artísticamente incorrecto.

Doce soluciones

Y existen doce soluciones a estas dificultades, que ya ha sugerido y que Batteux reconstruye a partir del texto aristotélico de esta manera:

1. Si el poeta ha usado lo imposible, se responderá que de aquí han resultado muchos primores que compensan el defecto.
2. Si ha tenido mala elección por ignorancia, o por otra causa, se responderá que esta falta es del hombre, y no de la poesía, y que la cosa está perfectamente pintada.
3. Si se han pintado las cosas de otra manera que lo que ellas son, se dirá que las ha pintado como debían ser.
4. Si no se han pintado ni como son, ni como debían ser, se responderá que se han pintado como se dice que son, según fama y común opinión.
5. Si se han pintado de un modo contrario a la fama y común opinión, se responderá que se han pintado según la verdad del hecho.
6. Si se han pintado de un modo poco conveniente, se dirá que las circunstancias del tiempo, del lugar, de las personas lo requerían así.

Estos son los seis lugares comunes de donde se sacan las soluciones de las cosas. Hay otros seis igualmente aprobados para las expresiones:

7. Diciendo que es una palabra extraña.
8. Por la metáfora.
9. Por el tono de la voz o el acento.

10. Por la puntuación.
11. Por el sentido doble de una palabra, lo que no es defecto del pensamiento.
12. Por el enlace con las palabras antecedentes o subsecuentes.

Todo lo que no se puede justificar por alguna de estas razones es defectuoso, y se ha de abandonar a la crítica.[231]

[231] *Poética de Aristóteles*, en versión de Charles Batteux, traducida por Casimiro Flórez Canseco (1778).

Capítulo 22
Comparación entre tragedia y épica

Finalmente, Aristóteles dicta sentencia acerca de si es superior la épica o la tragedia.

Tragedia y epopeya

Uno podría no saber qué imitación es superior, la épica o la trágica.

Si como suele decirse el arte mejor es el menos vulgar, y si el arte dirigido a un público mejor es menos vulgar, entonces está claro que el arte que imita todo mediante la interpretación es vulgar.

Porque ese público no lo entiende a menos que los actores añadan gesticulaciones, lo que hace a los actores trágicos entregarse a todo tipo de movimientos exagerados, como los flautistas mediocres que giran mientras imitan el lanzamiento de un disco, o que arrastran a su líder del coro cuándo interpretan a Escila.

Es por eso por lo que la tragedia se considera un arte vulgar.

También los actores más antiguos miraban con desprecio a sus sucesores, como Minisco, que llamó simio a Calípides debido a sus gestos exagerados, y eso mismo opinaba Píndaro.

Del mismo modo que estos actores se comparan entre sí, lo hacen algunos con la épica y la tragedia. Se dice que la épica se dirige a un público más selecto, que no necesita de tanta extravagancia, mientras que la tragedia se dirige a un público vulgar. Y si algo es vulgar, evidentemente es inferior. (1461b26-1462a5)

Lo vulgar

Según el tipo de público que una obra atrae, Aristóteles deduce la calidad de la obra. Un público vulgar se interesará por una obra vulgar.

Por eso las obras o los espectáculos que recurren a actores exagerados que añaden gestos llamativos para complacer a un público vulgar serán las peores.

Los compara con los flautistas que al imitar el lanzamiento de disco giran innecesariamente. O los que arrastran al jefe del coro cuando interpretan a Escila, la roca o monstruo que junto con Caribdis hace naufragar a los barcos en el estrecho de Gibraltar.

Todo esto puede hacer pensar que la tragedia es un arte vulgar. Afirmación sorprendente en un gran admirador de la tragedia, pero enseguida deshace esta confusión.

Recuerda las críticas que Minisco, un actor de tragedias, hizo al actor Calípides porque gesticulaba en exceso, y a otro actor llamado Píndaro, que no es el célebre poeta. Eso le hace destacar la crítica de quienes dicen que la épica se dirige a un público más selecto y que no necesita de payasadas.

Este es un asunto que siempre ha preocupado a las compañías de teatro, que a menudo se han debatido entre representar obras selectas y elegantes o incluir parodias vulgares, pero populares, de sus actores más carismáticos. Le sucedió a William Shakespeare con el actor principal de su compañía William Kempe, que atraía la atención de todos con sus bufonadas y al que expulsó, porque no veía compatible su protagonismo y sus exageraciones con el tipo de teatro que quería hacer.

Defensa de la tragedia

> Ahora bien, en primer lugar, esta crítica no se aplica a la tragedia en sí misma, sino a cómo se interpreta, ya que también un rapsoda podría exagerar los gestos al recitar una epopeya, como lo hacía Sosistrato, y también un cantante en un concurso, como Mnasiteo de Opunte.

Además, no se deben desaprobar todos los gestos (de ser así, se condenaría la danza), sino solo los de personas vulgares, como los reproches a Calípides y otros actores por representar de manera vil el papel de mujeres.

Por otra parte, la tragedia logra su propósito incluso sin ningún tipo de gesto, tal como puede hacerlo la épica, ya que puedes darte cuenta de su calidad leyéndola.

De lo anterior se deduce que, si la tragedia es superior en otros aspectos, no está necesariamente sujeta a esta debilidad. (1462a6-1462a14)

Defensa de la tragedia

La tragedia no tiene la culpa de la exageración, argumenta Aristóteles, sino los malos actores, o los dramaturgos y directores que aceptan degradar sus textos.

El error de los críticos consiste en pensar que la exageración se debe a la naturaleza de la tragedia, cuando es responsabilidad de quienes la interpretan. También un rapsoda puede ser exagerado recitando una epopeya e incluso un cantante en un concurso.

Por otra parte, que haya gestos exagerados o incluso viles, como los de Calípides cuando representaba a mujeres, no quiere decir que debamos desaprobar todos los gestos. En cualquier caso, la tragedia puede lograr su objetivo, como la épica, sin necesidad de ningún gesto, como se demuestra si no vemos la obra en el escenario, sino que la leemos.

Todos podemos recordar cierta tendencia a la exageración de algunos actores que nos han hecho desear regresar a casa y leer en silencio la obra que tanto admiramos. En el teatro griego, podríamos explicar la preferencia de Aristóteles por la lectura antes que por la obra representada, si pensamos que al leer el *Edipo rey* podía imaginar, por ejemplo, a una bella Helena sin máscara, con rostro y voz de mujer, y no a un hombre con una máscara que imitaba la voz de una mujer con mayor o menor torpeza (parece que algunos actores resultaban insoportables al imitar voces de niños, mujeres o ancianos).

La conclusión es que la tragedia no está necesariamente sometida al problema de la exageración de los actores, mientras que en los otros aspectos ya se ha demostrado su superioridad, dice Aristóteles.

Ventajas de la tragedia sobre la épica

En segundo lugar, se puede decir que la tragedia contiene todos los elementos de la épica, pues incluso puede usar la métrica épica, y además posee otros elementos, como la música y el espectáculo, que nos incitan al placer de manera muy vívida. Lo cierto es que tiene viveza tanto en la lectura como en la representación sobre el escenario.

Además, logra el propósito de su imitación de manera más concisa, y una estructura compacta es más agradable que la que se extiende durante un largo período de tiempo. Sería absurdo, por ejemplo, componer el *Edipo* de Sófocles con tantos versos como la *Ilíada*.

Por último, la imitación épica tiene menos unidad, pues cualquier epopeya proporciona el tema de varias tragedias. Si un poeta épico elige una fábula, o bien debe presentarla brevemente y su poema terminará abruptamente, o si la extiende su impacto quedará diluido.

La *Ilíada* y la *Odisea* contienen muchas tramas con diversas extensiones, y aunque esos dos poemas estén construidos de la mejor manera posible, solo logran la unidad de acción en la medida en que una epopeya puede lograrlo.

En consecuencia, si la tragedia sobresale en todos los aspectos y también en su función artística, pues ningún arte debe provocar cualquier tipo de placer, sino solo el que le es propio, entonces la tragedia cumple mejor su objetivo y es superior a la epopeya.

Hasta aquí basta con lo dicho acerca de la tragedia y la épica, sus clases y sus elementos, su número y sus diferencias, así como las causas del éxito y el fracaso o los problemas planteados por la crítica y su solución. (1462a15-1462b19)

Elogio final de la tragedia

Tras defender la tragedia de las diversas críticas, Aristóteles recuerda las razones por las que la tragedia es superior a la épica: posee todos sus elementos, incluso el verso, porque puede incluir hexámetros heroicos en ciertos momentos. Pero, además, tiene música, lo que contribuye a nuestro placer. Esta es una alusión directa al poder de la música como creadora de emociones, algo que, como ya hemos dicho, es un arma continuamente empleada en el cine y en las series.

Por otro lado, su imitación o representación se centra en un ámbito más reducido y compacto, algo mucho más agradable que lo demasiado extenso, porque nadie aguantaría una tragedia como la de Edipo con la extensión de la *Ilíada*.

La épica, por el contrario, tiene el problema de la falta de unidad, debido a su extensión. No le conviene ser breve, porque llegaría un final abrupto antes de conseguir despertar grandes emociones, pero cuando es extensa su tema queda diluido.

Eso sí, elogia a Homero, a pesar de la extensión de sus obras, aunque admite que la *Ilíada* contiene muchas tramas, algo que antes negó, o al menos minimizó.

Conclusión acerca de tragedia y épica

La *Poética* termina con un dictamen claro que ya sospechábamos: la tragedia es superior a la épica, porque cumple mejor su objetivo de proporcionar el tipo de placer que le es propio. De esta manera Aristóteles da por concluido, no el libro, sino las partes dedicadas a la tragedia y la épica, pues, como ya sabemos, existía al menos una segunda parte dedicada a la comedia (y quizá a la sátira también), lamentablemente perdida.

Un epílogo inesperado... pero quizá inevitable

A lo largo de este extenso libro he intentado presentar una interpretación fiel de la *Poética* de Aristóteles. Creo que no solo los interesados en el mundo clásico, sino cualquier persona puede aprender mucho de lo que dijo y de lo que no dijo Aristóteles. Pero se impone una nota de prudencia final.

Después de mencionar tantas interpretaciones erróneas, confusas, ambiguas o imaginativas acerca de lo que dice Aristóteles en la *Poética*, en especial en el capítulo «Una desafortunada serie de confusiones», debemos aplicarnos nosotros mismos un escarmiento preventivo, porque quizá mucho de lo que se dice en esta o en cualquier otra versión de la *Poética* no coincide con lo que escribió Aristóteles en su momento.

Pondré un único ejemplo, pero que podría ser devastador si fuera cierto.

Repitamos de nuevo la frase final de la célebre definición de la tragedia, mil veces citada, cuando se menciona la catarsis y la compasión y el temor:

> La tragedia es la *mímesis* de una acción digna de ser recordada, completa y de cierta duración, mediante un lenguaje embellecido, y con cada clase de adorno empleada de manera diferente en cada una de sus partes. Se cuenta, no de modo narrativo, sino mediante la imitación de acciones, *y a través de la compasión y el temor logra la catarsis de estas emociones.*

Pues bien, ciertos indicios nos hacen sospechar que la frase destacada en cursiva puede haber sufrido alguna interpolación por parte de alguno de los primeros copistas, o bien haber sido cercenada, eliminando la conclusión original. O bien, en fin, pueden haber sucedido ambas cosas.

La inquietante posibilidad, que admitía el gran especialista Seth Benardete, es que Aristóteles no dijera que se produce la catarsis *debido a las emociones de compasión y temor,* sino que esa catarsis se producía mediante el canto: el *éxodos* o *kommos,* es decir, el canto con el que se ponía fin al espectáculo. Es decir, que se hubiera interpolado la frase «la compasión y el temor» o que se hubiera perdido o eliminado «mediante el canto». La frase original quizá fuera algo parecido a esto:

> Se cuenta, no de modo narrativo, sino mediante la imitación de acciones, y logra la *catarsis* de las emociones mediante el canto.

O bien:

> Se cuenta, no de modo narrativo, sino mediante la imitación de acciones, y logra la *catarsis* de las emociones de temor y compasión mediante el canto.

Estas dos variantes coincidirían con lo que dice Aristóteles en la *Política* acerca del poder catártico del canto. Además, como he comentado en alguna ocasión, en ciertos pasajes Aristóteles no parece considerar que la catarsis que sobreviene en el desenlace implique las emociones de compasión y temor. Esta es una de las razones por las que he dedicado en *Una nueva* Poética un largo capítulo a examinar por qué eligió la compasión y el temor como las dos emociones fundamentales de la tragedia. Espero haber ofrecido, tanto en el enigma de la catarsis como en el de las emociones de compasión y temor, explicaciones verosímiles, aunque quizá sean solo verosímiles, pero no verdaderas. ¿Quién sabe?

Bibliografía

Traducciones de la *Poética* consultadas

Averroes: *Three short Commentaries on Aristotle's Topics, Rethorics and Poetics,* edición de Charles E. Butterworth, New York Press, Albany State Univerity, 1977.

Batteux, Charles: *Poética de Aristóteles* (traducida por Casimiro Flórez Canseco), 1778.

Benardete, Seth y Davis, Michael: *On Poetics,* St. Augustine Press, 2002.

Butcher, S. H.: *The Poetics of Aristotle,* S.f.

Cappelletti, Ángel J.: *Poética,* Monte Ávila, 1998.

De Sousa, Eudoro: *Poética,* Imprenta Nacional Casa da Moeda, 2003.

Gavallotti, Carlo: *Dell'Arte Poetica,* Mondadori, 1974.

García Bacca, Juan David: *Poética,* U. N. Autónoma de México, 1946.

García Yebra, Valentín: *Poética de Aristóteles* (trilingüe), Gredos, 1974, 1999.

Goya y Muniain: *El arte Poética,* Imprenta de Don Benito Cano, 1798, 1948.

Grube, G. M. A.: *Poetics,* The Bobbs-Merrill Company, 1958, 1983.

Grube, G. M. A.: *Aristotle On Poetry and Style,* The Liberal Arts Press, 1958.

Halliwell, Stephen: *Aristotle's Poetics,* Duckworth, 1988. (estudio)

Halliwell, Stephen: *The Poetics of Aristotle,* University of North Caroline Press, 1987. (traducción)

Heath, Malcom, *Poetics,* Penguin.

Janko, Richard, *Aristotle. Poetics.* With *The Tractatus Coislinianus* and fragments of *On the Poets,* Hackett, 1987.

Kenny, Anthony: *Poetics,* Oxford u.p., 2011.

Martínez Manzano, Teresa y Rodríguez Duplá, Leonardo: *Poética-Magna Moralia,* Gredos, s.f.

Tarán, Leonardo y Gutas, Dimitri: *Aristotle Poetics* (edición del texto griego), Brill, 2012.

Valente, Ana Maria: *Poética,* Fundação Calouste Gulbenkian, 1968.

Valgimigli, Manara: *Poetica,* Laterza, 1916, 1964.

Villar Lecumberri, Alicia: *Poética,* Alianza Editorial, 2004.

Whalley, George: *Aristotle's Poetics,* McGill-Queen's University Press 1977, 1997.

Para una bibliografía casi exhaustiva acerca de la *Poética*, se puede consultar: *A bibliography of the Poetics of Aristotle,* de Lane Cooper y Alfred Gudeman, que va hasta 1928. Y el «Suplemento a Cooper y Gudeman», de Marvin T. Herrick en *The American Journal of Philology,* que llega hasta el año 2014. Y también *The Poetics of Aristotle and the Tractatus Coislinianus* (desde el 600 a 1996), de Omert J. Schrier, Brill, 1998.

Selección de obras consultadas

Amstrong, J. M.: *Aristotle on the Philosophical Nature of Poetry,* The Classical Quarterly, 48, 2 (1998).

Archer, William: *Play-making: a manual of craftsmanship*, Good Press, 2019.

Aristófanes:

— *Las nubes,* en *Comedias II,* Gredos, 2016.

— *Las ranas, Los pájaros, Las asambleístas,* Alianza Editorial, 2005.

Aristóteles:

— *Ética a Nicómaco,* RBA, 2023.

— *Física,* Gredos, 1995.

— *Metafísica,* Gredos, 1970.

— *Política,* Gredos, 2008.

— *Retórica,* Gredos, 1994.

Ateneo de Náucratis: *Banquete de los eruditos,* Gredos, 2014.

Auerbach, Erich: «Mimesis. La representación de la realidad en la cultura occidental», 1950.

Baker, George Pierce: *Dramatic technique,* DigiCat, 2022.

Balló, Jordi y Pérez, Xavier: *El mundo, un escenario,* Anagrama, 2015.

Beckett, Samuel: *Esperando a Godot,* Síntesis, 2007.

Beristáin, Helena: *Diccionario de retórica y poética,* Porrúa, 1985.

Berlin, Isaiah: *The Hedgehog and the Fox,* Princeton University Press, 2013.

Bobes Naves, Carmen y Baamonde, Gloria: *Historia de la teoría literaria. 1. La antigüedad grecolatina,* Gredos, 1995.

Borges, Jorge Luis: *El hacedor,* De Bolsillo, 2012.

Brazeau, Bryan: *The reception of Aristotle's Poetics in the Italian Renaissance and beyond,* Bloomsbury, 2020.

Coelho de Carvalho, Alfredo Leme: «O caráter dos personagens na Poética de Aristóteles», *Revista de Letras* vol. 28, UNESP, São Paulo.

Curran, Angela: *Routledge Philosophy Guidebook to Aristotle and the Poetics,* 2015.

Dawkins, Richard: *El gen egoísta,* Labor, 1979.

De la Cruz, Juana Inés: *Los empeños de una casa,* PPU, 1989.

De Romilly, Jacqueline: *La tragedia griega,* Gredos, 1970.

Easterling, P. E.: (ed) *Greek Tragedy: The Cambridge Companion,* 1997.

Economopoulou, Karmela: *Aristotle's Poetics in relation to the narrative structure of the screenplay.* (tesis doctoral)

Else, Gerald F.: *Aristotle's Poetics: The Argument,* Harvard University Press, 1957.

Epicteto/Flavio Arriano: *Manual estoico de vida,* Rosameron, 2024.

Esquilo: *Tragedias,* Gredos, 2014.

— *Agamenón.*

— *Las coéforas.*

— *Las Euménides.*

— *Las suplicantes.*

— *Los persas.*

— *Los siete contra Tebas.*

— *Prometeo encadenado.*

Eurípides: *Tragedias* I, II, III, Gredos, 2016, 2024, 2025.

— *Alcestis.*

— *Andrómaca.*

— *El cíclope.*

— *Electra.*

— *Hécuba.*

— *Helena.*

— *Heracles.*

— *Hipólito.*

— *Ifigenia.*

— *Ifigenia entre los tauros.*

— *Las bacantes.*

— *Las fenicias.*

— *Las suplicantes.*

— *Las troyanas.*

— *Los heráclidas.*

— *Medea.*

— *Orestes.*

— *Reso.*

Field, Syd: *El libro del guión,* Plot, 1994.

Ford, Andrew: *Aristotle as Poet. The song for Hermias*, Oxford UP., 2011.

Fortenbaugh, W. W.: *Aristotle On Emotion,* Duckworth, 1975.

Fragmentos de épica arcaica, Gredos, 2000.

Fragmentos de la Comedia Media, Gredos, 2007.

Gregory, Justina: *A companion to Greek tragedy,* John Wiley & Sons, 2008.

Griffith, Mark: *Aristophanes' Frogs,* Oxford University Press, 2013.

Gorgias: *Encomio de Helena*, en *Sofistas, testimonios y fragmentos,* Gredos, 1996.

Guerrero, Rafael Ramón: *Cuatro vidas árabes de Aristóteles* (Ibn al-Nadîm, al-Mubaššir b. Fâtik. Ibn al-Qiftî, Ibn Abî Usaybi'a.), Anales del Seminario de Historia de Filosofía, Universidad Complutense de Madrid, 2016.

Grove, George: *A dictionary of music and musicians*, 1879, Cambridge, 2009.

Halliwell, Stephen:

— «Aristotelian mímesis reevaluated», Journal of History of Philosophy, 28, 4, 1990.

— *Between ecstasy and truth: interpretations of Greek poetics from Homer to Longinus,* Oxford University Press, 2012.

Homero:

— *Himnos homéricos* y *Batracomiomaquia*, Gredos, 2016.

— *Ilíada*, Alianza Editorial, 2021.

— *Odisea,* Alianza Editorial, 2021.

Horacio: *Sátiras, Epístolas, Arte poética*, Gredos, 2008.

Janko, Richard: *Aristotle on Comedy,* University of California Press, 1984.

Laercio, Diógenes: *Vidas de los filósofos más ilustres*, Alianza Editorial, 2007.

Ledbetter, Grace M.: *Poetics before Plato*, Princenton u.p., 2003

Lesky, Albin: *Historia de la literatura griega*, Gredos, 1989.

Lledó, Emilio: *El concepto de «poiesis» en la filosofía griega. Heráclito-Sofistas-Platón,* Dykinson, 1961.

Lope de Vega, Félix: *Arte nuevo de hacer comedias,* Castalia, 2012.

López Eire, Antonio: *Poéticas y retóricas griegas*, Síntesis, 2002.

López Eire, Antonio: «Mito, retórica y poética» en *Revista de Retórica y Teoría de la Comunicación,* 2002.

Los filósofos presocráticos I, II, III, Gredos, 2016.

Luciano: *Cómo ha de escribirse la historia,* Biblioteca clásica, 1889.

Macdonald, Ian W.: *Screenwriting Poetics and the Screen Idea*, Macmillan, 2013.

Macrobio: *Saturnales,* AKAL, 2009.

Menandro: *Proverbios griegos y sentencias*, *Fortunatae*, 2001.

Minor Greek Tragedians, Oxford University Press, 2019.

Nagy, Gregory (ed), *Greek Literature in the Classical period: The poetics of drama in Athens,* Routledge, 2002.

Oksenberg, Rorty: *Essays on Aristotle's Poetics*, Princeton u.p., 1992.

Ortega y Gasset, José: «Psicoanálisis, ciencia problemática», en *Obras Completas 1,* Taurus, 2020.

Pérez Arques, Juan Carlos: *La Poética de Aristóteles según las versiones latinas de G. de Moerbeke y G. Valla,* Universidad de Granada, 2016.

Platón: *Diálogos I a IX*, Gredos, 2016:

— *Alcibíades.*

— *Cármides.*

— *Crátilo.*

— *Eutidemo.*

— *El banquete.*

— *Fedón.*

— *Fedro.*

— *Filebo.*

— *Ion.*

— *República.*

— *Leyes.*

Plutarco, *Obras morales y de costumbres* (*Moralia*) *I a XII.* Gredos, 1987-2004.

— *Sobre el amor a la riqueza.*

— *Sobre cómo debe el joven escuchar la poesía.*

Poesía arcaica griega. I. Poesía parenética, Universidad Nacional Autónoma de México, 2018.

Ray, John, *A collection of English proverbs,* Morden, 2010.

Revista de Occidente, n.º 520.

Ross, W. D.: *Aristóteles*, Charcas, s.f.

Russell, D. A.: *Criticism in Antiquity,* University of California Press, 1981.

Sarbiewski, Macie Kazimierz: *De perfecta poesia, sive Vergilius et Homerus.*

Sófocles (todas las obras en la editorial Gredos):

— *Antígona.*

— *Áyax.*
— *Edipo en Colono.*
— *Edipo rey.*
— *Electra.*
— *Filoctetes.*
— *Ion.*

Steiner, George: *La muerte de la tragedia,* Azul, 2001.

Stevenson, Robert Louis: *Doctor Jekyll y Mister Hyde*, Edicocomunicación, SA, 1994.

Suda (en *Suda online* https://www.cs.uky.edu/~raphael/sol/sol-html/).

Taplin, Oliver: *The Stagecraft of Aeschylus,* Oxford UP, 1977.

Tierno, Michael: *Aristotle's Poetics for Screenwriters*, Hyperion, Hachette Book Group, 2012.

Torres Guerra, José B.: *The text of Aristotle's Poetics and its Arabic Translation,* Mnemosyne, 77, 2024.

Tratados hipocráticos, Gredos.

Tubau, Daniel:

Las paradojas del guionista, Alba Editorial, 2013.
El guión del siglo 21, Alba Editorial, 2013.
El espectador es el protagonista, Alba Editorial, 2015.
La musa en el laboratorio, Alba Editorial, 2022.
No tan elemental, cómo ser Sherlock Holmes, Ariel, 2015.

Vaisman, Luis: «Sobre el concepto de "espectáculo" en el Arte poética de Aristóteles», en *Revista chilena de literatura,* 72, 2008.

Vlastos, G.: *Sócrates: Ironist and Moral Philosopher,* Cornell University Press, 1991.

Wartelle, André: *Lexique de la Poétique d'Aristote*, Les Belles Lettres, 1985.

Watson, Walter: *The lost second book of Aristotle's Poetics*, The University of Chicago Press, 1992.

Wilde, Oscar: *El crítico artista*, Austral, 2016.

Wilson, Peter: «Música», en *A companion to Greek tragedy,* de J. Gregory, John Wiley & Sons, 2008.

Índice analítico

No se incluyen términos como *Aristóteles, teatro, drama o dramaturgo, poética* o *poesía,* porque aparecen o se alude a ellos en casi todas las páginas.

Este libro se acabó de imprimir en agosto de 2025
en los talleres de Liberdúplex, s.l.
Ctra. BV 2241, km 7,4
Polígono Torrentfondo
08791 Sant Llorenç d'Hortons
(Barcelona)